続・生き方考

（私の思考・私の行動・私の生き方）

教育、福祉、そして人権のことども

田 中 憲 夫

一茎書房

はじめに

「生き方」を英語で「Way of Life」と言うと知ったのは、七〇歳を過ぎてからである。

「生き方」だから、メソッド（method　方法・やり方・手順）か、テクニック（technique　技法・技術・技巧）に関した言葉で表されるのだろう位にしか思っていなかったが、「Life（人生・生活）」の「Way（道・足跡）」だとは知らなかった。二〇歳で語学を捨てた報いである。

ともあれ、自分の人生や自分の生きる道は、自分で探さなければならない。迷っても、間違っても、自己責任である。

そう考えた時、教育も福祉も人権も、自分の「生き方」が現れる。だから、教育・福祉・人権に関わることは、絶えず自分の「生き方」を問い直し、精査していかないと、すぐ俗に流れてしまう。

私の「生き方」が正しいのかどうか分からない。それは、私の「Way of Life」なのだから…。

それ故、「生き方考」なのである。

目　次

I

生き方考の続き

《生き方考》その九一

ＢＳテレビ「加藤登紀子・愛する歌の祖国・ポーランドへ」から

二〇一三・六・二八

〝祖国の独立と自由のため〟に、「パルチザン」としてナチス・ドイツと戦った市民の人たちが、戦後次々と投獄されていったとは全く知らなかった。今、改めてムニャチコ作の『死の名は、エンゲルヒェン』を思い出す。当時のポーランド共産党には、「パルチザン」の残党は、不要且つ邪魔な存在だったのだ。

今回、ＢＳテレビで加藤登紀子の「今日は帰れない」（作詞・作曲者不詳）の歌探しの旅を見て、精神が洗われるような清新な気持ちになった。民族が自立・独立し、自由を獲得する戦いは、コミュニスト（共産主義者）に限ったことではない。コミュニストだから自由と独立を志向するのではなく、自由と独立を志向し、徹底して人権を求め続ける行為を、日常の中で体現していく人がコミュニストになっていくのだろう。だから、幾らコミュニストを表明し、忠誠を尽くすポーズを取ったとしても、体制維持・権力維持に走り始めたなら、その時から身も心も腐り始める。真の「民主主義」は、不断の自己変革の中でしか、生まれ得ないと強く思う。

ともあれ、「今日は帰れない」の歌詞は、次のようなものである。

君の眼差しが　闇を追いかけ　涙にぬれる
今日は　君の所には　行けない
すぐに　夜の闇の中を　行かなくちゃ
窓から　僕を見ないで
その眼差しは　霧の中に沈む
愛する人よ
僕が　森に寝に行くのを　知ってどうするの
これ以上　ここには居られないんだ
森の仲間が　待っているから
もし　春までに　僕が帰らなければ
僕の兄弟が　畑に種をまくよ
僕の骨に　苔が生え　広い土地を肥やす
ある朝　畑に出て　麦の穂に手を添え
恋人のように　キスをしておくれ
僕は　麦の穂の中で　生きるだろう
僕は　麦の穂の中で　生きるだろう

一九三九年。ポーランドは、ナチス・ドイツとソ連に二分された。その五年後、ワルシャワで市民の蜂起（五万人）が起こり、六〇日間の市街戦後、徹底した空爆で町は壊滅した。下水道に逃れた一千人がかろうじて生き残っただけという。そんな状況の中、東部の町ルブリンからこの歌が生まれたのだった。

二〇一三・七・二四

《生き方考》その九二

「クレイマー民生委員」のこと

先月の蛇田地区の民生委員・定例会議には、すっかり忘れて一時間も遅れて参加してしまった。また、昨年度の活動集計を一覧表にして返された時には、皆さんが月平均二〇日〜二五日は活動しているのに、私は七〜一〇日しか活動しておらず、民生委員の風上どころか、風下にもいないような活動ぶりだった。私自身は、「ボランティア活動」と割り切っているので、〃やれる範囲でしかやらない！〃と腹を括っての取り組みなのだが、やはり、皆さんの献身ぶりを見聞きするにつけ、小っちゃくなって下を向いているほかない。

ただ、市の福祉課・福祉事務所や社会福祉協議会からの連絡や依頼事項を聞いていると、民生委員を「手近な小間使い」と勘違いしていることが随所にみられ、その都度、役割や仕事内容を確かめてきた。尤も、そんな意見や質問をするのは私だけで、他の方々は不満はあっても一切疑義を挟まない姿勢でいた。

で、東前沼Ⅱ地区で「災害時のアンケート」を取ることになったので、石巻市役所・福祉課に行き、市で取り組んでいる「緊急時通報システム」について教えてもらいに行った。

応対に出たのは、窓口の傍らにいた三〇過ぎの女性職員だったが、質問①の「Sさんの登録の件」と、質問②の「登録希望者の件」については、時間がかかったものの納得することができた。しかし、「協力者」のことがよく分からなかったので、私の遭遇したこと（夜中に二度も同和警備から呼び出された）で大変だった話をしたら、私が「やりたくない」と言いにきたのかと受け止めたらしく、しきりに〃通報時の第一番目は協力者に行ってもらうことになっているのです〃、〃夜は、一人ではなく複数で行ってもらえばいいですね〃を繰り返し、〃無理なら辞めてもらっていいのですよ〃と、言い出す始末。その女性職員の応対は、一見優しく丁寧な口調なのだが、言っている内容は、「こう決まっているのですから、そうして下さい。不都合を感じたら、自分たちで適当に解決して下さい」というもの。自分たちはデスクワークのプランナーで、現場での出来事は、手足となって動いている民生委員さんが解決して下さい……という姿勢がありあり。

思わず私の血が湧き立ち、〃行政って……〃、〃民生委員って……〃、〃現場の出来事って……〃と言い始めたら、次々と入れ替わりで職員が寄ってきて、〃どうしたんですか？〃、〃何かあったんですか？〃と言われる始末。どうも、私を、市役所行政に対する「クレイマー」と思ったらしい。全く、「不徳の致すところ」になってしまった。

二〇一三・七・二七

《生き方考》その九三
人権思想を彩る高邁な文言

少し日が経ってしまったが、先日の一九日（金）に、石巻・人権擁護委員の全体研修会が石巻支局の三階でおこなわれた。今年は、支局長初め、補佐さん等五人のうちの四人が入れ替わり、支局の雰囲気がまるで様変わりした。

そんな中での、支局長さんと補佐さんの講話だったので、彼氏らの方が緊張していたようである。しきりに〝以前に関わった程度なので……〃とか、〝他の人が関わった事例ですが……〃を連発し、謙虚ぶりをアピールしている。彼氏等は、五〇代前後から半ばなのだろうが、受講生の私らは、五〇代後半から六〇代、七〇代前半の、いわば海千山千の人生経験者である。どの程度の話をすればよいのかをつかめずにいたのだろう。だから補佐さんの［相談票の書き方］の話では、「人権問題に関して国民の相談に応じ、人権侵犯事件への切り替え、官公署その他への機関への通報、日本法律支援センターへの紹介又は助言等の必要な措置を取ることにより、国民に保証されている基本的人権を擁護し、併せて自由人権思想の普及高揚を図ることを目的とする。」から始まったし、〈調査救済制度〉でも、「調査救済制度は、司法手続きを補完する行政による救済制度であること。」と、大上段の意義づけをしてから話がはじまったのだった。

でも、聞くほどに、《個々人が、他人から被った「人権被害」を、カウンセリング的に和らげてやり、相手方には「恐れ入れ！」と申し入れる活動》を言っているに過ぎない。人権擁護機関（人権擁護委員）が関わることによって、世間や世論での常識、社会慣習・社会慣行に踏み込むことは一切ない。ましてや、「人権侵害」を引き起こした側が、組織（学校や会社）のシステムの在り様が結果したものとか、公権力（諸々の行政機関）が権力を笠に無知と横暴が引き起こしたとは、露ほどにも思わない。「人権思想」を輝かせる高邁な文言を装飾品の如く並べ連ねても、要は、《人権擁護委員は、個人間の軽微ないさかいを、それなりに丸く収まるよう間に入って下さい》というもの。それが「お役所的事務処理」になるよう、八何の原則（※五W一Hのようなもの）や関与希望の有無、私見の排除、救済措置の段階等が整然と語られているのだった。

一昨年の法務局主催の人権相談時に、三〇分おきに仙台に電話報告しているのを垣間見たが、相談者の件数を三〇分毎の時系列で集計する意味はどこにあるのか。その報告の傍らで、〝私は、退職したら二度と人権擁護には関わりたくない〟とつぶやく女子職員との乖離をどう捉えればいいのか。ボランティア者には、理解不能になる。

《生き方考》その九四

教師にとっての「職務専念義務」とは

二〇一三・八・一三

本日の河北新報・朝刊に〈仙台の教員ボクサー竹川選手　デビュー戦ＴＫＯ勝ち〉の見出しで、仙台市・上杉山通小学校教諭の記事が載っていた。この記事を見て笑う他なかったので、我が思考回路の整理に書いてみたい。

この男性教諭は、三一歳とか。宮城教育大学を卒業した後、「拳一つで戦うボクシングに興味があった。精神的に強くなりたい」と、ボクシングジムに通い出したという。そして、昨年一〇月にプロテストに合格し、六年生の担任を務めながら週六日の練習を続けてきて、一二日に東京で行われたデビュー戦で勝利したのだった。記事によると、試合後「教え子に、努力すれば報われるということを身をもって示せたと思う」「ボクシングから学んだことを、子どもたちに伝えたい」と話したとか。記事は「今後も教諭とボクサーの両立を図る」と結んであった。

私は、この三一歳の男性には、一切興味がない。ボクシングを続けたければ続ければいいのだし、教師を続けたければ続ければいい。そんなことは彼氏の人生だし、彼氏が自分で決めればいいことである。ただ、私は、彼氏がこういう生き方をするようになった基底には「宮城教育大学」での学びがあったのだろうし、この彼氏を宮城県・仙台市の教育委員会がどんな理由で教員として採用したのだろうかを知りたくなったし、職場の校長さんが「教師の仕事」に対してどんな指導やアドバイスをしたのかを知りたくなったのだった。

私が現職教師の頃、教師という職業を、「生活のため」「資金稼ぎのため」と割り切った考えの教員がいた。また、ちょっとした小遣い稼ぎとばかり塾講師や家庭教師でアルバイトする教員がいた。更には、農繁期には農家と化して田植えや稲刈りに精を出す教員がいた。そして、時には世情に応じて法事の坊さんや慶事の神主に早変わりする教員がいた。それが、「職務専念義務」の下、次第に淘汰されていったのである。また一方では、〝自分の中身は、自分で作るしかない〟と、職場や上司から弾かれ・嫌われても、民教研や組合の教研集会に身銭を切って参加してきた教員も、「自宅研修」から「承認研修」に替わる中で、自然に消滅していった。

私の中には、「教師は、生涯を賭けるに足る仕事」という思いがある。だから、身銭を切ってでも、多くの人に嫌われ・疎まれてでも、「教師の学び」を求め続けたが、今は昔の話である。でも、教員養成の大学が、そして教員を採用する教育委員会が、そして何よりも教師を育てる職場が、教師にとっての「職務専念」を具体的に志向し実践するものでなければ、前述のような教員がヒーローの如くもてはやされ、増大していくことになるのだろう。

《生き方考》その九五

「父親の姿」そして「母親の姿」のこと

二〇一三・八・一六

ずっと、疑問であり続けたことが、今朝の朝日新聞・天声人語の一文を見て、その疑問が氷解した気がした。

その疑問とは、「わが子の死に際して、母親は悲しみ・苦しみ・痛み・いきどおり・切なさ・むなしさ……がないまぜになった悶絶・慟哭を身体全体で表すのに、父親は何をしているのだろう?」ということだった。

天声人語欄では、次のように書き記している。「映画の木下恵介監督といえば数多の名作で知られるが、戦時中に撮った『陸軍』も忘れがたい。出兵の行進の中にわが子を見つけた母親が、横についてひた走りに走り、最後に合掌して見送り立ち尽くす▼軍の依頼で作りながら軍に睨まれた、伝説のラストシーンに重なる歌がある。〈わが生のあらむ限りの幻や送りし旗の前を征きし子〉。作者の小山ひとみさんは、戦死したひとり息子を詠んで、朝日歌壇によく選ばれた人だ▼行商をして独りの暮らしを立てていた人という。「その痛哭のあまりのはげしさに、この人の名を記憶されている読者もいるだろう」と、四〇年前、八月一五日の小欄は書いている。(以下略)」

「靴下」

室生犀星

毛糸にて編める靴下をもはかせ
好めるおもちゃをも入れ
あみがさ、わらじのたぐいをもおさめ
石をもてひつぎを打ち
かくて野に出でしめぬ
おのれ父たるゆえに
野辺の送りをすべきものにあらずと
われひとり留まり
庭などをながめあるほどに
耐えがたくなり
煙草を噛みしめて泣きけり

わが子の死に直面し、母親と同じく悲しまない父親はいない。しかし、その対応や表現の在り様が、何故母親状にならないのか。腹を痛めた母親とは違う、懐妊・陣痛・出産というプロセスを体感しないが故の違いなのか。つまり、「未体験」という壁の差なのか……。そんな割の悪さ、負い目の為せる業なのかとも思ったりしていたのだった。

でも、なんとなく割り切れずにいたのだが、天声人語欄に触れ、ようやく得心出来たのだった。父親というものは、母親の如くに感情表出が出来ないし、しないということである。「カッコをつけて」かもしれないし、「社会的ステーテス、つまりプライドが許さない」のかもしれないし、「女女しさを露わにしたくない」のかもしれない。あるいは、「男はかくあるべし」という観念に捕らわれているのかもしれない。とにかく、母親のような身体行動は起こらないのである。でも、悲・苦・痛・辛、虚無感は湧き起こる。だから、「煙草をかみしめる」ことしかできないのだろう。

《生き方考》その九六

『来るべき民主主義』（國分功一郎著　幻冬舎刊）から

二〇一三・一一・一八

國分功一郎氏は、一九七四年の生まれで、四〇歳を過ぎたところか。東大大学院を出て哲学専攻の博士号を持ち、現在高崎経済大学の准教授である。私は、二昔以上も離れた世代が、どんな考え・どんな思考・どんな感覚を持っているのかを知りたくて、この本を手にした。
この本は、「はしがき」で、自分の主張や自分の立脚点を述べている。そして、それを本文で具体例を挙げながら縷々説明をしていくスタイルを取っている。まさに今風の、論点整理と展開手法なのか……。ま、どうでもいいこと。

彼氏の主張は、「民主主義」概念が、近代政治理論の産物であり、直接であれ間接であれ、立法権への参画・参与が「民主主義」を体現してきたと考え、満足するのは誤りだという。それは、実際に物事を決定し実行していくのは「行政」であり、行政の決定過程にほとんど関われずにいるのは、真の「民主主義」ではないと続く。

この主張は、極めて納得がいく。明治期以来の官僚機構が日本を実質的に動かし、統治してきたのだし、「お役所仕事」や「役人根性」、「親方日の丸」、「護送船団方式」、「縦割り行政」等々の言葉が、どれほど民衆から離反し、特権に胡坐をかいたものだったかを如実に示している。だから、彼氏は、真の「民主主義」を獲得するためには、行政の仕業に民衆が介在・介入していくことが、必須不可欠のことと言う。

これも、その通りである。教育行政のことで言えば、文科省や県教委・地教委の行政施策に国民や地域住民が意見し、学校の在り様に親や地域が意見しなければ、子どものため、地域住民のため、そして国民のためになる教育は生まれてこない。子どもの権利条約に謳う「最善の利益」は、「意見表明権」が十全に保障されて、初めて現出してくるのである。

ただ、彼氏の「民主主義」に対する主張・観点には、行政当事者の内部自浄作用については不明確である。不明確というより、そういった事実を知らないのかも。

つまり、私らが関わってきた「教育の世界」には、生活綴り方運動や民間教育運動が、行政機関から疎まれ、疎外され、時にはパージされてきたが、脈々と生きづいてきた歴史・事実があった。この取り組みは、「来るべき民主主義」の視点から捉え直すと、行政内部からの自己改革・自浄作用であり、民衆主権による民衆統治を志向するものと言えるのではないだろうか。これらの運動は、二一世紀の民主主義を先行体現していたのだった。

《生き方考》その九七
〝安上りの行政支配〟は、脈々と続くのか

二〇一三・一一・二一

行政の「下請け機関」は、どれぐらいあるのだろうか。名目独立した組織であり、運営資金や人事等は一応自立していても、実質は行政の「下請け機関」となっているものまで含めれば、どれくらいの人と金と組織が群がりぶら下がっているのだろうか。私の関わる人権擁護委員も、民生委員もその中に完全に組み込まれている。

ところで、一一月一四日付の朝日新聞に、介護保険サービスに関わって次のような記事が載っていた。

「厳しい保険財政を改善するため、厚労省は九月、予防給付を全廃し、二〇一五年度から三年かけて市町村の「地域支援事業」に移す案を、社会保障審議会の部会に示した。移管後は市町村の裁量でサービスの種類や価格などを決められる。ボランティアやＮＰＯにも担い手になってもらうことで、コストを下げることをねらった。しかし市町村代表から「ボランティアが育っていない地域も多い」といった慎重論が相次いだ。野党も国会で「サービス低下の恐れが強い」などと批判を強めている。このため、厚労省は修正案をまとめ、……訪問介護（ホームヘルプ）と通所介護（ディサービス）に限定、……」

鳴り物入りで成立した「介護保険制度」だったが、施設で働く人たちの過酷労働と低賃金、施設経営のための老人のたらい回しと入所拒否、待機老人の増大等の問題が発生し、それに伴って福祉予算が拡大の一途をたどる結果になってしまった。そのため、福祉予算の切り詰めが厚生行政の喫緊の課題になっている。私には、厚生行政の当事者・担当者ではないので、具体的施策や実際の運営方法は分からないが、現場の発想・現場の感覚で対処していけば、施設関係者だけでなく入所者や入所希望者に、より良い形・よりよいサービスが見つかると切に思える。

話は変わるが、この夏以降、石巻では、「地域包括ケア」の発想で、医療・保健・福祉・介護が横断的に関わり、住民サービスに動き出している。手始めなのか、先駆的なのか、開成地区

（南境）の仮設住宅に市立病院の医者や社協関係のケアスタッフ、そして市の保健師などがチームを組んで九月から動き出した。すると、その一か月後には、石巻市が官民一体となった推進協議会を発足させたのだった。「被災者を最後のおひとりまで支える次世代型地域包括ケアの推進」が謳い文句とか。ところが、一一月二日の新聞では、全県で地域包括ケアを推進するため、「地域包括ケア推進庁内会議」を発足させたと報じていた。被災地住民のことを思い、県民の幸せを願っての自発的自立的行動ならすばらしいことである。でも、国からの「被災地対策」資金が流れた結果なら、全く情けない。

《生き方考》その九八

「〝自民党をぶっ壊す！〟は、まだ終わっていない」のこと

二〇一四・一一・一九

小泉純一郎氏が、〝自民党をぶっ壊す！〟と言って自民党の総裁になり、首相の座に着いたのは二〇〇一年のことである。当時は、日本新党の細川護熙氏が首相になったと思ったら九カ月で沈没し、その後の政界のゴタゴタ・ドロドロの雰囲気を抜け出す救世主のような存在だった。

しかしながら、彼氏の言動が実際に具現したことは、日本社会に露骨な競争を持ち込み、社会

の営みを「即戦力」に変えて、不要者には「負け犬」のレッテルを貼り除外していった。そして、「自己啓発」なる言葉が時代の主流になっていったのである。それら一連の事は、「新自由主義」と総括されているようだが、そんなことはどうでもいい。

一三年前の首相になった時点では、彼氏の嗅覚で感じる方向・志向は、多分に新生保守・本道保守を見定めていたものの、有るべき具体的な姿は、まだ見えずにいたのだろう。だから、具体目標である「郵政民営化」は、その試金石だったはず。でも、その後の「郵政民営化」は、グチャグチャになっていく。「郵政民営化」に群がる連中は、ここぞとばかり利益誘導に走り、新たな特権・特典を創り出し、日本版「アメリカンドリーム」を政策化し、合わせて「古い自民党」が跋扈するようになったのだから当然の帰結だった。志向はあっても現場感覚がなく、具体策を持たない小泉氏には、限界だったに違いない。だから、退任後、政治の表舞台からさっと姿をくらました。

で、今回の都知事選挙に、小泉純一郎氏は、「脱原発・原発ゼロ」で細川護熙氏を担ぎ出した。ここにきて私は、〝小泉さんは、まだ「自民党をぶっ壊す!」を終えていないな〟と思った次第である。別言すれば、小泉氏の底意にある「自民党をぶっ壊す!」とは、「新生保守」・「本道保守」を生み出すことにあると感得したのである。

ここにきて、細川護熙氏は、小泉純一郎氏の底意にある「新生保守」「本道保守」で担がれたことに気付いたのかもしれない。だから、佐川急便からの一億円献金事件を清算しての展望を持たないできたことが、政策発表を遅らせている。志向はしても、具体的内実を持たないでいるから、具体的提示が出来ないのだろう。「脱原発・原発ゼロ」で一点突破を図るなら、「東京都庁の敷地に、中間貯蔵施設を作ります」とか、「厚木基地を返還させ、廃炉関連物の処分場を作ります」とか、「都職員の研修施設を、福島原発のそばに作ります」などと言えばいいのに……。

それにしても、世の政治家や教育関係者は、そして世の中は、戦後教育界で起こった具体的典型例、つまり遠山啓の『競争原理を超えて』や斎藤喜博の『島小の教育』から何故学ばないのか。改めて痛切に思うのである。

《生き方考》その九九

〝「職種（職階）」の違いは、「選民の特権意識」と同値ではない〟ということ

二〇一四・一・一九

今日の新聞に、小野田寛郎さんの死亡記事が載っていた。

小野田寛郎さんは、一九七四年にフィリピン・ルパング島から帰還した日本兵である。新聞記事によると、戦中だけでなく、終戦後もジャングルの中で三〇年間ゲリラ活動をし続けた。当時の上官が島に行き、小野田さんに帰国命令を出して、ようやくゲリラ活動に終止符を打ったのだ

った。帰国後は、日本の状況に失望し、ブラジルに移住したが、日本国内で起こった「金属バット事件」に義憤を感じ、再度帰国して子どもたちの「自然塾」に生涯を捧げたとのことである。その二年ほど前には、横井庄一さんが「恥ずかしながら……」と言って帰国してきたが、思想や信条、思考過程はまるで違っていた。横井さんはしがない一兵卒だったのに、小野田さんは陸軍・中野学校出のエリート幹部候補生だった。とまれ、小野田さんの生き方は、その時々の精一杯の姿だったと思う。「軍服を脱げど生涯の挙手の礼反りの簡潔小野田寛郎」（伊藤弘子歌）の歌が、小野田さんを物語っている。

その二日前には、河北新報に、元陸上自衛隊東北方面航空自衛隊飛行隊長の肩書で、古川和男という人の「愛国心とは」の投稿文が載っていた。掲載文は一三〇〇余字の投稿文だが、私の関心部分を引用させてもらう。

「最近、「愛国心」の教育の重要性が唱えられてきた。「愛国心」というと、すぐに「軍国主義」と叫ぶ人たちがいるが、国家を構成する最小単位が「家庭」であり、最終的には「個人個人」を大切にすることに他ならない。家庭の絆、個人の思いやりが希薄になっている昨今、大事なことではないだろうか。

「愛国心」を醸成しても、日本は決して「軍事大国」にならないと思っている。「武人たる前に良識ある社会人たれ」と教育され、それを実践している自衛隊幹部諸君と、その指揮統率の下、東日本大震災において寝食を忘れて被災者支援に当たった実直な隊員諸君がいる限り、日本は「軍事優先」の国にはなり得ないと確信するからである。」
この方は、良心的で善意の人であり、この文に書かれた通りだと、私も思う。しかし、「良心的」や「善意」は、時代の流れによっては、平然と人権を無視し、人々の不幸を創り出す。それは、歴史が示す鉄則ではないか。自分は「選ばれた民・エリート」として、一般大衆を蔑視し、踏み台・消耗品にしか考えない思考・体質が続く限り、不幸の連鎖は再生産されていく。それを自覚しないと、二〇世紀を止揚した二一世紀は、決して生まれてこない。

《生き方考》その一〇〇

〝人権意識が欠如した「福祉の心」は害毒になる〟のこと

二〇一四・二・二

昨日、石巻市社会福祉協議会主催の「地域福祉フォーラム」が、『遊楽館（かなんホール）』であった。テーマが、～震災からの地域の再生コミュニティのあり方を考える～ということで、ルーテル学院大学・学長の市川一宏氏の基調講演が一時間ほどあり、その後で石巻在住のパネリスト三人（堀川恵美子さん―釜・大街道地区民生委員、内海徹さん―石巻市仮設住宅自治連合推進会事務局長、吉田忠美さん―石巻市町内会連合会長）と市川氏がコーディネーター役になってのパネルディスカッションが二時間近く実施された。

最初の基調講演は、全国民児協の取組み状況や、国の社会福祉政策、各地の地域福祉活動の具体的紹介等で網羅され、それなりに面白かった。そして、結びの文言「被災地を訪問し、生活の拠点を失った方々の生活の場が、未だ築かれていない現実、支援が遅れている現状を見続けてきました。この現実を忘れず、また自分たちで、コミュニティを再建しようとする地道な歩みと足を揃えることが、今、本当に求められています……」に何の異議もなかったが、話の端はしに感じられる「人権意識の欠如」が気になってしょうがなかった。客席の誰彼に突然質問を投げつけたり、客席に下りてきて近しさをアピールしたり、社協の職員に即興で役割演技をさせたりと、聴衆に媚を売るような言動が随所に見られたのである。私の歪んだ性格からか、〝これって、聴衆を馬鹿にしていない?〟と思った次第。

また、パネラー三人の話は、大変に「福祉の心」に溢れるものであり、三人三様の努力と苦労に、本当に頭の下がる思いで聞かせてもらった。こういう人たちがいるから、全くのボランティア活動といっていい民生委員活動や、町内会活動、そして地域のコミュニティ作りの活動が成り立っていくのだろうなぁと身に染みて思わされた。ただ、話を聞きながら、私は、〝江戸時代の「五人組制度」や、先の大戦中の「隣組組織」と何処が違うのだろう……〟と考えていた。そしてまた、〝善意から「福祉の心」を発揮すればするほど、「余計なお世話」にならないのだろうか……〟とも。というのも、一人のパネラーが「クレイマー住民」という言葉を使い、〝「クレイマー住民」が活動を妨害している〟と述べたのに、パネラーのみならず、コーディネーターまでも異を唱えなかった。私には、善意から発する「福祉の心」を歪めてしまう、寂しく悲しい言葉にしか聞こえなかったのだが。

「福祉の心」は、とても大事な心根である。困っている姿に接した時、思わず手を差し伸べたくなる心根、あるいは思わず寄り添いたくなる心根は、共同体を支え・維持していく上での、共有すべき感覚・感情である。でも、その感覚・感情に「人権意識」が通底していないと、「余計なお世話」になり「排除の論理」を正当化していってしまう。

二〇一四・三・二

《生き方考》その一〇一
「黒澤明」讃歌

二月二七日（木）は、石巻・人権擁護委員として、駐在の当番になっていた。それで、法務局の石巻支局で待機していたが、例によって誰も相談に来ない。いつものように、『対話　山田洋次　二映画は面白いか』（旬報社刊）を読みだしたが、この中の黒澤明・山田洋次の対談と黒澤明・井上ひさし・山田洋次の鼎談がメチャクチャに面白かった。改めて「黒澤明」讃歌を歌いたくなった次第である。我が家の書庫に五〜六年は眠っていたはず。不明を恥じる他はない。

で、何が面白いかと言うと、黒澤明の思考と技量が具体的に語られているのである。例えば、黒澤明の口から「演出窯変説」が語られる。彼は、カメラを一度に何台も回して、そのラッシュを編集と言う作業で、切り繋げていく。ずっと以前に、前石巻市教育長の阿部和夫さんと一緒に飲んだ時、阿部和夫さんがしきりに〝黒澤明は、ラッシュの編集能力が抜群に優れていた〟と言っていたが、それが、「演出窯変説」として私の中で繋がったのだった。つまり、〝こういう映像にしよう〟というイメージや思いを持っていても、実際に何本ものラッシュのフイルムを見ていくと、〝これは使える！〟とか、〝ここを使いたい！〟ということが、具体的に起こるらしい。それで、あれこれ工夫しているうちに、自分でも思いもしなかった映像・映画が現れ出てくるというのだった。

これは、「音楽劇」の演出・手入れをしていて、極めて納得いくことである。私なりの演出・構想プランは持つものの、目の前で子どもたちが勝手に動き出すと、〝何故、そうするんだろう？〟や、〝なぜそうなるんだろう？〟が次々と脳裏に浮かんでくる。しかも、咄嗟に子どもたちのいい所・面白い所を見つけ出し、具体的に手入れ・指示を出さないと、子どもたちはすぐに逃げ出してしまう。子どもたちは、私に対する義理など微塵も持っていない。「面白いだけが全て」の世界で生きているからだ。そう覚悟して、子どもたちと付き合っていると、私の演出・構想プランなど、有って無いようなものになってしまう。それほど、生きた子どもたちの示す姿は強烈なのである。

　私と黒澤明を並べる発想なんて、おこがましいにもほどがある。でも、これは「私が、斎藤喜博になるしかない」と同じ発想である。私には、斎藤喜博さんの万分の一にも及ばないが、〝斎藤さんならこうしたのではないか〟とか、〝斎藤さんなら、こう言ったであろう〟と、自分の内実を同調・共鳴させることで、自分の取るべき道が定かになってくる。だから、「私が、斎藤喜博」なのである。今回は、奇しくも「私が、黒澤明」と思えるようになった。

　井上ひさしは、「七人の侍」を五〇回見ることにしたが、まだ三一回。あと一九回見てから死にたいそうである。

二〇一四・三・二

《生き方考》その一〇二
「子どもの権利に関する講演会」から

講演会を中途で抜け出すなんて、学生時代に、試験を中途で抜け出して以来の事である。

「教師」という職業についてからは、退職するまでの三七年間、一度もなかった。講演会の主催が民間教育研究団体や組合関係のみならず、行政主導の官制研究会でも同様だった。どんな講演会であれ、講師さんはそれなりに準備してくるのだから、中途で抜け出す行為は、相手に対する「不誠実」と思えたのである。でも、今回は、ついに抜け出してしまった。聴衆の多くが一生懸命聴いている中を、たとえそっとであれ、抜け出す行為は、心苦しかった。

何故、私は抜け出したのか。それは、講師の話す内容に、私自身の身体が拒否反応を起こし、動悸と震えが起こってきたからだった。そんな反応を起こす人は誰一人いなかったようだから、私自身の身体が異常反応を起こすようになってしまったようである。

講師の喜多明人氏は、早稲田大学の教授である。年齢は、一九四九年生まれとあるから、私より二歳下になる。また略歴をみると、早稲田大学の教育学部を出て、そのまま早稲田の大学院に進み、博士号を取得したようである。つまり、私らと同じ団塊の世代であり、学生運動に関わった世代になる。彼がどんな形で学生運動に関わったかは知る由もないが、早稲田の全共闘って、結構有名だった気がするが……。

ともあれ、同じ世代の人間が、「子どもの権利」に関わっていることは嬉しい気がするが、それだけに、彼氏の話を聞いていて、〝この人、本当に「子どもの権利」を考えているのかしら？〟と思ってしまった。三年前の震災時に、研究室の学生が、宮城・石巻に、ボランティアとして何人も入ったと言う。しかも、一度ならず、二度三度と何回も入ってはボランティアの活動を続けたと言う。それで、〝私も、関わり出した……〟と言うのだが、その時、教え子の○○君や、△

△君、そして教え子の□□君や◎◎君は……と、やたらと「教え子」を連発するのだった。

私の人権感覚からすれば、「教え子」は忌むべき言葉である。日本中の教育関係者・指導者は、この「教え子」感覚から抜けられないし、抜け出そうともしないから、「いじめ」や「体罰」が相変わらず横行しているのではないか。教えを受けた者が、教えの高貴さ・高潔さに感激し、教えてくれた人を恩師と思うのは勝手である。でも、「それを教える側が振りかざしたら、そこから堕落と因習にまみれていく」とどうして思わないのか。

残念ながら、彼氏にはそんな発想は露ほどもなかったようである。だから、話す内容が、他人事であり、痛みを同化・同調する姿勢が完全に欠落していた。そんな「子どもの権利」の世界は、私には無用・無縁である。

二〇一四・三・一一

《生き方考》その一〇三

「独善的」・「セクト的」のこと

Ａu歌壇 「独善的」・「セクト的」と言われ続けし我が歩み 「身の程知らず」と百も承知し

今日で、東日本大震災から丸三年、四年目に入る。大川小の件は、ついに〝裁判で決着をつける〟という段階に入ってしまった。本質的には、校長の無策・無能と、教育行政の「不作為の作為」によるものなのだから、このような顛末は、予測できたことである。原告となった親たちの、少しでも心の安らぐ結果になることを祈念するのみである。

私の現職時代、なにやかにやと関わりのあったS教諭の対応が気にかかる。裁判に関わっても大変だし、関わらなくとも、違った形の大変さが生じるだろう。まさに「引くも地獄、進むも地獄」になるに違いない。関わる・関わらないは当人が決めることだから、推移を見守るほかはないのだが、「進む地獄」を選択するなら、私で出来ることを考え続けていきたい。

私は、現職時代の三七年間、先輩教師群や同僚教師群、そして後輩教師群から〝あの人は「独善的」だから……〟とか、〝あの人たちは、排他的な「セクト集団」だから……〟と思われ続けてきた。私の言動が、「自分が一番正しい！」と周囲に思わせていたからである。私としては、そういう他に、言葉を知らなかったからだし、そう行動する以外の術を知らなかったからである。そして、言うことで、行動することで、周囲の反応から我が道を見つけ出すしかなかったからである。とても辛く、我が身の不徳・不明を身に染みて感じることどもの連続だった。でも、だから、自分が少しずつでも見えてきた気がするのである。

思えば、我が「学び」の歩みは、余りにも遅い。同世代の連中を見ると、小学校時代に既に能力を発揮する者もおれば、中学時代に飛躍する者もおり、高校時代には格段の違いになっている者が何人もいた。大学時代にしても、教育研究班のサークル活動や大学紛争、そして遠山啓さん・斎藤喜博さん・民教研との関わりが、自己否定と内なる新たな芽が芽吹き始めた程度で、今が盛りと輝きを増し続ける連中がそちこちにいた。高校時代のバドミントンの相棒、渋谷美樹君（東大合格）が、大学に入学して半年後に東京で会ったら、〝まだ、デモったことないの？　もう三回もやっちゃった！〟に、大いにショックを感じるレベルだった。

だから、いつの間にか「愚直に」と「誠実に」が我が信条になった。その結果、「独善的」と「セクト的」のレッテル。でも、私の「学び」のスタイルだからしょうがない。Sさんも、同じ道を歩み出すと嬉しいのだが……。

《生き方考》その一〇四

小保方晴子さんと若者思考

二〇一四・三・一六

「STAP細胞」を見出した理化学研究所のユニットリーダーである小保方晴子さんが、マスコミの好餌となり、袋叩きに遭っている。研究所長や上司の理事たちから、〝研究者として未熟なまま……〟とか、〝「研究倫理」に欠ける行為……〟と並べたてられ、本人も画像の借用や書き換えたことに対して〝認識がなかった〟と言い出す始末。そして、早大での博士論文を取り下げたいとまで言い出してきた。小保方晴子さんの件での決着や後始末がどうなろうと、私にはどうでもいいことだが、彼女の一連の行為・行動が、最近の若者事情を象徴しているようで、気にかかる。

今から二五・六年前。私が小竹小学校で教務主任をし、併せて初任研の担当教師をしていた時のことである。

新任教師の授業を観る機会があって、事前に指導案を見せてもらった。すると、前書き部分の「教材について」と「指導にあたって」の部分が、それなりに盛り沢山に書いてあるのに、肝心の「指導過程」の部分がスカスカで全く内容が無い。それで、〝「教材について」や「指導にあたって」がこれだけ書けているのだから、当然その中身が「指導過程」にも表れていいはずなのに……。全く内容の無い姿になっているのは、どうして？〟と、ストレートに訊いてみた。すると、始めは口籠っていたが、とうとう耐え切れず〝「模範指導案集」を手に入れて、前書き部分を「切り貼り」して作文した〟と白状したのだった。「模範指導案集」なるものが、誰の手によるもので、どんなルートで入手したかは尋ねなかったが、もうこの頃には、「コピ・ペ」のたらい回しが常態化し始めていたのだった。そんな事があって、私の「指導案」不信は、その後の信条・信念になってしまった。

これも、今から二〇年近く前の事になろうか。稲垣忠彦さんが東京大学の学部長（教育学部）

をしていた時、学部だったか院生だったか忘れたが、学生の論文で盗作騒ぎが起こり、週刊誌で叩かれたことがあった。曰く、「学生の手抜きを見抜けない、のほほん学部長！」というわけである。その後、この件がどんな決着をみたのかは一切知らないが、〝東大生でも、他人の論文を借用したり、都合の良い部分だけ「切り貼り」するんだ〟と、思ったものだった。

そう言えば、二・三年前だったろうか。〈東大の研究論文の数十本（確か、四〇〜五〇本）が、「コピ・ペ」で作られている〉と問題になったことがあった。今の若者にとっては、パソコンで検索し、必要な部分を切り取って、継ぎ合わせ一つの文章にすることなど、朝飯前の様。でも、その行為が、自分を堕落させ、研究を劣化させていることには、思いが及ばない。〝「受験学力」万能時代〟に生きる若者にとっては必然の帰結だろうが、そんな時代状況を作りだしたのは、私ら世代の責任である。「未来」は、「現在」の姿だし、「現在」は、「過去」の結果であるのだから。

二〇一四・三・二四

《生き方考》その一〇五

「大川小学校」無惨！

本日付の新聞（朝日新聞・河北新報）に、石巻市教育委員会は〝今後は、大川小学校の遺族とは一切会わない〟旨の記事が掲載されていた。また、本日の裁判では、山元町・東保育所の園児遺族に、「請求棄却」の判決がなされた。

石巻・日和幼稚園での裁判では、経営者・園長側に「損害賠償の支払い」判決が出たことを考えると、公権力の優位性を基底にした判決と思わざるを得ない。つまり、大川小学校の件でも、設置者である石巻市と、管理責任者である石巻市教育委員会の「責任」は問われなくなる可能性が極めて高いことを意味している。

そう考えると、石巻市教育委員会が決して非を認めず、ずるずるだらだらと引き延ばしてきたことが頷ける。尤も、こんなことを考えつく現市長・現教育長ではない。ましてや、当事者の教育課長や指導主事連中、そして当時の校長には、思いもつかないこと。誰かが、後ろで糸を引き、行政組織や官僚組織、「公権力」施行者に体面と優位を示す手練手管を伝授する者がいたことは、間違いない。多分、市や県レベルの人材ではなく、文科省か法務省レベルで画策されたことだろう。だから、そこに切り込み、理を引き寄せるには、壮絶な覚悟と「天に唾する」総力戦を展開せねばならない。大川小学校の遺族の方々が、「無間地獄」に陥らないことを願うのみである。

「大川小学校の子どもたちと教職員が、東日本大震災での津波にのまれて、八四名が亡くなった」ことの本質を見極めることは、教育関係者のみならず、子を持つ親たち全ての責務である。しかも、その責務は、二一世紀の学校教育の在り方、公教育・義務教育の在り方を志向し実現していくことと無関係ではない。当然、学校の「長」である校長の有り様が厳しく吟味され、それを支える教育委員会・教育行政の有り様が根底から変革されなければならないだろう。二昔ほど前、同級生の浅野史郎君が、〝「公務員」って、サービス業でしょう〟と宮城県知事の時に言ったことがある。かつては公務員を「公僕（パブリックサーバント）」と言っていたが、「サービス業」の方が、当世流であろう。国民・市民という客に、誠心誠意尽くすことで、収益を上げ、税金からの給料が貰える仕組みになっているからだ。そう考えると、「学校（公教育）」は、安全・安心を保障するだけでなく、学ぶことが楽しく、学ぶほどに自己成長が実感される場でなければならないはず。

その理念と対極に押しやられていたのが「大川小学校」ではなかったのか。だから、そこまでの掘り下げと不退転の決意が無ければ、「大川小」の問題は、決して一段落しない。たとえ、「賠償金」や「見舞金」という形で決着しても、である。でも、時代の流れは、一地方での出来事として幕引きを図り、早く風化させようと動き出している。

二〇一四・三・三一

《生き方考》その一〇六

村木厚子氏『私は負けない』（中央公論新社）から

一応最後まで読んだが、私の知りたかったことは、唯の一行も触れられていなかった。

私の知りたかったこととは、「部下職員が、本人が押印すべき職印を勝手に使用した時、その部下職員の行為を、上司である本人は、どう考えるのか?」ということであった。

村木厚子氏とは、二〇〇九年の六月に「郵便不正事件」として逮捕され、一六四日間勾留された厚生労働省雇用均等・児童家庭局長（二〇〇四年の事件発生時は、社会・援護局障害保健福祉部企画課長）のことである。

公務員の世界では、あらゆる「公文書」に、必ず決済印が押印される。私が勤務した公立の小学校で言えば、入手文書であれ、提出文書であれ、事務さん、担当者、教頭、校長と、四つの職種から押印される。この四つの異なる押印があって、初めて「公文書」として保存や送達が行われるのだった。つまり、公務員の世界では、異なる職階からの押印決済が繰り返されて、物事が進んでいく仕組みになっている。何故、そんなまどろっこしい手続きを生み出したのかは定かでないが、多分に、複数の眼でのチェック体制こそが、公明正大な仕事を創り出していくと思われたからだろう。だから、私が校長昇任時の面接で、〝職印を紛失したらどうしますか?〟としつこく訊かれたこともうなずける。

しかしながら、万石浦小学校で教務主任をしていた時、校長職印を事務さんが代理押印し続け、三年間で百数十万円の焦げ付きを出してしまった。また、新任教頭時には、前任教頭から校長が押印すべき「職印」を直接手渡されたのだった。〝来た文書は、これで校長さんの分も、押しておけばいいから……〃というわけである。後日、職責の異常さに気づき、校長さんに「職印」を持っていったら、校長さんから〃校舎の改築移動の際、教頭さんは「職印」を紛失したらしい。これは、役場の台帳の印鑑と違っている……〃と聞かされた。更には、野蒜小学校の校長時には、事務さんが「職印」を持っていたので、〃これは、責任の証だから、直接校長が押印するもの……〃と言ったら、しぶしぶ戻してきたが、前任校長は、「太っ腹の大物校長」とばかり、一度も押印することが無かったという。そして更には、女川一小の校長時には、校長室の耐火金庫の中に「職印」が三つも入っていたのには、呆れてしまった。しかも、給食センター長の教育課長の職印を、歴代の女川一小の校長が代理押印し続けていたのだった。

村木厚子氏は、自ら押印すべき「職印」を、勝手に押印されて虚偽文書が作られたのに、一文も書いていなかった。尤も、検察が不利になる証拠メモは、即座に廃棄処分したことを知ったことは、大川小を思い出し面白かったが……。

二〇一四・四・一四

《生き方考》その一〇七

「戦後教育の総括」のこと

先日、仲間の西野大三郎さんの蔵王別荘で、宮原修さんと飲む機会があった。彼氏は、一時体調を崩し、一〇年越し位でようやく復活してきた。それで、彼氏を元気づけようと企画したものだった。

で、三人で飲むほどに意気が上がってきたのか、私の『生き方考』を〝本にして、出版すべき……〟の話になった。私が、〝年金暮らしで、無駄な金を使う余裕は一切ない！〟と言うと、宮原さんが〝「戦後教育」の総括をする本を書くので、その収益金五〇万円で、本にして出版すべきだ……〟との話が出てきた。私の本云々はさておいても、宮原さんが「戦後教育」の総括をするというのは、面白い。嘗て、梶山正人さんから〝田中さんは、「戦後民主主義教育」の良質な部分を受け継いで……〟と言われたことがあるが、私にとって、《「戦後民主主義教育」とは何だったのか》は、ずっと課題になってきたからだ。宮原さんは、東大大学院、お茶の水女子大の教官と進む中で、極地方式研究会や教授学の会に関わるだけでなく、文科省・教育課程作成委員、文科省「研修」の講師陣etcと、足跡は多彩である。勝田守一、高橋金三郎、斎藤喜博、林竹二、寺脇研、等々。宮原さんならば、私らの気づかぬ総括をするに違いない。

ともあれ、私ならば「戦後民主主義教育」から何を学ぶのか。民間教育運動、サークル活動、島小教育、子どもの学習権、「憲法＝公教育」での教育保障、等の語句が次々と脳内を駆け巡るが、それらの原点ともいうべき結接点・根元点を一言でいうならば、【子どもから学ぶ】と言うことになる。

「教育」という営みは、教師（大人・先人）が、子ども（可能体の相手）に何かを教える行為になる。でも、それだけなのに、いつの間にか、「教育者が上・先で、被教育者が下・後ろ」の関係を同値化してしまう。それ故、無自覚のままだと《「教え子」感覚》からいつまでも抜けられない。日教組の最大の汚点は、「教え子を戦場に送るな！」の文言に代表される《「教え子」感覚》から脱皮出来なかったことであろう。

だから、【子どもから学ぶ】の視点・視座は、コペルニクス的発想・行動の転換をもたらす。私が、先達の「宮城の教師」から引き継ぎ、身に沁み込ませ続けたのは、【子どもから学ぶ】の視点・視座だった。

子どもたちは、勢いと生きるエネルギーにまかせて、私らの思いもしない発想・行動を起こす。それらの大半は、あほ・未熟・でたらめ等の衝動である。しかし、時として、本質に直結する直截な発想・行動になる。別言すれば、人類進化の典型を示す。まさに、「個体発生は、系統発生を繰り返す」の通り。だから【子どもから学ぶ】なのである。

子どもの権利条約も、科学や芸術の教育も、文化遺産の継承も、全てこの一語に還元するのではないだろうか。

《生き方考》その一〇八

研究者の仕事

二〇一四・四・二〇

たまたまインターネットで「田中憲夫」の項を見ていたら、研究論文に、私の名前が記載されていることを知り、ダウンロードをして、その「研究論文」なるものを読んでみた。

論述者は、久保田武という方で、日本教育大学院大学の特任教授とか。都立高校の校長をし、定年退職後現職に就いたようである。一九四五年生まれというから、私より二歳年上の方である。で、肝心の「研究論文」であるが、「研究論文」のタイトルが『ある校長経験者からみた斎藤喜博の校長像――その光と影』とある。A四判で一七頁ほどの論述であるが、前書きに「戦後日本の教育界に大きな足跡を残した斎藤喜博の新しい校長像を提示することが、この小論の主題である。なかでも従来ほとんど取り上げられなかった彼の影の部分に、彼同様校長経験者である著者の視点から批判と異論を加え、彼の新しい校長像の構築を試みた。」とある。久保田氏の姿勢からすれば、厳正中立に史実に基づいて論述したということなのだろうが、「田中憲夫」名の脚注も、「彼の手法や考え方を学校経営に生かした事例であって、斎藤の実践に学ぶという姿勢で貫かれている。即ち斎藤の学校経営の「いいとこ取り」であって、批判の言葉は筆者が知る限り見当たらない……」の例示に使われたにすぎなかった。

久保田氏は、影の部分のこととして、玉村小学校時代、「担任した一部の生徒から依怙贔屓があったと回想……」、「体罰を含む厳しい指導」、「授業中でも生徒に肩をもませたり、チョークを生徒に投げつけることもあった」、「自習時間が多くなり、生徒の見ているところで裸になって日光浴をしたり、自習時間中に原稿書きまでした」、「相変わらず体罰も加えたようで、卒業式後彼を殴る計画まであった」等を上げている。また、島小学校時代には、「母親と明け方まで話し合ったり、彼女を自転車の荷台に乗せて他の学校の参観に連れて行ったりしている」、「若い女教師たちには、当時の常識を超える親密な態度で接し、スキンシップを連発していた」、「今でも境町・島村・玉村町の関係者から、斎藤が女好きだった、女性との噂が絶えない人だったという芳しくない噂を聞かされる」等を上げている。

こういった文を読みながら、私の『生き方考』の作文姿勢と何処が違うのか、考えてしまった。そうして、ようやく得心したのが、たとえ否や非を論っても、相手を批評・裁断するためではなく、自分の内省、自分の生き方を顧みるためなのだと改めて知ったのだった。

私にとって、研究者の論文は、希望と勇気を湧き起こし、誠実さと謙虚さを自省させてくれる。でも、この久保田論文は、世俗と傲慢、他人事の批評と番付に興味関心を引きづり込む。こんな「研究論文」は、私には無縁である。

《生き方考》その一〇九

「井上ひさし・遅筆堂文庫」訪問記

二〇一四・四・二六

定年退職後に沖縄を訪問した時から、伊江島にあるガジュマルの樹の上で、終戦も知らずに隠れ続けた日本兵のことを「音楽劇」に出来ないものかと、ずっと考えていた。同じようなことを、井上ひさしさんも考えていて、「木の上の軍隊」との題名で舞台化した。三年ほど前のことだったろうか。尤も、こまつ座の手で舞台化された時には、既に井上ひさしさんはこの世にいなかった。だから、台本・脚色は、志を継いだ者の手になっていた。

ともあれ、山形県・川西町の『遅筆堂文庫』に行けば、関係する情報や資料に触れられるはず……と、思った次第。

なるほど、行って見て、「木の上の軍隊」関係の台本や関連資料が、段ボールに入ったまま、展示されていた。館内の係の人に、〃この台本は、市販されていないのですか?〃と訊くと、〃これは、展示だけで、売り物ではありません〃と言う。私が、なんだかんだとしつこく訊いていたら、年配の女性（学芸員?）が現れて、再び〃どんな御用ですか?〃と訊かれた。それで、沖縄・伊江島のガジュマルの樹の話をし、井上ひさしさんが構想を練っていた「木の上の軍隊」に興味・関心がある旨を話したのだった。

いろいろ話すうちに、彼女は私に心許したのだろう。〝本当は、舞台化されたものは、井上ひさしさんの「思い」とは違ったものになっている……〟と言うのだった。私も、調子を合わせて、〝サスペンスの女王と言われている片平なぎさの創り出す「笑い」は、井上ひさしさんの「笑い」とは、違うんじゃないのかなぁ……〟と言うと、彼女はますます乗ってきて、〝そうなんです。井上ひさしさんの「笑い」は、笑っているうちに、本質に触れ、悲しくなってくるんですよ〟と言ってきた。そんな話のやり取りをしているうちに、舞台化された「木の上の軍隊」はどうでもよくなってきた。ま、早い話、見切った感じになったのである。

話を変えて、『遅筆堂文庫』の蔵書について紹介すると、多義に亘っての大変な冊数である。町立図書館と合わせると二〇万冊というが、その大半が井上ひさしさんの蔵書本だったらしい。でも、よく見ると、宇野重吉さんの『桜の園ノート』や滝沢修さんの『俳優の創造』がない。『木下順二集』や『武智歌舞伎』もない。『黒澤明全集』も『観世寿夫著作集』もない。貴重な本は、というより大事な本は、表に出さないようだ。黒澤明監督の映画「七人の侍」は、死ぬまでに五〇回は見ると宣言するほどの入れ込みようだから、これらの本を買ってないわけがないだろう。もしかすると、武智鉄二さんや観世寿夫さんは、思想的に嫌いだったのかも……。でも、わらび座の原太郎さんの本も、一冊もなかった。こんな詮索はどうでもいいのだが、井上ひさしさんの思いは奈辺にあったのか、宿題にしていきたい。

《生き方考》その一一〇

「退職金―二〇九万円」を考える

二〇一四・六・八

先日、蛇田・民児協の定例会後、或る民生委員さんと立ち話をした。その女性民生委員さんの息子さんは、「三・一一東日本大震災」の時、大川小学校の教員をしていた。つまり、〝当時の教員八名・児童七四名が、津波にのみこまれて命を落とした〟という「大川小学校大惨事」の教員の一人だった。尤も、教員になってから二校目の、まだ教師歴五年目を迎える「フレッシュ教員」だった。子どもたちも、この若い教員を慕い、楽しく学校生活を送っていたようである。

（※震災後のＴＶ放送で、学級の子どもたちと仲良く写ったスナップ写真が何度か放映された。）

でも、時勢は、「失われた子どもたち」の原因究明の方に傾斜し、「失われた教員達」の方は、一顧だにされなかった。私は、同じ地区内の民生委員の中に、当時の大川小学校の教員の親がいたことを後で知ったが、そっと見守るしか出来なかった。

大川小学校の「失われた子どもたち」については、現在、遺族の親と石巻市教育委員会・宮城県教育委員会の間で、裁判にて事の決着を図られようとしている。しかしながら、「失われた教員達」については、事の推移はどうなったのか。あるいは、どうにもならないでいるのか。ずっと気になっていたので、つい先日、同僚民生委員として訊いてみたのだった。

私の問いかけに、彼女は、〝早々と、退職金として二〇九万円貰っただけで、後は何も無し。見舞金一つ無いのよ。子どもたちは、一億円払えって裁判してるけど、私らは、誰からも、何処からも何も無し。悔しくって、悔しくって……〟と、ぼそぼそと話してくれたのだった。決して、「言いたくない」「触れられたくない」「思い出したくもない」といった口調ではなかったことを思うと、彼女は、誰かに「親としての悩みや思い」を聞いて貰いたかったのかもしれない。〝私で応援出来ることがあったら、いつでも応援しますから……〟と言うのが、精一杯だった。

とまれ、【学校を守り、子どもを守り、教師を守る】のは、「校長の仕事」であり、「教育委員会の仕事」ではないのか。私は、校長時代、そう思って仕事をしてきたし、中田町や鳴瀬町、女川町の教育委員会は、学校の味方・学校のサポーターだった。だとすれば、大川小学校の「失われた教員達」を〝安心立命〟させるのは、生き残った校長や、存続し続けている石巻教育委員会が取り組むべき大きな仕事の一つではないだろうか。このことは、ALTのテーラーさんにしても然りである。「失われた教員達」やテーラーさんを「殉職」とすることは、生き残った元校長や、現校長の責務と頑なに思う。先日の裁判では、南三陸防災庁舎で亡くなった職員達が「殉職」になったようである。

《生き方考》その二一

〝「合理」と「理屈」は違う〟のこと

二〇一四・七・一〇

保育園に「ボランティア」として関わり出してから、六年になる。岐阜・八幡保育園の稲葉直温園長さんに、〝やって、見せてくれませんか？〟と言われたのが、きっかけだった。そして、八幡保育園の子どもたちと私が関わっている姿をみた沖縄・あおぞら保育園の仲原りつ子園長さんから、〝私の方にも、来て！〟となって、保育園との関わりが拡大し定例化していった。尤も、仲原園長さんは、八幡保育園の子どもたちの姿を見て、あおぞら保育園の不足を実感し、これからの保育方針を直観したのだった。仲原園長さんの「保育士」としての感性、また「保育園経営者」としての先見性に嬉しくなってくる。

現在、沖縄のあおぞら保育園・あおぞら第二保育園・勢理客保育園・愛音こわん保育園、そして宮城の石巻ひがし保育園と関わっているが、どの保育園も経営内容や運営段階がみな違っていて、〝同じことを、同じように……〟は、全く通用しない。でも、これは、子どもたちは皆違うし、保育士さんも皆違っているので、当然のことであろう。別言すれば、デジタル「ロボット」ではないアナログな「子ども」が、子どもたちの中に潜む真実や本質、成長の必然や発達の手順を、たとえゆっくりや緻密であっても、決して順序を違えたり抜かしたりせず、生起させてくるからだ。

養老孟司さんの言葉を借りれば、まさに〝子どもは「自然」〟なのである。

今は亡き斎藤公子さんは、そこに着目した。だから、井尻正二さんや三木成夫さんと交流を持った。「交流を持った」というより、納得を求めて学び続け、求め続けたのだった。「爬虫類の動き」や「まな交い」等々の実践事実は、「二〇世紀の保育」を代表する。

しかしながら、私らは二一世紀に生き、「二一世紀の保育」を模索し続けている。私らが体得した「核爆発の圏」や「向上心の無い子どもたち」は、斎藤公子流からは決して生まれない命題であろう。とまれ、これら保育の橋渡しを、梶山正人さんは【生命のリズム】と言う言葉で橋をかけてくれた。更に言えば【呼吸】という行動の具体的手がかりを残してくれた。私は、【生命のリズム】と【呼吸】に、殉じてみようと思っている。

「自然の世界」に潜む論理は、「合理」である。しかしながら、「合理」をデフォルメ（強調や省略）して「多様性」を主張すると、いつの間にか理に走り、「理屈」が唯一・正統になっていく。更に進めば、「屁理屈」になる。

私らの追求すべき「二一世紀の保育」は、「ことばあそび」・「うた」・「音楽劇」の中で、「合理」を見出し、「合理」を基底に、多様へと発展・進化するものだろう。決して「理屈」（論の積み重ね）に走ってはならないと思える。

最近の「子ども事情」から

《生き方考》その一一二

二〇一四・七・一四

三・一一の東日本大震災から三年が過ぎたが、毎朝、我が家の前の道路を通って、蛇田小学校に通う子どもたちの声が姦しい。三〇年近く前の蛇田・東前沼地区は、子どもたちがうじゃうじゃいた。何しろ、私が学級担任をしていた子どもたちだけでも、四人はいた。当時は、「グループ登校」みたいなことは一切していなかったが、それでも、子どもたちが三〇人以上は、我が家の前を通って、学校に通っていた。それが、二五年後の震災前には、五人も満たない子どもしかいなくなっていたのだった。ところが、震災後の現在は、二〇人は越しているだろう。しかも、「グループ登校」をしているようで、七時一五分〜二〇分頃に、一時の喧騒を作りだす。

先日、我が家でのゴミ出しの準備をしていたら、子どもたちが次のような会話をしながら、通り過ぎて行った。何を話題にし、何を話していたのか一切分からなかったが、リーダー格だろう五〜六年生の男の子が、一〜三年生の男の子に、〝言うこと聞かねど、テメェ、ぶち殺すど！〟と、威張り散らしていた。すると、一〜三年生位の男の子が〝えっとね、あのね、うんとね……〟と、しきりに言い訳をしようとしていた。

それを、陰から聞いていた私は、思わず笑ってしまった。今も昔も、「長幼の序」を求めて先輩風を吹かす年長者は、五万といた。それに対して、年下の若輩者は、じっと耐え、〝はい、はい……〟と、聞き流していたものだった。そして、陰で〝彼奴は、ひどい奴だ！〟と、尾ひれをつけて、同輩に同調を求めるのだった。これは、子ども世界でも、大人世界でも、変わらなかった。それが「世間」であり、その「世間」に同期・同調することが、「生きる」ための生活の知恵でもあった。

でも、今の「子ども事情」は、少々変わってきたようである。年上が先輩風を吹かせるのは同じなのだが、年下が即「意見表明」をするのである。前述の〝えっとね、あのね、うんとね……〟が、そうである。まだ低学年故に、語彙が圧倒的に不足し、的確に言い当てる言葉を持ち合わせていないのだが、必死で、自分の思い・考えを表明しようとしているのである。しかも、それを分かろうと、年上者が持て余しながらも、年下者の話を聞いているのだった。

この結末がどうなったか、私は知らない。しかしながら、言葉遣いは乱暴でも、そして、稚拙なたどたどした言葉しか並べられなくとも、グループ内での年上者と年下者の関係が、お互いを認め合う関係になっているのだった。

この関係は、どこで育てられてきたのだろうか。とても、学校教育の成果とは思えないし、子供会育成会の成果とも思えない。やはり、時代の中での相互作用の結果なのだろう。「子どもの権利条約」は、時代の産物なのである。

《生き方考》その一一三

天に唾したくなる悲しいサガ（性格）

二〇一四・七・二四

言ったところで、詮がないのが分かっているのに、言ったところで誰も支持してくれないのに、そして言ったところで呆れられるだろうことが見え見えなのに、思わず手を上げ、質問してしまった。案の上、会場がシラーッとした雰囲気で時が流れて行った。後の休憩時に、同じ石巻・人権擁護委員のHさんから〝田中さんの言いたいことは、よく分かるよ！〟と、エールを投げかけられたのだが……。

七月二三日〜二四日と、仙台・秋保温泉で「平成二六年度　宮城県中堅民生委員・児童委員研修会」が行われた。県内から一四〇名近くの民生委員が集まり、四つの講座の講義を受けたのである。「中堅研修」と銘打った参加資格は、［概ね二期以上」とあるから、七年目を迎える私は、〝まぁ、いずれは受講させられるのだろう……〟と、特別拒否もせず、参加した次第。でも、実際は、〝今年、民生委員になったばかりです〟とか、〝ようやく一期（三年）が終わりました〟という方が半数以上いて、私はベテランの部類になってしまっていた。

で、一番最初の講話名が「新たな介護保険制度と地域包括ケアシステムの実現にむけて」という題で、宮城県保健福祉部・長寿社会政策課の菊池某氏が、報告した。中身は、宮城県の「地域包括ケア体制」構築への、現況報告が大半だった。報告題に「新たな介護保険制度」とあるから、半分は「新たな介護保険制度」の話かと思ったが、ほとんど触れずじまいだった。国からの「指示待ち」のためか、余計なことは一切言わない姿勢なのだろう。その分、「地域包括ケア体制」については、四〇分の内、三〇分強を費やしていた。しかも、東日本大震災後、止むに止まれぬ事情で、先駆的に仮設団地で始まった石巻・開成団地の取り組みを「モデルケース」と持ち上げ、〝地域に密着した〟とか、〝地域のニーズに応える形で……〟と、宮城県版「地域包括ケア体制」の準備状況を自画自賛していた。

それで、私は、思わず手を上げ、質問してしまった。〝石巻の開成団地での取り組み、それを「モデルケース」にした宮城県の取り組みを、新聞等で注視してきました。でも、石巻・開成団地の取り組みをみても、医者や保健師、社協、ボランティア団体、民生委員、自治会、市の関係機関等、多数の団体がチームを組んではいても、どうしたわけか「人権擁護」機関が入っていません。これは、石巻市の場合も、宮城県の場合も同様です。私は、「人権擁護」機関も関わることで、困窮者・弱者が【人が人として生きていく】、【人が人として支えられていく】ことになると思うのですが、何故入れていないのですか？〟と。それに対する答弁は、木に竹を接いだ様に、〝おっしゃることは分かるのですが、厚労省の指針に基づいて進めておりますので、ご理解下さい〟というものであった。

《生き方考》その一一四

身体行動の「自己コントロール」のこと

二〇一四・八・二二

石巻の渡波小学校で校長をしていた時のことである。一人の若い男性講師（二三歳）が「代替講師」で勤務していた。他にも、女性講師が二名いたが、彼氏・彼女らは教員採用試験を受験中であった。それで、受験の一助にと、三人だけの特別授業研究会を行った。その特別授業研究会は、参観者が私だけのものだったが、それでも、校長が参観するとあって、三人ともそれなりに精一杯の研究授業を行っていた。で、その中の男性講師は、授業が始まって一〇分ほどすると、にわかにニヤケだし、笑いが込み上げてくるのを抑えきれず、かといって笑うわけにもいかず、変な葛藤状態で授業を進めるのだった。当然、子どもへの問いかけも、子どもとのやり取りもぎくしゃくして、授業の体をなすものでなくなった。授業が終わって、〝どうしたの？〟と訊くと、〝私も、自分でよく分かりません。突然笑いが込み上げてきて、堪えようとすればするほど、可笑しくなってきて……〟と、半べそをかきながら言うのだった。

話は変わるが、先日「石巻ひがし保育園」で、「体ほぐし」の職員研修を行った。持ち時間三〇分だけの職員研修だったので、丁寧に各自の身体をほぐしていくまでにはいかなかったが、二人組になって腹式呼吸を確かめ合う動きした時である。一方が上体を脱力して腰に「ぶら上がり」状態になり、もう一方が後ろ側に回って、背脇に両手をそえるよう指示した。すると、背脇に手を当てられた瞬間、笑い出す保育士さんが何人も出てきたのだった。彼女ら曰く〝だって、くすぐったいんです！〟と。私が見ていた限りは、確かに爪を立てて鷲掴み様に手を当てる保育士さんもいたが、大抵は、そっと手を当てていたのにである。つまり、上体を倒した保育士さんは、無意識の内に身構え、背脇を触られた瞬間に、「笑う」と言う形で反応したのだった。しかも、一回ならず二回、三回と繰り返しても、「笑い」の反応は、抑えられないのだった。

こんな反応を示す保育士さんが何人もいたことに、内心驚いたが、考えてみれば、沖縄「あおぞら保育園」や「勢理客保育園」、そして「石巻ひがし保育園」の子どもたちも、初対面の時は、同様の反応だった。何が面白いのか、一度笑い出すと、立て続けに笑い続ける。話を止めて落ち着かせても、また、何かの拍子に笑いだし、止まらなくなる。それが、一人や二人だけでなく、半数以上の子どもたちが、「笑い」症に感染し、笑いの騒乱状態を呈するのだった。

でも、その後の「あおぞら保育園」や「勢理客保育園」には見られない。というより、子どもたちは、既にそんな心の状態・身体の状態から抜け出し、卒業したのだった。

先の講師や保育士さんは、まだ、身体や心の「自己コントロール」が未熟なのだろう。心しておきたいことである。

《生き方考》その一一五

「教育を受ける権利」は、〝「学習権」の保障〟と捉えること

二〇一四・八・二三

何の因果か知らないが、河南東中学校で「人権の職員研修」での講師をすることになった。講師の件は、夏季休業に入った七月二〇日過ぎに、石巻人権擁護協議会の宮里会長から、〝田中さん、やって！　貴方、いつも「教師の人権研修こそ必要だ」と言ってたでしょう〟との、一方的指令で決められた次第。〝私でよければ……〟と応諾したが、八月二〇日の研修日は決まっていたが、肝心の依頼文書がなかなか来ない。校長さんが自ら法務局に届けに来たのが、八月一八日だった。〝ま、こんなものでしょう〟と、腹も立てずに、「研修会」に出かけて行った。

人権・研修会では、一八名の職員が参加していた。私は、事前に渡していた資料に基づいて話していったが、何しろ持ち時間は一時間だけ。①「人権」とは　で、〝「人権」問題は、「生き方」の問題ですよ〟を確認し、②「人権」に関する具体的課題　では、法務省作成資料から一六項目を紹介して、一五分位で済ましてしまった。と言うのも、④学校における「人権」とは　を主眼にしていたのだが、中学校の先生方には通じないかもしれないと思い、③私の「生き方」として、沖縄のこと・桐分校のこと・女川原発のことを話してみた。私の「生き方」だから、私個人の思考・行動・思想なのだが、その話をきっかけに、各人がそれぞれの「生き方」を考えて

もらえればとの思いだった。

そうして、肝心の④を二〇分ほど話したのだか、④に入った途端に、居眠りを始める教師が出てきた。見れば、居眠りはしないものの、大半の教師は、下を向いて、誰一人顔を上げないのだった。私の主張する「授業で、子どもたちに納得と了解を作りだすことが、学校での人権になるのですよ」は、〝そんなこと、とっくの昔から、知っていますよ！〟という表情で、「何の新鮮味もない話」という［無反応の反応］を示すのだった。

それで、〝もう、私は「学校」とは縁が無いな〟と思っていたところ、先日NHKのETV特集で「〝戦闘配置〟されず～肢体不自由児の学童疎開～」を観て、驚いた。「学童疎開」とは、児童福祉の観点からとばかり思っていたが、「学童疎開」の真実は、〈優秀な戦闘員を育成・温存するための、次世代の戦闘配置〉だったのである。だから、何の役にも立たない肢体不自由児は、「学童疎開」の対象外だった。この計画は、昭和一九年六月に閣議決定されて、七月には内務省から発令……と進み、秋には帝都での「学童疎開」が完了する早さだった。でも、世田谷にあった「光明肢体不自由児学校」は、取り残されたのだった。映像は、当時の松本保平校長さんが、孤立無援の中で、長野の千曲川ほとりの温泉に疎開する姿を再現していくが、校長の「肢体不自由児も人間だ」「肢体不自由児も学びたがってる」の信念は、胸を打つ。これこそ、今に通じる「教育を受ける権利」の真の内実なのだろうと思うのだった。

《生き方考》その一一六

「デジタル思考（ああすれば、こうなる）」からの脱却

二〇一四・八・三一

八月二八日（木）～二九日（金）と、仙台・川内の仙台二高の裏にある「法務省・総合研修所」で、東北六県の人権擁護委員が集まって、「男女共同参画問題」の研修会（参加者六〇名）があった。朝九時から夕方四時二〇分まで、びっしり組まれた講話と演習なので、腰は痛くなるし、脳みそは満杯になるしで、身も心も疲労困ぱいになった二日間だった。それでも、私の気づかない世の中の課題や事情が分かり、それなりに有意義な研修会だった。特に、四〇過ぎの法務局職員さんの「ケース研究」は、数多くの資料を準備し、気合と気迫の感じられる解説だった（※話や手順は混乱気味だったのだが……）ので、新鮮に聴くことが出来た。

反面、「ドメスティク・バイオレンス」の講話をしたNPO法人レジリエンスの門間尚子氏の話は、もう一〇年以上も担当講話をしてきたらしいが、NPO活動のアピールと概論がごちゃ混ぜになってしまい、〝私たちは、こんなに真剣にやっていますよ〟という熱気は伝わってきたが、自己満足じゃないの……と思える雰囲気だった。案の定、岩手の人権擁護委員さんが突然手をあげ、〝早口でべらべら喋られて、質問したいことが忘れてしまうほどだ〟と、言い出した。それで、〝どんな質問ですか？〟と講師さんが投げ返したら、これまた突然〝ＤＶだけでなく、人

権問題は、「愛」がないと駄目なんです。人権擁護委員になって一三年間考え続けてきましたが、キリスト教の「愛」こそが全ての根底にないと……〃と言い出した。

で、この結末は、突然手を上げたことで、一瞬部屋に緊張が走ったが、「愛」を聞くに及んで、そちこちから〃うるさい、黙れ！〃とか、〃そんなの、関係ないだろう……〃の声が上がって、〃では、止めます！〃で、一件落着したのだった。

思うに、質問した方は、〃それは、貴方の考えでしょう〃ということが、全く分かっていない。自分は「正」で、そうでないのは「否」としか思っていない。尤も、これは、講師の門間尚子氏も同様なのだが。だから、相手を受け入れない「正」と別の「正」がぶつかり合った当然の結果だった。

話は変わるが、養老孟司さんの本を読むと、色々な所に「［ああすれば、こうなる」は、やめましょう」の文言が出て来る。「正しい」ことから出発して、「正しい」論理を積み重ねていけば、「正しい」結果に一義的に行き着くということの「まやかし」を言っているのだが、この随所に出て来る「正しい」の検討・吟味こそ「生きている」意味と意義なのだろう。「デジタル」思考は、まさに「ああすれば、こうなる」であり、受験教育がその際たるものだろう。

《生き方考》その一一七

文部科学省推薦の「ＨＥＲＯ」

二〇一四・九・一九

フジテレビの番組「ＨＥＲＯ」が、文部科学省の道徳教育とタイアップすることになった。この番組は、一回完結のシリーズものである。木村拓哉演じる久利生公平が主役で検事役だが、脇役の事務官を演じる松たか子とのコンビが面白く、視聴率を上げていた。それが新シリーズ（木村拓哉以外出演者が交替）になって再度テレビに登場したと思っていたら、いつの間にか文部科学省推薦の番組になっていた。

推薦のチラシには、

「主人公の検事・久利生公平は、犯罪の被疑者を起訴するかどうかを決定する際に、被疑者の社会的立場にとらわれたり、先入観を持ったりすることなく、疑問を持った点については徹底的に自分の目で確かめ、様々な人たちから話を聞いた上で最終的な判断を下します。誰に対しても公正・公平な態度で接し、自らの信念に基づいて行動し、真実を見極め、社会正義を追及しようとする久利生公平と、それを支える仲間たちの姿には、「人としてどうあるべきか。自分はどう生きるべきか。」という道徳教育の根源的なテーマと共通するものがあると考えます。」

とあった。

私自身、この「ＨＥＲＯ」を楽しんで観ていた視聴者の一人だから、この文言に疑義を挟む気はない。でも、「道徳教育の根源的なテーマと共通」と文部科学省から言われると、眉に唾をつけたくなるのである。昭和四〇年代から延々と取り組まれてきた「道徳教育」が、何をしてきたかは問わないまでも、このテレビ番組には、不倫の検事や、妻子に逃げられた検事が、生きることの深刻さ・大変さを排して、番組の軽さを創り出している。主役の久利生公平にしても、中学校時代不登校を起こし、検定・検定の連続で、司法試験をパスした変わり種検事である。そういった「生き方」を文部科学省が認知したのであるから、驚く他はない。本心から、文部科学省が認知・認定したのであれば、諸手を上げて賛成なのだが……。

どうも、文部科学省主導の「全国一斉学力テスト」と民間の一教育業者であるベネッセが提携したように、お互いの利害が一致した結果としか思えない。フジテレビにすれば「この印籠が……」のお墨付きが欲しいし、文部科学省にすれば、ただで「道徳教育」の宣伝をしてもらえる……ということなのか。企業と大学・研究とのもたれ合いは、既に常識になって久しい。また、企業と行政の媚の売り合いも既に久しい。だから、フジテレビと文部科学省が繋がっても不思議はない。金と人気に目がくらんで、それぞれの本質的役割を見失わないでもらいたいものである。

《生き方考》その一一八

朝日新聞バッシングの意味するもの

二〇一四・九・一九

朝日新聞が、吉田証言と吉田調書の両吉田の件で、他の新聞やマスコミ、週刊誌等から袋叩きに遭っている。

「身から出た錆」と言えばそれまでだが、「一斉の集中砲火」の感がして、何となく気になっている。

吉田証言とは、一九八〇年代に、「先の大戦時に、朝鮮人を従軍慰安婦として、強制連行した」という、吉田某氏の証言である。朝日新聞は、この証言をもとに、「従軍慰安婦」と「強制連行」のキャンペーンを張ったと言うのだが……。後に、この吉田証言は、出鱈目だったと判明した。出鱈目の証言をスクープとして論陣を張った朝日新聞の罪は深いし、何の反省もしていないとバッシングの面々は言う。

また、吉田調書とは、東日本大震災時の福島原発で、吉田所長の職務命令に反して、第一原発の職員が逃げ出したというものである。吉田所長が、後日、原発対応での国の聞き取り調査に応じた記録が、吉田調書である。この記録には、そんな命令を出した覚えがないし、指示を聞き違えて動いたことが、そういう行動も「可」だったと肯定している。それを、朝日新聞は、スクープ記事として、「九割が、命令違反の退避」という記事を書いたのだった。

その後の朝日新聞の謝罪記事を見ると、〝十分に裏付けを取らず……〟とあるから、当時の担当記者や編集長らが、勢いに任せて記事を書き連ねていったようである。あるいは、一つの見込みの下に、都合の良い記事を掻き集めたのかもしれない。あるいはまた、「真実」や事の本質を見る目が失せてしまって、時の流れや社内の流れに、ずるずると乗っていったのかもしれない。これらの改善・改革は、単に「内部の自浄作用」に拠る外ない。しかし、バッシングの面々には、「朝日新聞・解体」や「朝日新聞・総辞職」の文字が躍っている。

そんな流れの中で、新しい歴史教科書をつくる会が、文部科学省に「教科書の関連記述の削除や訂正を教科書会社に勧告するよう要請をした」記事（河北新報・朝日新聞）が載った。河北新報の記事には、更に「同会理事の藤岡信勝客員教授は、記者会見で「朝日新聞が虚偽であったと断定したことで、慰安婦強制連行説は崩壊した。慰安婦問題そのものがなくなった。教科書から削除すべきだ」と述べた」と書かれてあった。

ここにきて、ようやくバッシングの本質が見えてきた。安倍晋三氏が主導する「自主憲法制定」と、「戦後教育の総決算」の船に、我先にと乗っているのだろう。「強制連行の証拠なし」→「強制連行なし・従軍慰安婦なし」であり、「先の大戦は聖戦」であって、「現行憲法は、日本人の誇りを汚すもの」を、この機会に王道にしたいのであろう。

そういえば、藤岡信勝氏は、私が学生の頃、東北民教研の講師をやっていた記憶がある。困ったものである。

《生き方考》その一一九

福島原発事故で退職した校長（「プロメテウスの罠」より）のこと

二〇一四・九・二二

沖縄の保育園に一週間ほど出かけていて、目を通さなかった新聞が滞っていたので、整理も兼ねて、新聞をめくっていた。すると、朝日新聞の「プロメテウスの罠」に書かれた、「「校長を辞める」決意」の見出しが目に付いた。それで、何のことだろう……と思いながら読み進めて、思わず笑ってしまった。〝まだ、世の中には、ドン・キホーテを演じたくなる校長がいたのか！〟と思い、感動の笑い（※「笑う他無い」の意）が出てしまったのである。

その中身は、連載された「プロメテウスの罠」を遡ってまとめると、以下のようである。

山口県上関町立祝島小学校に二〇一〇年四月に山本英二という校長が赴任した（※当時の年齢は、五四歳。祝島小学校は離島の小規模校で、単身赴任なので、「新任校長」なのだろう）。島では、一九八二年に中国電力が原発計画を発表してから、反対運動が起こっていた。福島原発事故の一ヶ月前も、埋め立て工事が進められていて、島民が、「工事阻止」の反対行動を起こしていた。そして、福島原発事故である。町長は、即座に中国電力に「慎重な対応」を要請した。工事が中断したのは、事故の四日後、三月一五日だった。

そんな一連の流れの中で、山本校長は、原発への「疑問」が「憤り」に変わっていった。それで、新年度になった五月一三日。山口市で開催された「県小学校長会」に挨拶に来ていた県教委の幹部に、〝原子力・エネルギー教育について、今後のあり方など県教委のご意見をお聞きしたい〟との質問をしたという。突然の質問に、県教委の幹部氏は、〝地域の課題は、地域で解決するように……〟等の、当たり障りのない返事だったとか。

でも、その後が大変だった。まず、同席していた他の校長からはたしなめられた。そして、五日後には、県の校長会長から呼び出され、居並ぶ役員の前で「県教委に失礼な物言いをし、校長会は顔に泥を塗られた」と叱責され、延々と説教されたという。山本校長は、帰りの車中で、〝教育界を率いる者が、あの震災後も原発問題に何の疑問も持っていないなんて……〟と思い、辞職を決意したと記事には書かれていた。その後、山本校長は、一〇月末に辞職し、一人で原発反対の「散歩デモ」を始めたとか。

かつて、現職校長の頃、「民間人」校長が失意の末に自殺をしたことがあった。また、「君が代」対応で自殺した校長もいた。その時、「心苦しく」はなっても、「笑い」は起きなかった。でも、今回は思わず笑ってしまった。

やはり「命を絶つ」ことへの重みと、「生き続ける」ことへの安心の違いなのかもしれない。

何故、山本校長は、「校長」としてあり続けながら、しぶとく闘わなかったのか。だから、「笑う」しかないのである。

《生き方考》その一二〇

「学校づくりボランティアの会」再考

二〇一五・一・八

「石巻ひがし保育園」からの要請（※多分に若住職兼事務長の構想のようだが）があって、登米・佐沼の「錦保育園」を参観することになった。「錦保育園」は、「斎藤公子」流の保育形態を自認している。その保育形態を、「石巻ひがし保育園」で、本格的に取り入れるので一緒に参観してほしい……とのことだが、要請の意図が奈辺にあるのか、定かではない。「斎藤公子・保育メソッド」を私らの〈おひさま楽校〉と繋げてほしいということなのか、〈おひさま楽校〉の中身を、「斎藤公子・メソッド」にシフトしてほしいということなのか。ともあれ、「錦保育園」が自認する「斎藤公子」流を参観してからのことである。

で、〝この機会に〟ということで、「斎藤公子・保育メソッド」を学び直してみた。と言っても、「表現活動」に関してのことではあるが……。

今回観たのは、「記録映画　アリサ　ヒトから人間への記録」である。これは、もともとが「さくらんぼ坊や」として記録映像化されたものである。一六ミリカラー映像で全六巻ほどあり、総記録時数二七二分というものである。

その中から「アリサ」という一人の女の子に焦点をあて、0歳の入園から六歳の卒園までの成長の姿を七八分の映像に編集したものだった。乳児期から幼児期、学齢期までの成長の様子がよく分かり、「斎藤公子・保育メソッド」の有効性・有意性が、具体的に納得・了解出来るものであった。尤も、「表現活動」に関しては、別文「斎藤公子・保育メソッドの有効性と課題」（日本人の身体行動一二）に書いたことでもあるのでここでは触れないが、「アリサ」の完成台本で、斎藤公子さんの次のような一文に出会った。

「私はここであえて〝おとな〟といい、〝おとなたち〟といわないことにする。なぜなら垣根がなくても、子どもたちが自由に行動してもあぶなくないような場所を園の敷地にえらんだのは私であるし、子どもたちがのぼりやすい、そして春は花が美しく、夏は涼しい木かげをつくり、秋は紅葉とおいしい果実をくれ、冬は葉をおとしてあたたかい日ざしを子どもたちからうばわないようにしてくれるたくさんの木をえらんで植えたのも私であるし、毎朝早くおきて害虫をみつけてとったり、釘やガラス破片をみつけたりするのも私の仕事であり、いまだに私をのぞいてはここまで子どもの環境を親身になって考えるおとなたちはいないからだ。みんな自分の家庭のことで精一杯である。」

何故、斎藤公子さんは、「私の仕事」とは言っても、「園長の仕事」とは言わなかったのだろうか。

当時の時代状況を思えば、そして、その時々での時代・社会との精魂尽き果てるような闘いを思えば、まさに「大人＝私だけ」だったのだろう。でも、斎藤喜博さんは、【島小】を「私の仕事」とは言わず、「校長の仕事」として押し通し続けた。【島小＝斎藤喜博】が、半ば定説のように常識化していたのに。

沖縄・「あおぞら保育園」や「勢理客保育園」の園長さんやベテラン保育士さんの言動から、斎藤公子さんが「偉人」「希望の人」「憧れの人」等であることがよく分かる。多分、登米・佐沼の「錦保育園」にしても、斎藤公子さんの存在は同様なのだろう。このことに、何の異義もない。「師を持つ」ことを推奨する私としては、よく分かる。

でも、「園長の仕事」と言い切らなかったのは、どうしてなのか。というより、私ら「学校づくりボランティアの会」としては、斎藤公子さんの業績・仕事・足跡を、「園長の仕事」「園長の役割」として捉えていきたいのだが。

つまり、私らが「石巻ひがし保育園」に「うた」「ことばあそび」「音楽劇」で関わるということは、直接的には子どもたちを育て、保育士さん達を育てる形であっても、究極のターゲットは、「園長」さんなのだ。このへんの絶えざる確認や了解が、個別に関わる中で、私らの中に希薄になっていかなかっただろうかと、今にして思う。

古川五小との関わりが、公開後、自然崩壊様に瓦解していったのは、「校長」である佐々木宏明さんが、持ち応えられなくなり、私らを切ったからである。これは、佐々木宏明さんが「良い・悪い」ではない。古川五小の内情から、私らとの関わりを断ち切る決断が必要だったのだろう。私らとの「信頼」の構築よりも、切り捨てることで状況改善を図りたかっただけのことである。当然、私らの力不足が起因してのことではあるが。

岐阜・八幡保育園の稲葉園長さんとの関係が切れたことにしても、同様であろう。「園長の仕事」を私らに丸投げをした結果、私らと保育士さん達との間に亀裂が生じ、溝が深くなっていった。透析による入院だけでなく、体調不良による入退院を繰り返すようになって、私らとの「信頼」構築を断ち切って、身軽になる他なかったのだろう。これも、稲葉さんの「良い・悪い」の問題ではない。唯一、私らの力不足に起因する。

私らは、「学校づくり」を標榜している。別言すれば、〝校長（園長）が、「校長（園長）の仕事」をしようとするなら、我が身を体して、応援しましょう〟というものである。だから、「校長（園長）の仕事」が、私らの願うもの・体現したいものと違ってきた時、私らとの縁は無くなり、切れてしまう。多分、沖縄・「あおぞら保育園」の仲原りつ子園長は、まだ、私らとの関わりに覚悟を決めかねているのだろう。「ことばあそび」も「音楽劇」も、まだ納得させられるだけの事実・姿を創り出し得ていない。

「石巻ひがし保育園」の内海園長さんは、一年経った。そして、「錦保育園」方式に覚悟を決めたようだ。だとすると、内海園長さんに、私らの「学校づくり」を、再度提言・提案する必要があるのではないだろうか。

《生き方考》その一二一
「テロリズム」考

二〇一五・一・二二

今朝、掃除をしながらテレビのニュースを聞いていたら、フランスの外相だったか、英語で喋っているのが聞こえてきた。私の語学力から、話す内容は全く分からなかったが、その中から「インターナショナル・テロリズム」という語だけが耳に入ってきた。というのも、瞬間に〝テロリズムは、インターナショナルなのか?〟と思ったからである。何故、「グローバル」とか、「ユニバーサル」とか、「コスモポリティック」とか、はたまた「ユートピアン」との単語を使わずに「インターナショナル」と使ったのか。

私は、第二次大戦時にヨーロッパ各地で起こったパルチザン闘争や、ベトナム解放闘争を見聞きし、個の自立や集団の自立、そして民族の独立・自立が「インターナショナル」の大前提だと思ってきた。そして、その自立・独立を繋ぐものが「連帯」だとも。だから、「沖縄を返せ」は、他人事ではなかった。それと同時に、一九六〇年代後半から一九七〇年にかけて、全国に燎原の火の如く湧き起こった学生運動・全共闘運動には、心情的に同調するものがあった。

私は、小学校に入学して以来、「競争の世界」を是として教育され続けてきた気がしてならない。小学校の六年生から、九時間授業の補習があった。堺屋太一氏が私ら世代を『団塊の世代』と名付けていたが、〝お前たちは、「ゆりかごから墓場まで」競争しなきゃならない！〟と言われ続けてきた。だから、「競争」に負けまいと、そして時代の流れに乗り遅れまいと、大学に入るまで、我慢と忍従の繰り返しだった。それが、私個人だけでなく、同時代の同世代が、ずっと同じ状況に追い込まれ続けてきたのだから、同期・同調して「バリケード封鎖」を起こしたのだった。授業料値上げや不正入試、安保改定や産学共同等は、その引き金でしかない。でも、「怒り」が「勢い」になっていくうちに、いつのまにか【歴史に学ぶ】視点を欠落していった。だから、自暴自棄様になって「浅間山荘事件」や「よど号ハイジャック」に収束・終焉していったのだろう。

「テロリズム」は、何を模索・志向しようとしているのか。ましてや、「インターナショナル」といわれる「テロリズム」とは?。今にして思うと、私ら世代の起こした「バリケード封鎖」は、「テロリズム」の始まりだったのではないか。オーム真理教の「サリン事件」だけがテロではない。

今日のマスコミの論調は、イスラム国に監禁され、〝七二時間の期限付き身代金〟を要求された日本人ジャーナリストの後藤健二さんを、ヒューマニストとして報道し始めた。数年前のNGO女性の時は、一斉にバッシングしていたのに。もし「イスラム国」が【人道主義】を許容し人質を解放したら、日本は、彼の国を認めるのだろうか。

二〇一五・二・二

《生き方考》その二三
「万能細胞」からの発想連鎖

小保方晴子氏提唱のスタップ細胞は、〝一炊の夢〟となったが、「ES細胞——胚性幹細胞」から派生した「iPS細胞——人工多能性幹細胞」の方は、様々の再生医療に活躍し始めている。この「万能細胞」の発想は、「トカゲの尻尾切り」に起因しているようだが、要は、機能分化した各部位を再生させる研究の中で生まれてきた。爬虫類のトカゲは、尻尾程度なら再生するが、手足となると再生不可になる。ところが、両生類のイモリになると、手足や目・心臓まで再生してくるという。さらに、プラナリアになると、一匹のプラナリアを一〇個位に輪切りにしても、一〇匹の個体に再生してしまうという。これらの事実から、〈元になる細胞（原初細胞）＝「万能細胞」〉という知見が生まれてきた。（『iPS細胞』八代嘉美著・平凡社新書より）

翻って、「斎藤公子・保育メソッド」は、受精卵が胚化して胎児化する過程を、「個体発生は、系統発生を繰り返す」に依拠したことで、誕生・出生した「ヒト」が、社会生活を営む人間に発育・成長していくための【保育の有り様】を示してくれた。ただ、この「斎藤公子・保育メソッド」を学ぶ中で、「自然の形」・「自然の姿」・「自然の姿勢」・「自然の動き」等といった、あらゆる身体所作に通じ発展する【原初の姿・形・動き】があるように思えてきた。つまり、「立ち姿」で言えば、力みや緊張・強張りが身体のどこにもなく、身体が素直に伸びて安定があり、しかも前後左右に自在に動き出せる〝すっくと立った姿〟のことである。当然、「自立」や「合理」が内在してのことではあるが……。こういう「立ち姿」が三歳～四歳頃に出来るようになることが、【すべての身体所作の原点】になると思うのだった。

そう考えると、斎藤喜博さんが体操や歌、身体表現等で創り出してきた事実の数々が更によく分かる。また、梶山正人さんが「呼吸」に拘り、〈生命のリズム〉を求め続けたことも、更に分かってくる。常に、子どもたちの示す身体所作から無理・無駄を取り除き、力みや強張りを解し、呼吸を介して、身体を柔軟・自在に機能させていった。小学生や中学生そして大人は、既に【原初の姿・形・動き】を好き・嫌いや得手・不得手等で歪めていたからである。

さらに飛躍して、ようやく分かったことは、高橋金三郎先生が、「若い新任層教師の実践を、何故大事にし、重宝したのか」だった。若い新任層の教師は、俗な指導のノウハウに汚れていない。いわば下手くそである。でも、情熱と意欲だけは人一倍。しかも、一緒に遊ぶから、子どもたちからは慕われ、信頼されている。そんな、教師と子どもが新鮮な教材で授業をしたら、どうなるのか。教師然とした中高年教師には、絶対に起こせない「授業の事実」から、「教材の本質」「科学の本質」を、予想外の形で露わにしてしまう。それが金三郎先生には、堪らないのであった。

《生き方考》その一二三
「東日本大震災・追悼式典」での代表者の言葉から

二〇一五・三・一四

未曽有の災害となった「東日本大震災」から四周年になる三月一一日に、政府主催の追悼式典で、宮城県の遺族代表として高校三年生になる女子高校生が、追悼の辞を述べた。彼女は、当時中学三年生で、学校での卒業式が終わった後、石巻・大川の自宅で、地震と津波に巻き込まれたのだった。家ごと津波にのまれ、無我夢中であがいているうち、瓦礫の上に流れ出て、そこから大川小学校の校舎に泳いで行って、一命を取り留めたのだった。しかし、瓦礫の山に流れ着いた時、瓦礫の下に母親がいたのに助けられず、振り切るように泳いで行って助かったのだった。その時の様子を、追悼の辞で、次のように語っている。

「しばらく流された後、私は運良く瓦礫（がれき）の山の上に流れ着きました。その時、足下から私の名前を呼ぶ声が聞こえ、かき分けて見ると釘や木が刺さり足は折れ変わり果てた母の姿がありました。右足が挟まって抜けず、瓦礫をよけようと頑張りましたが私一人にはどうにもならないほどの重さ、大きさでした。母のことを助けたいけれど、ここに居たら私も流されて死んでしまう。「行かないで」という母に私は「ありがとう、大好きだよ」と伝え、近くにあった小学校へと泳いで渡り、一夜を明かしました。」

彼女が、母を振り切って泳ぎ出したのは、事実なのだろう。だから、彼女の行為を云々する気はない。でも、「行かないで」と言う母に「ありがとう、大好きだよ」と公言する姿を容認した政府の姿勢が、全く理解できない。理解できないと言うよりも、政府の世論操作・世論誘導の意図が感じられて仕方がない。

目の前に、自分の力ではどうすることもない状況に直面した時、しかも逃げることしか出来なかった時、後ろ髪を引かれる思いを断ち切って「逃げる」しかないことは、あり得る事だろう。二〇年前の阪神大震災でもあったことだし、遠くは本土防衛の時間稼ぎに使われた沖縄戦でも起こった事である。でも、「行かないで」に応じる言葉が「ありがとう、大好きだよ」なのだろうか。たとえ、どうすることも出来ないでいる自分の未練を断ち切るにしても、である。彼女の心の中では、母への感謝・愛情・恩義等々が充満していたのは、「人の情」として感得されるのだが。

彼女の言葉は、その日の夕刊には掲載されているのだから、事前に印刷・コピーされていたのだろう。つまり、政府は、事前に原稿内容を入手し、チェックしたはずである。その結果、表に出、公言されたのだから、政府の意図を感じるのである。〝これが、震災を乗り越える被災者の有り様ですよ！〟という政府メッセージが。

彼女は、今春、慶応に進学し、防災システム学を学ぶという。本当に「人の情・人の心」が分かるのか、気になる。

二〇一五・四・九

《生き方考》その一二四
「排除の論理とその手口」のこと

四月一日付け朝日新聞に、元経済産業省官僚だった古賀茂明氏が、テレビ朝日の「報道ステーション」で、生放送中に、番組内容とは違う発言をしたことで、「TVコメンテーター役割は」「責任放棄の声／局の委縮懸念」の見出しで関係記事が載っていた。私は、夜一〇時の「報道ステーション」をよく見るが、この記事場面の様子は見ていなかった。

新聞記事によると、三月二七日の「報道ステーション」の番組中、コメンテーターの古賀茂明氏に「中東情勢」への意見を求めたところ、突然話題を変え、「早川会長の意向で、降板に至った」ことと、「菅官房長官をはじめ官邸のみなさんにはものすごいバッシングを受けてきました」と話し出したという。

何故、古賀氏は、このような常識はずれで契約違反の言動をしたのか。私は、古賀氏ではないので、彼氏の胸の内はまるで分からないが、私の過去の生き方を振り返ると、よく分かる気がする。古賀氏は、巧みな「権力の術数」に嵌ったのである。

時の権力・為政者は、「天に唾する」不届きものは、徹底的に排除していく。何時寝首を刈られるか分からないからである。同時に、官僚機構の中で、地位と名誉を求める者は、自分の立身出世と引き換えに、「公権力の行使」の仕方に異を唱える者を、閑職に追いやり、干上がらせていく。異を唱えることが、官僚組織での上下関係を崩し、官僚機構の安定と序列を破壊しかねないからだ。

ずっと昔、「蜂の一刺し」という名言を吐いて、政治家を震え上がらせた〈囲われ女性〉がいたが、為政者や官僚社会の内情を知りつくし、それを梃子に牙をむく虎は、「表街道」には、一害あって一利無しの存在なのだろう。尤も、「遠吠え」程度の吠え方なら、適当に飼い慣らしておいて損はない。組織・機構・仕事・人間関係等に、適度な緊張と浄化をもたらしてくれるからである。

思うに、古賀茂明氏は、「遠吠え」程度の則を超えてしまったのではないだろうか。民主党が政権を取りながら、「看板倒れ」の実態（醜態？）をさらけ出していったのと連動して、古賀氏は閑職に追いやられ、退職するまでに追い込まれていった。テレビのコメンテーターで活躍し始めると、為政者・官僚の手は、更に伸びてきたのだった。

テレビ朝日会長の弁も、官房長官の弁も、立場論・手続き論・法律論で「正論」を述べている。でも、こうすることで、古賀氏の「乱心」振りや「不適格者」振りを際立たせようとしている。その術数に耐え切れず、古賀氏は自ら「乱心」し、「不適格者」を演じてしまった。誰が喜び、誰が安心したかは明らかである。

二〇一五・四・九

《生き方考》その一二五
「教育の政治的中立」のこと

昭和二九年に「義務教育諸学校における教育の政治的中立の確保に関する臨時措置法」という法律が成立した。

わずか五条ばかりの短い法律だが、「この法律の目的」の項に、この法律の意味することが端的に表れている。

（この法律の目的）第一条　この法律は、教育基本法の精神に基き、義務教育諸学校における教育を党派的勢力の不当な影響または支配から守り、もって義務教育の政治的中立を確保するとともに、これに従事する教育職員の自主性を擁護することを目的とする。

何故今、「教育の政治的中立」の話を持ち出したかというと、竹島や尖閣諸島の問題に絡めて、教科書の内容に「政府見解」を盛り込むよう、一部扇動者が攻勢をかけているからだ。この流れを放置しておいたのでは、必ずや「自衛隊の海外派兵」や「他国軍への軍事参加」が、教科書に掲載されるようになるだろう。

私は、自民党員でも、自民党支持者でもない。でも、世の中の大多数が納得・了解し、指示を表明していることを無碍に拒否し続ける程、意地を張るつもりもない。時代の中身は、その時代の人たちが合意づくで作っていくものだと思っている。だから、それだけに、時の勢いで、安易に「教育に口を挟む」ことは、厳に慎まなければならない。

つまり、「教育に口を挟む」ことは、「学校の営み」を無視し、「教師の仕事のあり様」を無視し、何よりも次代を担う子どもたちの健全な発育・発達を無視することに直結するからだ。

前述法律にある通り、「不当な支配」を為政者が、無自覚のまま行えば、民主主義を標榜する国は、雲散霧消していく。もしかすると、ファシズムや「一党独裁」の政治を夢見て、自覚的にやっているとしたら、論外だが……。ともあれ、「不当な支配」や「政治的中立」とは何のことかが分からなければ、「言葉と論理の遊び」に堕してしまう。

この法律が出てきた背景には、組合活動と政治活動が混在していた。学校で政治ビラを配ったり、学校で政治ビラのガリを切り、印刷していた。また、多くの教職員が、デモやストに公然と参加していた。だから、時の政権は、教職員を政治から引き離そうとやっきになったし、「日教組憎し！」になっていった。

でも、本質的に誤っていたのは「教育の論理」で、学校や教師、子どもたちを見なかったことにある。何故、為政者・教育行政は、授業の公開を求めなかったのか。何故、学校・教師は、授業を公開し、世の批判に晒そうとしなかったのか。「教育の論理」は、情報の公開と主体的な授業の創造からしか生まれない。そしてまた、子どもの姿を第一義にした「納得と了解」が、「不当な支配」を具体的に排していくのである。

《生き方考》その一二六

「姑根性」とそのリベンジは、人間の性（サガ）なのか

二〇一五・五・一三

内田樹・白井聡の対談本『日本戦後史』（徳間書店刊）を読む。内田樹氏については、甲野善紀さんや養老孟司さんの本を通して、東大卒であり、私より二歳年下の研究者・思想家だと知っ

たが、私には縁が無さそうと思っているところである。一方、白井聡氏については、「核なき世界」のメッセージ&フォトブック『ノーニュークス』で、若手の政治学者と知っただけである。それでも、彼氏の直截で明快な意思表示に好感を覚えたのだった。それで、白井聡氏の主張基盤についてもっと知りたくなり、この本を読んだ次第である。

『日本戦後史』は、「何故日本が、先の大戦で自滅へと突き進み、戦後は一転して戦勝国・アメリカに追従することになったのか」を対談形式で論じている。白井聡氏は、戦後の為政を中心に「敗戦の否認」から述べているが、内田樹氏は、その前提となった大戦での自滅路線について述べており、とても興味深く面白かった。

とは言え、内田樹氏の主張する「自滅路線は、明治新政府（薩摩・長州等）に対する賊軍（奥州勢）の破滅願望だ」は、なかなか納得出来ずにいた。それが、今朝のTV・モーニングショウを観ていて、ようやく納得・了解することが出来た。やはり、賊軍から立身出世した子孫は、「破滅願望」だったのだろう。

で、今朝のTV番組の中身は、「車のパンク事件」を報じていた。「愉快犯（?）が、路上に折れ釘をばら撒き、車のパンクを引き起こす」というものであった。ところが、その折れ釘は、二寸釘程の太さ・長さである。しかも、頭を切り落とし、折り曲げてタイヤに刺さるように加工してあるのだった。忍者の必携道具「撒き菱」のような釘を見て、板金加工の業者が、〝加工技術を専門に身に付けている者でないと、こんな風には作れませんよ〟と言っていたが、愉快犯の域を越えた、犯人の恨み・辛みが込められたような「折れ釘」の姿だった。

そう感じた瞬間、内田樹氏の「賊軍の破滅願望」がようやく得心出来たのである。つまり、内田樹氏の「賊軍の破滅願望」とは、私流に考えれば、「姑根性」とそのリベンジのことである。自分が若い時に理不尽な辛く酷い目に遭ったからと、その後手に入れた地位と権力を利用して、相手や世の中が破滅すればいい……との思考をすることである。

尤も、この思考・行動は、「我が身の破滅が結果する」を認識していない。「相手（世の中）が不幸になればよい」だけの思考・行動である。だから、内田樹氏は、明治期から戦前までの思想史を「破滅願望」と言い切ったのだった。

「姑根性」は、女性が虐げられ、女性蔑視の中で生まれた言葉である。しかしながら、二一世紀の今は、男女の別なく、人間の性・業として深く根付いており、「他人の不幸は蜜の味」を嗜好する輩が排出し続けている。

《生き方考》その一二七

舘野泉著『命の響』（集英社刊）から

二〇一五・八・一〇

舘野泉氏は、現在七八歳。現役のピアニストである。尤も、ピアニストと言っても、左手のみでピアノ演奏をする「左手のピアニスト」として有名である。

舘野泉氏は、音楽一家に生まれ、子どもの頃からピアノを弾きこなしていた。東京芸術大学に入学し、卒業後はフィンランドを拠点にして世界中での演奏活動を行う一方、ヘルシンキ音楽院にて学生の指導にもあたった。ところが、六五歳の時、演奏活動中に脳溢血で倒れ、右半身麻痺になった。それでも、六七歳になって、左手のみでピアノ演奏活動を始めたのだった。

舘野泉氏は、何故左手のみでのピアノ演奏を始めたのか。それが、この本のテーマになっているのだが、私には、「ピアノ演奏＝生き方」なのだろうと、私なりに納得出来たことである。

つまり、通常のピアノ演奏は、右手の役割と左手の役割が複合・ミックスされて「作品演奏」が為される。だから、右半身が不随になり、右手が右手としての役割を果たすことが出来ないとしたら、演奏の内実は半減してしまう。それで、大半の演奏家は、「演奏の世界」から離れていく。

しかし、舘野泉氏は、演奏活動の蠱惑《こわく》から逃れられず、左手のみのピアノ演奏に再起していく。

文中で「僕にとって、ピアノを弾くことは生きることであり、人生そのもの。演奏を通して、その曲に入り込み、音楽に身をゆだねているうちに、世界と自分が一体になっていく……」と述べているが、それと同時に、リハビリ期間中に、「左手のみの役割」を大きく見直した、というより、「左手の役割」に〈無限に拡大する可能性〉に気付いたからであろう。

舘野泉氏は、述べている。「演奏というのは、譜面を通して作曲者の魂をひもといていく真剣勝負。作品が骨太であればあるほど、僕は意欲と闘争心をかきたてられます……」と。このことが、両手での演奏の時よりも、左手のみで演奏する時の方が、一層深い内実と志向を創り出すようになったのだと思える。もう、舘野泉氏にとっては、「左手のみのハンデ」という思考は、無用だし不要になっている。まさに「左手の演奏＝生き方」になっている。

翻って、私らの「梶山組」というボランティア活動も、同様である。〝何で、定年退職してからまで、学校や保育園に関わるの?〟とよく問われるが、余計なお世話である。目の前の生きた子どもたち、保育士・教師と関わることで、常に新たな学びが起こり、内実の問い直しが迫られる。私の「生き方」が晒され、問われ続ける。このことの面白さ・ワクワク感が、戦いに疲れへとへとになっても、次ぎへの活力を引き起こしてくるのである。

《生き方考》その一二八

音楽劇「かえるのつなひき」の作曲のこと

二〇一五・八・一二

昨日のピアノ教室で、沖縄のUさんが作曲した音楽劇「かえるのつなひき」の曲、七曲を先生に弾いてもらった。

月に五千円しか月謝を払っていないのに、「ただ働き」の様。申し訳ないと思いつつも、ずうずうしくお願いした。

でも、さすがピアノの先生である。一・二回弾いたら、〝よく、分からないなぁ……〟と言いながらも、〝もう録音していいですよ〟と言うのだった。

それで、テープレコーダーでの録音の準備をしながら、私が〝「よく分からない」って、テンポのことですか？　それとも、曲の流れや強弱のことですか？〟と訊ねると、〝そう。そのどちらも。第一、速度記号書かれていないから、どの位のテンポにしたらいいのか、分からない……〟と言う。つまり、曲を弾くのに「解釈」をしなければならないが、その手がかりがないというのだった。

私の非礼・ずうずうしさはここにあったのだが、そんなことをくだくだ言っている暇がない。

一曲ずつ順に弾いて録音していくと言うので、その都度場面の様子や言葉の意味を説明しながら進めてもらった。結局、レッスン時間が三〇分なのに、四〇分かけて七曲を弾いてもらった。先生の「人の良さ」に、内心で感謝した次第である。

で、Uさんの七曲についてであるが、「二割の部分」で、とても面白く、魅力を感じた。沖縄ならではの土着の雰囲気が感じられて、とてもいい。でも、後の八割は、歌い難いし、平板だ。「彼氏が、私らと相互交流を起こす気なら、先に進めるのだが……」と強く思った次第である。

とまれ、曲の「歌い難い」や「平板」さは、奈辺にあるのか。私なりに考えると、その一つは、「取り組む対象」を考えていないことである。脚色の作業の時、何度も〝この音楽劇は、年長さんか、小学校の一・二年生が対象です〟と言ってきた。現職時の比屋根小学校の一・二年生を思えば、曲の難解さや可能性が見えてくるはず……。でも、彼氏には、その意欲と努力が欠けていたようである。

その二つは、「歌い易い」ことが、気軽になり、俗に流れ、何の変化も起こさないことになる危険性を全く感じていないことである。別言すれば、「歌い難くする」ことが、視聴者にインパクトを与え、印象深くすると捉えているように思えることである。対象の子どもの気分を高揚させ、意識を豊かに且つ深化させていくには、必要な課題や必然の段階を、意図的に仕掛けなければ、子どもは食いついてこないのだ。

そして、その三つは、仲間を信頼しないことである。……、以下省略だが、なかなか通じないのが悲しい。

《生き方考》その一二九

嘗ての「教授学の会」活動の今日的意味

二〇一五・八・二八

私は、学者でも研究者でもない。強いて言えば、「実践追究者」とでもなるのか。だから、ここで「今日的意味」と掲げても、「教授学の会」活動の全体を俯瞰して、再整理・再構成しながら総括したものではない。あくまでも、私の実践の歩みの中から、感得し納得していること……である。

で、私なりの「今日的意味」を表明すると、《集団の関わりを通して、一人一人に「自律・自立と共生」を育てていく》ことにあったのではないかと痛感している。

尤も、「集団の関わり」と言っても、多人数であれば「集団」になるわけではないし、何やかにやとお互いに言い合い・触れ合えば「関わり」になるものでもない。その構成員が相互交流を起こし、それぞれが多様な個性を自覚し発揮していき、それが更に高次の相互交流が引き起こしていくことで、一人一人の構成員が、一層輪郭を明確にし多様で豊かな内実を引き起こしていくことでなければならない。それが「自律・自立と共生」の意味する姿になる。

だから、集団が個を規制し、集団が個を歪めてしまうことを結果するなら、それは「教授学の会」活動ではない。また、一部の個が、集団をリードし、集団を方向付けていき、反面、多数の個がその集団に埋没し、集団の一歯車に組み込まれていくようでは、これまた「教授学の会」活動ではない。それ故、「班づくり・核づくり」の流れに抗し、「競争原理」を助長する教育活動を排し続けたのではないか。

時代が進んで二一世紀になり、当時からは想像も出来なかった現象の数々が起こっている。例えば、パソコン・インターネットに絡んだ犯罪や非行。一方、スマホに中毒状態に陥る子の続出や、集団リンチ状になるメガ情報の押し寄せ・うねり等々が、手軽さ・瞬時さと引き換えに、短絡で煽情的な思考を日常化させている。

でも、嘗ての「教授学の会」活動を、今日的視点で捉え直すと、「人権」であり、「子どもの権利」であり、「男女共同参画」であり、「多様な生き方」として繋がってくる。それなのに、相変わらず「いじめ」が横行し、「不登校」が増大し、「教師・子ども」の疲れが蔓延している。

学校は、一人一人の子どもを賢くし、情感豊かで、心身共に歪みの無い解放された子どもを育てていく役割を担う。

それが、「人格の完成をめざし……」の内実になる。だから、嘗ての「教授学の会」活動がその証左の数々になる。でも「学力テスト」に傾斜思考し、対策に奔走・苦慮する学校教育は、全く真逆の方向・指向・志向になる。子どもの思考を軽薄・短絡化し、個性の違いや多様を否定して序列化を日常化する。『教育の森』を再び繰り返すことになる。

《生き方考》その一三〇

生命保険会社での「人権学習会」から

二〇一五・九・三

七月の半ばに生命保険会社から「人権学習会」の依頼がきた。早速、石巻人権擁護委員協議会の会長さんから、〝今回は、田中さんやってよ。貴方、前からやりたいって言ってたでしょ……〟と、有無を言わせずの御指名である。今まで一度も「やりたい」なんて言った覚えはないが、結局誰かがやらなければならないし、いずれ私もかかわるのだろうから……と、〝やります〟の返事をした。

返事はしたものの、「何を・どうするのか」が皆目見当がつかない。それで、以前やった事のある方に様子を聞いて回ったが、要領を得ない話ばかり。それで、意を決して、①講話時間は、一時間半程度　②内容は、「人権とは」「現実の人権課題」「会社の人権問題」との、柱を立ててみた。ただ、「人権」問題は、関わる人間の「生き方」の問題でもあるし、相手が保険の外交員なので、「働くこと」の意味や意義に触れなければ……と思った。

そうして、一応の講話資料を作ってみたが、一週間前に打ち合わせに行くと、担当者から、①時間は、四〇～四五分位　②内容は、外勤を行う場合に「人権」へ配慮すべきこと　でやってほしいと要望された。こうなると、講話資料の大筋は違わないが、具体的に話す中身が全然違ってくる。第一、聞き手である相手が分からない。年齢層は似通っていても、「ＰＴＡの教育講演」や「家庭教育学級」、「社会学級」での講話とは、まるで様相が違っているのだった。

で、何を話すかで当日の朝まで悩んだが、「生命保険会社」だからと、〝「死」ってどんな状態のことですか？〟から切り込んでいくことにした。「死」の常識は、①生体反応なし　②呼吸停止　③心停止　の三要素だが、死者の無精ひげに代表されるように、人間の「死」には、各部のズレがあると話と進めていったが、枕に喋った養老猛司さんの東大退職と「オーム真理教」の水中無呼吸の話だけで一五分も喋ってしまった。だから、「死」以下は、駆け足になり、「働く」この意味と意義の話に至っては、残り三分の中での話になってしまった。

ここまでの話中も、ぽかんとした顔つきだったので、皆さんは、訳が分からなかっただろう。それなのに、〝相手の「納得と了解」は、よく考えないと「詐欺行為」や「洗脳（マインドコントロール）になりますよ〟と、大問題を投げかけ、〝だから、いつも「人権」感覚をベースにして、相手を認め、相手を尊重し、共に「生き方」を確かに・豊かにする関わりが必要なんです〟と、一方的に結論付けたので、完全に訳の分からない講話になってしまった。

予想通り、アンケートの半数が「特になし」だった。それでも、話の折々で、皆さんの表情が変わるのが見られ、「柔軟に聴いている」ことが実感できたのは大収穫だった。やはり、「人権」問題は、「生き方」問題なのであろう。

《生き方考》その一三一

BSテレビ・坂東玉三郎「生生流転の人生スペシャル」から

二〇一五・九・一七

ＢＳのＴＢＳで、玉三郎の特集「生生流転の人生スペシャル」（一一五分）があった。歌舞伎界の女形として最高峰であるし、人間国宝にもなっているが、今まで本気で観ることはなかった。でも、沖縄の「組踊り」にも挑戦し、太鼓集団の鼓童やストリートダンスのダズーとコラボしている話を聞き、今回の放映を録画して、じっくり観てみることにした。

この放送は民放なので暇なしコマーシャルが入るし、聞き手のアナウンサーが「人間国宝」を連発するかと思えば、一般的な質問しかしないので、世俗的な受け答えに終始した感が否めないが、それでも玉三郎氏の言葉には、はっとさせられるものが随所にあって、大変面白かった。

玉三郎氏は、もともとは（幼少の頃は）「踊り」に興味があり、日本舞踊をたしなみたかったという。それが、養子に入ることで歌舞伎の世界に導かれていったのだった。だから本当は、「歌舞伎はあまり好きでない」と言う。〝でも、お客様は、いい加減を許してくれないでしょう。だから、一生懸命演じているうちに、こうなっちゃったの……〟は、彼氏の本音のようである。ともあれ、「踊り」に対する執着は、並みでない。玉三郎の踊る「白鷺」で「人間国宝」に上り詰めたのだし、鼓童やダズーとのコラボ（指揮・監督）も、「踊り」に対する執着や情念による。

で、玉三郎氏は、彼の「踊り」観として、次の四つを上げていた。①物語性　②音楽性　③構成　④個人芸　の四点である。「踊り」は、ストーリー（物語）が無いと単なる「動き」の連続になってしまい、「動き」が音楽と合一（※彼氏は「音楽に乗せられる」と言っていた）しないと情感・情緒が生まれないと言う。そして、「踊り」を支える物語性を、観客に訴えかけ、観客を引き込み、観客に動揺と感動を起こすような構成をしないと薄め物の概説にしかならないと言う。最後の個人芸、つまり「個性」は、言わずもがなである。その人ならではのオリジナリティがあるから、観客はファンになってくれる。

また、違う所では、こうも言っていた。ストリートダンス集団・ダズーのメンバーに、〝カウントに乗っては駄目です！　音楽に乗せられていって……〟と。カウントに合わせて、シャカシャカと一糸乱れぬ動きを誇っていたダズー集団に、ストラビンスキーの「火の鳥」を提示した時の言葉である。ダズーのメンバーは、クラシック曲に戸惑い、何も出来ずに凍結状態になっていたのだった。

何のことはない。これら全て、私の「音楽劇」の課題でもある。

《生き方考》その一三二
「フリー・スクール法案」のこと

二〇一五・九・二七

何の気なしに民放TV・朝のワイドショーを見ていたら、「東京シューレ」の映像が流れてきた。そこでは、不登校に悩んだ子どもたちが、〈何故、不登校になったのか〉を淡々と、或いは涙を溜めながら語っていた。そして、どの子も、〝ここに来て、よかった〟、〝ここに来て、救われた〟と話すのだった。

この「東京シューレ」のように、不登校の子どもたちを受け皿にしている施設は、全国に四〇〇～五〇〇個所程あるらしい。しかしながら、全くの民間施設やボランティア施設が大半で、経済的・経営的に苦しく、通う子どもたちにも金銭的負担が起こっているようである。

そこで、この「フリー・スクール法案」だが、自民党や民主党の議員が中心になって、政党の枠を超えて議員立法として提出されるようである。曰く、「義務教育は、国の責務だが、現在の法律では、〈義務教育は、学校で行う〉ことになっている。だから、学校に馴染まない子どもに対して、フリー・スクールの形での学びも、義務教育の枠内として認めていいのではないか。また、一定の基準を満たす民間の施設も、フリー・スクールとして認め、補助金を出してもいいのではないか」というものである。

「東京シューレ」に代表されるフリー・スクールでは、運営資金が乏しい中、関係職員の善意を唯一の拠り所にして運営されていることを思えば、国からの補助金があれば、本当に有難いし助かるだろう。教育課程の面や関係職員の資質の面で納得いく基準が設けられ、その基準がクリアされれば、それなりの補助金が出るというのは、大いに賛同出来ることである。不登校に悩む子どもたちに、元気と希望が生まれることが大前提になった納得いく「基準」が生まれることを切に望むし、一日も早い法案の成立を期待する。

ただ、〈義務教育は、学校で行う〉ことの吟味を十分にしないでおくと、不登校に悩む子どもたちの切り捨てや囲い込みにしかならず、子どもたちを「強い子と弱い子」や、「賢い子とバカな子」、あるいは「賢しい子とのろまな子」等に分断し、格差を増大させていくことになりかねない。なにしろ、優勝劣敗・適者生存・弱肉強食等の【選民思想】にどっぷりと浸かり、その最先端にいることを誇りにしている政治家がうじゃうじゃといるからだ。

やはり二一世紀は「人権」の世紀であり、子どもの権利条約に示されている「教育を受ける権利」は、子どもの権利であると同時に、国が子どもの教育を受ける権利を保障するのであり、その保障は、「教師の仕事」として担保されていなければならない。「学校に行くのが辛い」子の大半は、子どもを無視した教師の強要や不作為の結果である。

《生き方考》その一三三

「全国学力調査　誰のため・何のためか」から

二〇一五・一〇・九

一〇月三日付の朝日新聞に、元文部科学省主任視学官の折原守氏の「全国学力調査　誰のため何のためか」という一文が載った。一千字ほどの短い文であるが、一〇年ほど前に「全国学力調査」の制度設計をした当人なので、学力調査の〈意味と意義〉がコンパクトにまとめてあり、関係者の思考や意欲が端的に表れていて、なるほどと思った次第。

彼氏の主張によると、「学力調査の実施に際しては、義務教育終了時までに誰もが身につけるべき内容を、具体的によりわかりやすく提示……、いわば到達すべき目安の明確化だ。」「目安に達しない児童生徒については、卒業までにそれらがきちんと身につくように手厚い個別指導などを行う」ということである。

この主張の文言に、異議を挟む気はないが、〝なんと手前勝手で、「自分は公教育の代弁者・推進者」という驕りの固まりではないか！〟と思うのみである。制度設計をするには、当然学校現場の実情・内情を踏まえてのことだろうが、「いい加減なもの」や、「まがいもの」、あるいは「お手軽なもの」等を幾ら踏まえても、質を変える希望の先は見えないし、生まれてもこない。やはり、日常や常識を突破するほどの、先導的であったり、画然と異質であったりする実践に学ぶ他はないのである。つまり、「出来ない事実や駄目な事実が多数……」だからと、後手の後追いを幾ら重ねても、当面の対処療法にしかならないということが、全く分かっていない。

何故、「島小」に学ばないのか。何故、「水道方式」に学ばないのか。そして、身銭を切ってでも、教師の内実を追究する生き方に学ばないのか。これらは、二〇世紀の遺物になりかけているが、この中に内在する本質を抉り出し、結晶化しない限り、学校教育の中に「教育の論理」は、生まれてこない。学校が、「経済の論理」や「法の論理」、あるいは「福祉の論理」で蔓延するほど営まれても、信頼・納得・連帯を基盤にした「教育の論理」にはならないのだ。

先日、保育園での職員研修で、「芽をふく子ども」を観た。その時、文屋さんから、〝「何で田中さんは、子どもたちにあんなにしゃべるのか」と思ってたら、武田常夫さんや赤坂里子さんは、いっぱいしゃべってるのねえ〟と言われた。それで思い出したのが、及川勝さんの〝林竹二さんの「開国」の授業で、林竹二さんが次々と喋るのを聞いていたら、だんだん息苦しくなってきた〟の弁である。林竹二さんが江戸末期の閉塞状況を「杭を打つ」ように布石を敷いていくので、聞いているだけで、臨場感が出てきて息苦しくなったと言う。ここに、授業の本質があり、教師の仕事・学校の役割がある。でも、折原某氏の「制度設計」には、そんな発想は無いようだ。当時の附属小の教師たちの〝子どもにしゃべらせないで、教師ばかりがしゃべっているのは「授業」でない〟と同じレベルなのである。

《生き方考》その一三四

「芳賀雅子さん（九〇歳）からの電話」のこと

二〇一五・一〇・一〇

夕食が済んだ午後の七時過ぎ、突然芳賀雅子さんから電話が来た。〝私、雅子です。今長町にある老人ホームに入っているの……〟の切り出しに、何事が起こったのかと一瞬身構えてしまった。でも、聞いていくうちに、私の出した本『生き方考』を読んで、何か言いたくなったらしい。

〝私ね、元気なうちにと、今年の三月から老人ホームに入っているんだけど、この前岩沼の家に帰ったら、誰も居なかったけど、机の上に田中さんの本があったので、読んでみたの。直義さんのことも書いてあったので面白かったけど、一か所、違うところがあるの……〟とのことだった。「何処ですか」と訊いてみると、「まっすぐのとこ」と言う。私は、芳賀直義さんの信条「まっすぐな道をまっすぐに」と言いたかったので書いたのだが、雅子さんが言うには、当時の直義さんの身辺状況に、行政からの孤立と圧力が渦巻いていたのに、それでも傲岸に「まっすぐ」を示し続けていたので、雅子さんのお姉さん（?）が〝まっすぐばかり歩いていると、どぶに落ちるよ！〟と言ったことを紹介したのだとのこと。〝私も、そう言ったのだから、その事実をちゃんと調べて、正確に書かないと駄目でない……〟と、私のいい加減さを諫めるのだった。雅子さんは、「どぶに落ちる」を強調したかったらしいのだが、聞いた私には、「まっすぐ」しか記憶にない。ま、都合のいいようにしか聞かない態度への警句としておきたい。ともあれ、雅子さんは、言いたいことがいっぱい溜まっていたようだ。一時間近くの長電話の九割強は、雅子さんがしゃべり、私の一割弱は「はい、そうですね」とか、「ええっ、そうなの？」様の、合の手みたいな返事に終始したのだった。

それでも、〝本を読んで、私が知らないこともいっぱいあるのねえ。「教育は、保守的な営み」とか、「島小は唯物弁証法では……」なんて、聞いたこともなかったもの……〟の話では、思わず笑ってしまった。また、〝ほんとは、私はものすごく折れやすいの。何か言われると、すぐへこんでしまって。でも、そばでにこにこしていた直義さんがいて、鬱にもならずにやってこれた……〟とも言う。そして、〝田中さんの本を読んで、論戦したくなった〟と言うのだった。

それで私も負けずに、狂言「釣狐」の話を出し、〝一〇〇歳近くの老々狐が、古老の威厳を示すと同時に、「油揚げが食いたい」と煩悶する姿に万作先生が挑戦してますよ〟と、焚き付けてみた。どうすれば先輩教師の胸を借りられるか、探りを入れたのだった。すると、雅子さんは、〝狂言だわね。うん、直義さんのこと書きたくなってきた。書いたら、一番先に田中さんに読んでもらうから！〟と、決意表明をし出したのだった。私の『生き方考』が、雅子さんの生き方に、大いに刺激になったようである。是非、直義さんを鏡にした雅子流『生き方考』を書いてほしいものである。

《生き方考》その一三五

ＳＭＡＰの解散と「ゆとり教育」の終焉

二〇一六・一・一四

アイドルグループのＳＭＡＰが解散するという。ＳＭＡＰ解散云々の詳細は知らないし、解散しようが私には関係ないし、関心もない。ただ、彼らの持ち歌である「世界に一つだけの花」は、世間に衝撃を与えた。衝撃を与えたというより、時代の流れを的確に反映したというべきか。ともあれ、「ナンバーワン」より「オンリーワン」は、弱者である女性や障害者、あるいはうだつの上がらない若者に希望と勇気を引き起こした。だから、記事にある音楽評論家氏の「解散は一つの時代の終わりを表す」は、その通りなのだろう。

同じ時、昔馴染みの九名が集まって、「授業と表現の会」を「川渡温泉・みやま」で開いた。会の中身は、①全国学力調査をめぐって ②『生き方考』の感想 ③これから取り組みたいことであった。特に、①については、宮原修さん（元お茶の水女子大教授・元文部省教育課程委員）が基調提案をしてくれたが、戦後教育史を俯瞰する形で話してくれ、九〇年代の「ゆとり教育」が願ったことや意図したことの底流がよく分かった。また核心部の「学力調査」では、宮原さん主張の如く、教育社会学の御用学者たちが、統計的数字を都合よく駆使して、全国学力調査を常態化させる一方で教育の世界に格差拡大を引き起こした責は極めて重い。彼氏らは「教育学」を全く知らないだけでなく本家を気取っているのだから始末に負えない。彼らの推奨する「全国学力調査」は、子どもと教師の「個性・多様」を押し潰し、教育の世界に「序列と競争」を蔓延させて、教育格差・経済格差・生活格差を加速させている。

折しも、一月九日（土）にＮＨＫテレビで、〝日本人は何をめざしてきたのか　未来への選択戦後教育七〇年の真実〟という番組が放映された。私は、この日『授業と表現の会』に参加していたので、録画したものを後日観たのだが、宮原さんの戦後教育史俯瞰と同じ内容だったのには驚いた。無着成恭・『やまびこ学校』や太田堯さんの話が記録映像で出たり、菱村・寺脇・刈谷等の旧文部省関係者が教育行政推進の弁を述べていたりしたが、為政者側の論を正当化するものでしかなかった。番組のタイトル上、時の政治権力の意図や流れに沿った編集にならざるを得ないのだろうが、斎藤喜博・島小も、遠山啓・水道方式も、一こますら無かったのは、只々情けなかった。日教組教研や民間教育運動の特異性に関心があれば、直接表に出さなくとも、編集の端々に表現出来ただろうに。要は、ＮＨＫの編集・取材陣に、現場感覚や実践事実に、関心も視点もなかったのだった。

私には、「学力調査」とＮＨＫの教育番組は、根は同じだと思える。つまり「学力＝受験学力」なのである。だから、子どもや教師の「個性や多様」を否定し、「学校＝考え・学び・認識の保障の場」を放棄する姿勢を取るのであろう。

《生き方考》その一三六

ＴＢＳテレビ「おやじのせなか」から

二〇一六・二・二

ＴＢＳテレビで「おやじのせなか」という五〇分編成のドキュメンタリー番組があった。中身は、野村万作さん・萬斎さん・裕基君の父子三代の狂言修業の様子である。しかも、ナビゲーター役に松本幸四郎という豪華キャストである。早速録画して、ゆっくり見せてもらったのは言うまでもない。

ずっと以前に、狂言三代として野村万蔵・野村万作・野村武司（萬斎さんの旧名）という形のドキュメンタリー番組があったが、その次代版と言えなくもない。でも内容は、〈今を生きる〉三者なので、これはこれで大変面白かった。

で、「何が面白かったか」の幾つかを上げると、その一つは、小学生時の裕基くんに、父親である萬斎さんが〝何で僕は、狂言をやるの？〟と訊かれた時、萬斎さんが〝わたしも、分からない〟と、応じたことだった。萬斎さんは、子どもの頃、そんな疑問は持たなかったそうだ。でも、狂言の稽古が嫌で、エレキバンドやスポーツに逃げた時期があったと言う。それが、二〇歳前の時、祖父の野村万蔵さんの芸に触れた一文を読み、古典芸術・伝統芸術の世界で生きる祖父に、はっとし、改めて狂言の魅力に開眼したと言うのだった。つまり、裕基君の疑問は、幾ら言葉を連ね説明しても納得出来ることではなく、稽古の積み重ねや、人生での生き方・生きざまが練り直されていって、ようやく自分なりの納得が起こるのだろうというのだった。

二つ目は、万作さんが若い時に取り組んだ『楢山節考（深沢七郎作）』を、野村万作演出で再度取り組んだ時、息子の萬斎さんと演技の違い（解釈の違い）が出て、真剣勝負の如くぶつかり合った場面だった。萬斎さんは、世田谷のパブリックシアターで舞台監督をしているので、異を述べたのだった。これに対して、万作さんは、しきりに〝そうじゃない。そうじゃない……〟と言うが、万作さんの意が萬斎さんに伝わらない。万作さんの「何でこれが分からないんだ……」という苦悶ともがきの表情が出ていて、壮絶だった。後で、萬斎さんが〝これ以上言うと、萬斎演出になってしまいますから〟と述べていたのは、見事だった。

そして三つ目は、長野の山荘で、万作さんが狂言塾を開き、若い素人弟子三名に「附子」の稽古をつけている場面だった。万作さんは既に八四歳にもなり、過日観た『名人伝（中島敦作）』の劇では、死体になってじっとしている演技だったので、体力も相当落ちているのだろうなあ……と思っていたが、素人弟子相手の稽古では、割れがねの様な声で、ガンガン注文を出しているのだった。言われた弟子も、汗だくになって必死で演じている。でも、万作さんには生温くみえるのか、次々と駄目を出すのである。万作さんのエネルギーと気力に、私は勇気づけられたのだった。

《生き方考》その一三七

「異を感じること」再考

二〇一六・一一・一二

拙著『生き方考』で、「異を感じる」ことを取り上げたことがある（その三七）。現職の教員でいた時、授業中や休み時間などで、子どもたちの発する言動にはっとさせられたり、〝何で、あんなことを言うのだろう（何で、あんなことをするのだろう）？〟と思わされた時、そこに子どもの発達や子どもの認識の有り様を解明する大事なヒントがあることに、何度も気づかさせられたからだ。そしてまた、授業での実践検討を行う時、「異を感じた」教師の発言や、「異を感じた」授業場面を問題にし、意図的に検討をしてみることで、授業の本質に迫ることが何度もあったからだ。

だから、若い教師達には、〝「異を感じた」所を大事にして下さいよ。貴方の中身を問い直すチャンスですから〟と言い続けてきた。当然、私の授業参観時の記録・メモは、赤ペンで、「異を感じた」個所の教師の発言や、子どもたちの様子を走り書きしてきた。尤も、瞬間のメモなので、事後の検討会の時、書いた私自身が、何故「異を感じた」のか忘れてしまうことが何度もあったのだが……。

話は変わるが、東京大学大学院で再生医療の研究・教育活動をしている星和人さんが、今年の年賀状に「異を感じた時の勇気と努力、共感いたしました」と書いてきた。忙しい中、『生き方考』を読んでくれ、その中の「異を感じること」の個所の感想だった。多分、彼氏自身の研究活動や学生への指導の中で、「異を感じる」ことの大事さを、身に染みて感じていたに相違ない。医療に関する実験や試行を試みるのに、言われたことを丁寧に繰り返しても、また〝そうだった、そうだった〟と追認を重ねて行っても、研究活動にはならない。やはり、未知の世界を切り拓いていくには、発想を転換するほどの大胆な試みが必要なのだろうが、何よりも、日常の具体的事例の中に「異を感じる」ことが必須不可欠なのだろう。年賀状の文面から察するに、東京大学・医学部の学生にとって、大きな課題なのかもしれない。

で、また話が変わるが、甲野善紀さんの近著『出来ない理由は、その頑張りと努力にあった』（PHP研究所）を読んでいたら、「違和感があるから人は学ぼうとする指標があるわけで、やる気も起こるのです。」という一文が書かれてあった。鉄棒の逆上がりや蹴上がり、自転車乗りや泳げることを例に、出来ない人は「違和感」を感じるから、その「違和感」を無くそうとして、出来るようになっていくと言うのだった。そして、だからこそ、甲野善紀さんの稽古法は、「違和感」を無くす「技」と「術」の探究だったのである。

教師の世界だけでなく、研究の世界であれ、武術探究の世界であれ「異・違」は、大事なキーワードなのであった。

《生き方考》その一三八

清原和博容疑者の義理立て

二〇一六・二・一七

清原和博容疑者とは、元プロ野球選手の清原和博氏のことである。彼は、覚せい剤の使用容疑で逮捕された。何故「使用容疑」かというと、数年前から警察当局にマークされ、内定の結果、自宅に踏み込まれて逮捕されたのだった。体内から覚せい剤の反応が現れ、また自宅には、覚せい剤使用に使われる注射器等が押収されたのだから、〝覚せい剤を使用したことに、間違いありません〟と認めざるを得なかった。でも彼は、覚せい剤の入手ルートや密売人の存在を、一切「知りません」で押し通している。その後、警察は、携帯電話の発信元を探るなどして、小林某なる密売人を逮捕した。数日前のことである。しかしながら、この密売人も「知らぬ・存ぜぬ」で白を切り続けているらしい。

一時はプロ野球の花形選手として活躍した清原和博氏に、今後どんな処分・処遇が待ち受けているのか、私には興味が無い。公正な法の裁きと、相応の身の処し方を起こしてほしいと思うだけである。

で、敢えて「生き方考」で考えてみたかったのは、〈何故、清原容疑者や小林某容疑者が、白を切り続けるのか〉である。カッコよく言えば、「盗人にも三分の理」とか、「やくざの世界の仁義」という事なのかもしれないが、現実は、『鬼平犯科帳』や『任侠映画』といった小説やドラマの世界ではない。裏社会の厳然たる掟として、【明かしたら、殺す】に、脅えての結果なのだと思うしかない。

ニュース情報からすると、清原容疑者は、プロ野球現役選手の頃から暴力団との繋がりがあったらしい。つまり、裏社会・裏稼業の暴力団の体質に、どっぷりつかっていたのである。ましてや、小林某容疑者は、暴力団の出先・窓口である。多分、数年の刑務所暮らしをしても、出所後には、確実に消される（リンチを受けて殺される、あるいは身体不具者にされる等）が待っている。だから、白を切り続けるのだ。清原容疑者は、そこまで深入りしていなくとも、十分に匂いを嗅がされてきた。だから彼も、恐怖を予感し、恐怖に捉われて「知りません」と言い続けているのだろう。「やくざ（暴力団）の世界」でのしつこさや執念深さは、それほどなのかと想像を絶する。

そう考えた時、我が身を置いた「教育の世界」、特に人事の世界にも、同様のしつこさや執念深さが散見する。一度人事担当にマークされたら、五年～一〇年は干されてしまい、浮かばれなくなる。場合によっては、現職時だけでなく、退職後も申し送りが続いて、陰に陽に突き落とされ続ける。突き落とす方は、当人とは「何の恨み・辛みもございませんが……」なのだが、突き落とさないと、自分が日陰に回されるのを予見するからだろう。私の場合、定年まで仕事を続けたが、決して行政の世界には入れられなかった。教育長さんに推薦されても、二度も落選したのである。

《生き方考》その一三九

「競争原理」を浄化する（カタルシスを起こす）もの

二〇一六・二・一八

遠山啓さんは、「競争原理」を超えるものとして「知的好奇心」を上げた。数学教育協議会を設立し、民間教育運動を実践・体現してきた方の、到達点だった。しかし、「知的好奇心」の内実をふるいにかけ、更に精査し明確にしていく前に亡くなったため、受験教育に利用され、「公文式」が世界の塾産業を席巻するまでになっている。

また、斎藤喜博さんは、「ミカンの色は黄色だと教えることは教育ではない。どんな黄色なのか、どんな思いをもった黄色なのか……」（記録映画「芽をふく子ども」より）と教えることが教育だと、「授業」という形で集団内の関わりを重視したが、これまた「競争＝序列化」の波に流され、消えてしまった。当時は、一万人強の教師たちが、「島小」を参観したにも関わらず、必然的に起こるであろう［茨の道］を歩くのを止めたからである。

先月、岩波書店から『私の「戦後民主主義」』という本が出された。私より一〇歳も上の方も書いているが、三八人の執筆者は、大半が私と同世代の方々である。上野千鶴子、内田樹、加藤登紀子、尾木直樹、田中秀征、寺島実郎、中村哲、宮崎学、久米宏、赤川次郎等々といったメンバーである。だから、同世代の連中が、どんな生き方をしてきたのか（戦後の「民主主義」をどう感得し、行動してきたのか）に関心があった。

読んでみて、〝ま、そういうことですか〟とか、〝貴方の言うことは、前からそうだったし、今でもそうだよ……〟といった感想が大半だったので、似たようなことを感じてきたことが分かって、それはそれでよかった。ただ、経団連の副会長をやり、現在は日立製作所の相談役をしている川村隆（一九三九年生）さんの、「市場経済の基本形は、競争原理にある」の一言は、私の考えを深める一言になった。

川村隆さんの言を待つまでもなく、資本主義を標榜する社会は「市場経済」の世界である。つまり、他社の製品より抜きん出て優れた商品を開発・生産し、市場に出し続けないと、他社製品に追い抜かれ、いつしか赤字企業に転落していく。それを川村隆さんは、国内市場だけでなく、グローバル化した世界市場でも、身を持って実感し続けてきたのだろう。だから、「市場経済の基本形は、競争原理……」は、説得力がある。ただ、注意深く読むと、「基本形は」と言っている。つまり、「特殊形」や「特化形」、更には、「進化形・深化形」もあるだろうと言っているのだ。だから彼は、「民主主義」と結びつけて「人権」を持ち出している。低位のままだと、営利に走り他を蹴落とすことに快感を覚える「競争原理」は、「人権」意識と繋げることで、更に深化し、進化した「競争」になると言う。嘗て、同級生の芳賀孝和君がいみじくも言っていた、〝経営者に、哲学が無いからだよ〟の実践的試行が内在していると思えた。

《生き方考》その一四〇
それぞれの「キーワード」

二〇一六・二・二五

昨日、仙台・法務局で「男女共同参画社会推進委員会」があった。県内から三〇名近く、各地の人権擁護委員の担当者が集まっての定例会だった。私は、石巻・三六名中、代表三名の中の一人ということで、昨年度から参加している。会の活動についても、〝いい気になって、バカじゃないの！〟と一言も二言も言いたいのだが、今回は省略。

で、昨日の会で、仙台法務局人権擁護部の部長氏から「最近の民法の親族・相続等に関する裁判について」の研修講話があった。具体的に言うと、財産相続に関わって「嫡子」の捉え方に変化がおきている（「憲法」違反での訴え）のと、婚姻に関わっての性転換者の「結婚」観の変化（これも「憲法違反」の訴え）の話だった。結局は、最高裁までいっての、〝最高裁判所の判断（判決）がこうなったから……〟というものだったが、いろいろと考えることが出来、それなりに面白かった。派生して、同性婚や、夫婦別姓、親子関係の問題が絡んでくるので、「次代の問題」として避けて通れない。この話を聞きながら、私は【法の下の平等】の中身を思い巡らしていた。日本国憲法によれば、「思想・信条、宗教、財産、学歴等に一切関係なく、人として平等に扱われる」ことになっている。その上で法規に精通していなければ【法の下の平等】は具現化していかない。しかしながら、会社や公務員のコンプライアンス（法令順守）にしても、【法の下の平等】を名目に、法整備の不備につけ込んで、私腹を肥やしたり、都合のいい逃げ道に利用しているのが現状である。だから、【法の下の平等】の基底に「人権」がないと、建前論だけになってしまう。

民生委員をやっていても、同様のことが感じられる。民生委員の活動をするには、第一義に【福祉の心】が無ければ到底やっていけない。弱い人や困っている人を見た時、思わず手を貸し、応援する気持ちが【福祉の心】である。だから、民生委員の中には、高齢者や障害者宅のゴミ出しをやったり、買い物を肩代わりする方もいる。でも、ちょっと間違うと、〈余計なお世話〉になってしまう。これは、被災地でのボランティア活動にも言えることだ。〈善意の押し売り〉は、活動が諦念と悲惨者意識を増幅させていることに気づかないでいることが多い。やはり、ここにも通底するのは「人権」である。多様を認め、相手を認め、同意と納得を積み重ねることの困難さが、ここにある。

翻って、教育の世界、とりわけ「学校」の世界でのキーワードは何だろうか。それは【多様】と【納得・了解】であろう。子どもたちの顔が皆違うように、身体行動や脳での認識・理解が、一人一人微妙に、時には真逆に違っている。それを教師は、丁寧に「その気」にさせ、「納得と了解」を創り出し、「理解」へと進めるのが教師の仕事であり、学校の役割である。やはり「人権」が基底になければ、多様でそれぞれに輝く子どもは、決して生まれないだろう。

《生き方考》その一四一

「進路指導」名目の教育放棄

二〇一六・三・九

又も、広島で遣り切れない事件が起きた。「又も」というのは、現職校長時に、広島県の「民間人」校長が自殺した時も、遣り切れなく、切なくなったからである。

今回の事件は、中学三年の男子生徒が、昨年の一二月に、高校受験を悲観して自殺したことである。新聞によると「学校側は自殺前、一年時に万引きをしたことがあるとの誤った記録を理由に、志望校の推薦を出せないと生徒に伝えていた」「(男子生徒は)両親を交えた三者懇談の当日に亡くなり」「学校側は昨年一一月中旬から同一二月八日までの間、複数回にわたり、推薦出来ない旨を生徒に説明。一二月八日の三者懇談で両親にも伝えることになっていた」「教諭らへの聞き取りなどの結果、一年生当時の生徒指導の会議資料に、生徒が万引きしたとの記録があったが、万引きしたのは別の生徒だったと訂正されていたことが判明。しかし、今回の進路指導では、誤って記載された資料がそのまま使われた」等との記事になっている。

私は、このニュースを耳にした時、〝何という事が起こったのだろう〟と、極めて驚いた。そして、辛く悲しく、切なくなったのだった。でも、モーニングショーやお昼のワイドショーで、多くの評論家や有識者が同じ言葉・同じ感情表現をしていたが、思いの視点はまるで違っているのを知り、二重にショックを受けてしまった。

私の第一番目の直感は、〈過去の出来事である「万引き」が、高校進学と言う将来を規制していいのか（つまり、未熟故に起こした過去の失敗や過ちを、その子の名札となって、将来にまでついて回らせていいのか）〉ということだった。これを容認したら、教育の営みでの大原則である「無限の可能性」が否定されてしまう。だから、未成年の犯罪は刑罰を科すのではなく、厚生施設・教育施設での悔悟・改悛の道を取る。学校でも同様である。一時の衝動で非行に走っても、「学び」の中で、非に気づかせ、非を超える人間に育つよう全力を上げるのではないか。

ましてや、この男子生徒は、「万引き」をしていなかったのである。教師の思い込みの中で、そして教師の決めつけの中で、そして更には教師の教育放棄の中で、一方的に断罪の形を取られてしまったのである。男子生徒のことを思うと、ただただ、涙するしかない。

何故に、学校でこのような【ネグレクト状態（養育放棄ならぬ教育放棄）】が罷り通っているのか。何故に、学校でこのような【ハラスメント状態（権力者の横暴と傲慢さ）】がまかり通っているのか。学力テスト・受験学力の点数に拘泥するよりも、子どもたちの苦しみ・悲しみを感得し、夢や希望を引き起こす仕事をしてもらいたいと切に望む。

《生き方考》その一四二

「元少年A」著『絶歌』を読む

二〇一六・三・一六

昨年六月に、『絶歌』が出版され市場に出回った時、私はほとんど関心が無かった。匿名で出版されたらしいことはニュース等で聞き知ったが、それだけだった。〝あっしには、関わりの無いこって……〟の印象でしかなかったからだ。

それが、「購入し、読んでみよう」となったのは、万石浦小学校から、私を指名しての人権研修の依頼があったので、この機会に「人権」の意味することを再度考えてみようと思ったからである。つまり、「人権」を定かにしていくキーワードの大きな一つに【多様を認める】があるが、この「多様」の中に、〈酒鬼薔薇聖人の存在を、どう捉えるのか〉があると思えたからである。

『絶歌』は、出版当初から批難の嵐が吹き荒れた。この三月には『元「少年A」を斬る　形骸化した「少年法」の存在意義を問う』（宝島社刊）が出されている。その中には、「二五万部を発行し、印税が三千万円……」とまで書かれてあった。

ともあれ、『絶歌』を読み出して、一度に三〇頁位しか読み進めない自分に気づいた。自分の名を伏し、匿名の形（「元少年A」としか記名されていない）でしか表せないのだから……と、気軽と興味に任せていた自分が甘かった。彼の書いた一行・一文に、絶えず「何故？」「どうして？」を問い続けないと、〈変人・変態だから〉とか〈情愛の欠如・共有感の欠如〉の日常常識に流れてしまうのである。酒鬼薔薇聖人の幼少期や児童期・少年期、そして二少女を刺傷させ、土師淳君を死傷させた行動は決して認められ・赦されるものではない。しかしながら、同様の情動やきっかけ状のことは、私の幼少期にもあったし、教師の仕事をしていても、軽微ながらも似たような行動を起こす子どもに何度も出くわした。でも、私は、それなりの社会人になったし、子どもたちもそれぞれに一社会人として、様々の社会参加をしながら、多くの関わりの中で生きている。だから、「何処が違ったのか」「何処で違ったのか」を、丁寧に読み解いていかないと、酒鬼薔薇聖人の所業は分からないし、酒鬼薔薇聖人を拒否し、拒絶する手立ても見えてこない。

「人権」は、〈様々な人が、様々なスタイル・様々な関係の中で、人として生きる〉ことを保障するものである。つまり、【多様を認める】ことが共有されないと、「人権」が侵害され、差別と偏見が蔓延していく。だから、触法行為をしても、法的罰則に殉じることで、更生を認めている。それ故、「元少年A」は、社会構成の一員になった。

私には、「元少年A」を云々する気はないが、子どもたちを酒鬼薔薇聖人にしない責務はあり続けると密かに思う。

《生き方考》その一四三

裁判所の「人権感覚」の歩み

二〇一六・三・一七

関西電力・高浜原発の「差し止め訴訟」の判決が、三月九日に大津地裁から出された。河北新聞によると、〈「過酷事故対策や緊急時の対応方法について危惧すべき点がある」として運転を差し止める決定をした。決定は直ちに効力を持つ。二基のうち四号機はトラブルで既に停止中のため、関電は稼働中の三号機を一〇日に停止する。〉と書かれてあった。

国の原子力政策により、各地の電力会社が「安価で、安全・安心なクリーンエネルギー」、「原子力発電こそ未来の電気」の謳い文句で、遮二無二造り続けてきたが、内実は安全対策や避難対策を疎かにしてきた。何よりも、建設作業員が、四次請け、五次請けの形で調達され、破壊の悪魔が、随所に潜むのを見ぬ振りをしながら、建設・稼働してきた。全てが、経済を優先させ安上りに済ましてきたのである。だから、福島の原発事故が結果したのだが、またぞろ、なし崩しの「再稼働」の欲望がうごめき始めたところだった。

今回の地裁判決は、まだ一審段階なので、「決定」ではなく、「仮処分」の扱いなのだが、夜の「ニュース二三」で、〝嘗ては、原発政策に批判的な見解を示そうものなら、即左遷された……〟と言っている事態だったことを思うと、確実に時代は進んできたと思える。この判決が確定し、商業用原発の廃絶に向かってほしいものである。

ただ、テレビのテロップで知ったのだが、「人格権」が侵害される云々とあったのには、奇異を感じた次第。それで、差し止め決定をきめた判決文を読みなおそうと新聞を見直したら、河北新報に「仮処分決定要旨」として掲載されていた。「……津波対策や避難計画についても疑問が残る。住民らの人格権が侵害される恐れが高いにも関わらず、関電が主張を尽くしていない部分があり、保全されるべき権利は存在する……」とあった。何となく分かるのだが、何故「人権が侵される」あるいは、「人権が否定される」と言わずに、「人格権」なる語を用いたのか。明らかに「生存権」や「自然権」、あるいは「人権」としていいと思うのだが……。

話はかわるが、過日、明倫中事件が報じられていた。明倫中事件とは、今から二〇年以上前、山形県の明倫中学校で起きた、マット死事件である。体育館の倉庫で、いじめを受けた子が、八人の同級生らからマットです巻きにされて、圧死したのだった。該当者は八人に絞り込まれ、八人ともその場にいたことは認めたが、それぞれが〝俺は、やっていない〟と言い、結局誰もやっていないことになったのだった。それが、二〇年以上経過しても、誰も認めずにいる。「子どもの権利」の視点がまだ希薄だった頃の事件である。今に至っても、「人権」の定着は、遅々として遅い。

《生き方考》その一四四

異を感じる「卒業証書」の扱い

二〇一六・三・三〇

またも、とんでもない事件が起きた。二三歳の寺内樺風容疑者（男）が、女子中学生を拉致監禁し、二年間にわたって自分のマンションに囲っていたというのである。

新聞やテレビニュースの報道によると、二年前の一月の夕方、自宅近くの路上を歩いていた中学一年の女子に、寺内容疑者が近づき、〝お父さんとお母さんが離婚訴訟を起こしている。それで、今から弁護士さんの所に連れて行くから……〟と、車に乗せ、そのまま、自分のマンションに連れて行ったのだった。その男は、当時千葉大学・工学部の学生で、今春千葉大学を卒業し、四月から勤務する会社も決まっていたという。また、学生時にアメリカの航空学校に四ヶ月ほど留学し、小型飛行機の免許を取得したとか。実家は大阪・池田市で、高校は地元の有名進学校を出たと報道されていた。寺内容疑者の犯した犯罪行動は、一社会人としての「責任の代価」により、法の下で、厳しく且つ相応に裁かれなければならない。寺内容疑者は、判決文によく出て来る「身勝手な行動は……」を、刑務所内で十分過ぎる程身に染みていってほしい。

ただ、この事件報道の中に、千葉大学の理事長談話として「卒業の取り消しも、考えている」の文言があった。〝こんな事件を起こす極悪非道な人間は、千葉大学の学生として認めるわけにはいかない！〃というのだろうが、どうも「臭いものに蓋」の感じがしてしょうがない。つまり、〈不埒な輩・無頼の徒は、排除して事足れり〉の姿勢が現れた気がするのである。大学は、研究・教育の場である。だから、教官も学生も、追究と学びの連環・連鎖の中で磨かれ育っていく。しかしながら、その事への言及が微塵も感じられない「卒業取り消し」の言動に感じられたのだった。

また、もう一枚の「卒業証書」の件は、中学一年時に拉致され、二年間も監禁され続けた女子生徒に卒業証書を出すというのである。当該校の女性校長さんは、〃よかった、よかった〃と言って、自力で逃げ出し解放を勝ち取った女子生徒に卒業証書を渡すらしいが、この女子生徒の「教育を受ける権利」、つまり「学習権」を当該中学校は、どう保障するというのだろうか。卒業証書を渡すということは、その学校で「学び、育った」ということの証しを示すことである。東日本大震災時にも亡くなった子どもに卒業証書を出す学校があった。また、過日の深夜のスキーバス転落事故に巻き込まれて亡くなった学生に法政大学は卒業証書を出した。でも、この女子中学生は、完全に「学習権」を剥奪されたのである。「卒業証書」を渡す行為は、「学校と生徒の関係に、一区切りがついた」という事である。この中学生は、生徒手帳を隠し持ち続けたほどの賢い中学生である。だから、学校の今後の対応が気になるのである。

《生き方考》その一四五

プロジェクトチームと機構改革

二〇一六・五・一九

沖縄から帰ってきて、NHKの朝のニュースを観ていたら、熊本地震に関連して東松島市からの派遣職員のことが話題になっていた。何のことかと、掃除の手を休めて観ていたら、東松島市の総務課長らが熊本の益城町に入って、一番先に始めたのは、役場組織の改編、つまり機構改革だったという。何故機構改革に着手したのかというと、益城町に入ってまず驚いたのは、役場内に職員がほとんどおらず、役場が機能していないことだった。では、職員は何処に行ったのかというと、避難所に行き、支援物資の搬入や、食事の支給業務に追われていたのだった。役場が、住民生活に支障をきたさないよう情報を一元的に収集し、また生活基盤が安定するよう対策を立てて果敢に実行していくことが必須なのに、そのための人材が、避難所対応に追われて、もぬけの殻になっていたのである。特に、一番の要である総務課長が、避難所で一個ずつ弁当配りをしていた姿に、涙が出そうになったという。総務課長曰く、〝人手不足で、弁当を配る人がいないんです！〟。それで、早急に震災対応の機構改革に着手した次第だったのである。

震災対応の組織は、まずもって「スピード」が必須不可欠である。そして「機能的」であり、更には、住民に寄り添った「住民目線」がなければならない。当然、東松島市から派遣された職員は、「スピード」・「機能」・「住民目線」の組織作りに、東日本大震災時に経験したことのノウハウを活用提言し、陣頭指揮にあたったことは言うまでもない。

話は変わるが、東日本大震災後、石巻市でも、機構改革が何度も行われている。しかしながら、その実効性がはなはだ心もとない。と言うより、効果的な動きや変化がなかなか見られないでいる。私は、市役所職員ではないので内部の因果や人的繋がりはまるで分からないが、どうも旧態然とした体質から抜け出さないでいることに因がありそうな気がしてならない。つまり「新しい酒は、新しい革袋に」とならずに、自分たちの意識・体質・思考法はそのままで、システム・機構・組織だけを変えた形で進んでいるのである。看板の付け替えだけにあくせくするのは、大は国の行政機関から小は役場の分掌まで、何時の世でもあり得るのだろうが……。

私は、現職校長時代、「スピード」と「機能」と「内実」を作るべく、校務分掌とは別に、校内にプロジェクトチームを幾つも作ってきた。「運動会プロジェクト」・「学芸会プロジェクト」・「卒業式プロジェクト」といった具合である。こうすることで、職員一人一人の関わりを透明化し、職員一人一人の持ち味を十全に生かし、そして能力に応じた関わりを創り出そうとしたのだった。

東松島市の職員の方々が、益城町の職員とどんな形でチームを組んだのだろうか。大いに知りたい所である。

《生き方考》その一四六

行方不明児童の六日目の保護

二〇一六・六・四

田野岡大和君（小学二年・七歳）が、陸上自衛隊演習場の施設で六日目に無事保護された。事の発端は、山の中で親に車から降ろされ、「置き去り」にされたことによる。父親は、大和君が人や車に石を投げて遊んでいたのを見て、躾けとして、山の中で置き去りにしたのだという。でも、五～六分後に現地にもどってみると、既に大和君はその場所から居なくなっていたのだった。結局大和君は、山の林道を歩いて（六～七ｋｍ）、自衛隊演習場内に入り込み、無人の宿営施設を見つけて六日間を過ごしたのだった。寝具は施設内にあったマット二枚を布団代わりにし、外の水道水を飲んで飢えを凌いでいたという。

事の詳細や顛末は、今後の調査で明らかになるであろうが、親の躾と虐待、あるいは子どもの人権等の話題を世間に投げかけたのだった。ネット上では、家族の個人情報を流し、ネガティブな憶測や誹謗が氾濫した（六・四河北春秋）という。また、教育評論家の尾木直樹氏は「これは完全に虐待……。七歳なら言葉で通じる。言葉で伝える信頼関係ができていなかったか、言葉で伝える力量が無いため、焦りやいら立ちから置き去りにしたのではないか」（六・四河北新報記事）というが、彼氏の言動に〃失敗を重ねながら、親が「親」になっていく〃視点が、つまり

「当事者への同調」が欠落しているのが気になる。子どもの納得と了解を得られなかった親の行為は、決して許容されるものではないが、「とてもつらい思いをさせて、本当にごめんな」と言った父親の姿に、尾木氏は、同調と希望を感じないのだろうか。

とまれ、私は、「無事に保護」の一報をテレビのテロップで見た瞬間、〝この子は、チンパンジーの仲間ではないのか〞と思った。京都大学霊長類研究所の松沢哲郎さんの『想像するちから』（岩波書店）の中の「チンパンジーは絶望しない」が頭を過ったからである。この「チンパンジーの仲間」は、決して大和君を蔑視したり卑下したりの文言ではない。子どもは、本来的・本然的に在るがままの自分で、事に接する力が内在しているのではないかと思った次第。「夜は怖い」、「森は怖い」、「一人ぽっちは怖い」等々のネガティブな発想は、人間社会での関係性や想像力の結果したものであるとも思うからである。『モチモチの木』の豆太が、暗い夜道をふもとの医者様まで一人で駆けて行くのを一義的に「勇気」と括ったのでは、偽善臭くなるのと同じではないか。

田野岡大和君の行動は、驚異的である。偶然と幸運の複合作用もあったにせよ、一つ所で昼夜を繰り返して、六日間も生き抜いたのは、「驚異」としか言いようがない。でも、その「驚異」の根底にあるものは、決して絶望しない、在るがままの自分で生き続けようとする生命力なのだろう。まさに、チンパンジーの生命力と同根・同樹なのである。

二〇一六・六・一六

《生き方考・番外編》その一四七

末吉まさえさんのこと

末吉まさえさんは七一歳とか。勢理客保育園の現役保育士さんである。聞けば、園長の比嘉富子さんが保育士（当時は保母さんと言っていた）をしていた頃からの、いわば「戦友」である。現在の身分は、正式の保育士さんか、パートの保育士さんか、はたまた交通費程度の給付でのボランティア保育士さんか不明であるが、とにかくずっと勢理客保育園で保育士さんをしていたようだ。私らが、勢理客保育園に関わり出してから四年になるが、いつも居たし、夜の研修会もずっと参加していた。

ある時、比嘉富子園長さんと保育士の話になり、私が〝私は、現職校長の時、保育士さんになりたいと思ったことがあるんです〟と話すと、興味をもって聞き出したので、〝保育士さんは保育士さんでも、「働かない保育士」を目指そうと思ったのです。二〇歳台の若い保育士さんと体力勝負をしたのではとても敵いません。でも、体力も無く、節々の痛みに耐えて疲れた様子でいれば、「手伝ってやるから……」とか、「腰揉んでやるから……」と、思いやり溢れる優しい子どもを育てることができるはず。尤もいざという時には、パワー全開にして動き回らなければなりませんが……〟と言ったのだった。その話を聞いて、比嘉富子園長さんは、妙に感心したように、

〝そうねえ。働かない保育士さんか……〟と頷いたのである。

比嘉富子園長さんの妙な頷き方の裏には、末吉まさえさんのことがあったのかもしれない。もしかすると、「何時引導を渡そうか」と思っていたのかもしれないし、逆に「可能な限り子どもたちと関わり続けてほしい」と思っていたのかもしれない。

ともあれ、前回の職員研修時の末吉まさえさんは圧巻だった。職員研修会では「からだあそび」のワークショップとして、〇～二歳児グループは『でてこい　でてこい』を、三～五歳児グループは『なっとうさんがね……』に取り組んでもらった。末吉まさえさんは一歳児担当なので、〇～二歳児グループにいたが、役割分担をする時、若い方々が〝わたし、カエルやる！〟、〝私、ウサギ！〟と勝手に申し出るうちに、ヘビ役と末吉まさえさんだけが残ってしまった。でも、彼女は何のてらいもなく、〝私は、ヘビね〟と演り出したのである。ところが、彼女のヘビは、柔らかなクネクネではなく、棒が折れていくようにコキコキと動くのだった。この姿が爆笑を誘ったのは、言うまでもない。しかし、末吉まさえさんの動きは、グループに支え合いの輪を作り出し、パワーアップの連携を引き出したのである。

末吉まさえさんは、本当に保育の仕事が好きだし、子ども（幼児）の感覚を相変わらず持ち続けているのだった。

《生き方考》その一四八

「法と正義」は、論を立て易いのかも……

二〇一六・六・二四

今日、石巻人権擁護委員協議会の研修会が仙台法務局石巻支局であった。講師は富樫裕幸支局長さんで、講話内容は「同和問題について」であった。一時間近くの講話の後、三〇分ほど法務省作成のＤＶＤを見たが、支局長さんの話といい、ＤＶＤの中身といい、それなりに教養がつき自ずから襟を正すものであった。同じ「人権」のＤＶＤでも、文部科学省作成のものになると、善意と美徳の押し売りであり、鼻持ちならない自画自賛ものになるのだが、省庁が違う（法務省と文部科学省）からか、法務省作成のＤＶＤの方が、明快で分かり易いのが、第一印象だった。

で、富樫支局長さんの話に、山形県「部落」呼称変更事件というのがあった。この事件は、平成二一～二三年頃、山形県で〝公共施設・公共事業、そして地域の中から「部落」という呼称を無くしていこう！〟というキャンペーン運動が起こり、議会等で問題になった事件である。当時の法務省はそんなキャンペーンを起こした覚えもないし、自治体でも統一的に動き出したものでもないということが分かって、有耶無耶のうちに、〝特に「部落」呼称で差別が起きているわけでもないので、地域の実情に任せよう……〟と収束していったのだった。

私が、何故この事件に反応したかと言うと、この事件の時期に、私は中田町の上沼小学校に教頭で赴任した時期だったからである。もっと具体的に言うと、全国PTA連合会から、傘下の各学校PTAに、通達か通知が来て、「部落」の呼称を止めるように言ってきたのだった。当時の私は、「部落差別」には少なからず関心があったが、宮城の地での「部落」呼称は、各地区のアイデンティティの発露であっても、差別を助長するものとは思えなかった。しかし、全国PTA連合会からの指示でもあった（つまり、当時の文部省も後押ししていた。もしかすると、キャンペーン元は文部省だったのかも？）ので、「教頭＝PTAの世話役」ということもあって、千葉PTA会長さんに了解してもらって（千葉会長さんは長野県出身で、「部落問題」には人一倍気を配っていた）、上沼小PTA役員会に話題として投げかけてみた。すると、〝だれ、ここでそんなことありすけ。そんなの出すなんて、おかしんでないのげ！〟と一蹴され、教頭不信が一気に広がったのだった。結局、威信回復まで遠回りの一年半もかかってしまった。

そんなことがあったので、山形県「部落」呼称変更事件は全く知らなかったが、富樫支局長さんの話を聞きながら、文部省と法務省の「縦割り行政」の違いを思い知らされたのだった。ともあれ、法務省の「法と正義」の姿勢は明快である。対して、文部科学省の「教育の論理」は、いい加減で出鱈目である。というより、生きた人間の成長・発達を保障する論理の構築は、事実に即して論を研ぎ澄し、丁寧に構築していかないと駄目な世界なのかもしれない。

《生き方考》その一四九

学力の不足と教養・素養の貧困なのだが……

二〇一六・六・二七

「人権」は、英語で「ヒューマン・ライツ」という。「人＝ヒューマン」だから、「権＝ライツ」程度にしか思っていなかったが、「権利＝ＲＩＧＨＴ（ライト）」だからと考えるに及んで、〝何故、ＲＩＧＨＴ→ＲＩＧＨＴＳと「Ｓ」が付くのか？〟気になりだした。多分、「人権」の中には、様々の権利が内包されているので、複数形になって「ＲＩＧＨＴＳ」と表しているのかもしれないと思ったが、〝本当にそうですか？〟と問われると、何の根拠もない（つまり、私の英語力では説明不能！）。それで、英語力が堪能で、「人権」等に造詣が深い人はいないだろうかと思った時、石巻専修大学の大津幸一教授が思い浮かんだ。彼氏は、岩波ジュニア新書で『英語で書いてみよう』との中・高校生向けの本を書いていたし、何よりも石巻市の「子どもの権利条例」作成に関わった人である。彼なら、「私の拙い疑問にも、それなりに対応してくれるかもしれない」と思った次第である。

早速、小学校時の同級生だという我が相棒にコンタクトが取れないかと訊いてみたら、〝私より、『観慶丸』の同級生の方が近しいから……〟と、『観慶丸』の同級生を介して、繋がりが取れたのだった。

午前一一時に、『観慶丸』のコーヒーコーナーで、大津幸一さんと合流したが、彼は、何がなんだか分からずにいる。私の方で、勝手に自己紹介しながら私の英語力の不足を弁明し、ようやく質問事項に入ったのが一〇分以上も経ってからだった。

で、短刀直入に〝何故、ヒューマン・ライツとSがついているのですか?〟。「人権＝人としての権利」ですから、ヒューマン・ライト」で駄目なのですか?〟と訊ねてみた。すると、大津さんは、内心呆れていたのかもしれないが、丁寧に対応してくれたのである。〝これは、高校で習う内容ですけど、日本語には複数形がなく、「人権」と一語で言っていますが、「人権」の中身には、様々の権利や状態が含まれていますね。だから、複数形のSが付くのです。ま、総称という形の語だからでしょうか……〟と言うのである。なるほど、「総称」とは、言い得て妙である。すると、「ヒューマン・ライツ」とは、私流に直訳すれば「人に関わる諸々の権利」ということになるだろうか。だから、人格権・肖像権・著作権・日照権・環境権・生存権・居住権・財産権……等々が含まれたものが「人権」だったのである。当然、思想信条の自由や表現の自由等の諸々の自由も含まれている。

ともあれ、西欧人の言語感覚や表現方法に馴染んでいれば、はるか以前にクリヤーしていた問題だった。もうすぐ古希という年齢になって、ようやく英語での「単数」と「複数」が気になり出すとは、自分の学力に只々呆れる。

《生き方考》その一五〇

「障害者差別解消法」が成立したばかりなのに

二〇一六・七・二九

今年の四月に「障害者差別解消法」が成立したばかりなのに、神奈川県相模原市の障害者施設「津久井やまゆり園」で、七月二六日未明の午前二時過ぎに、とんでもない事件が起きてしまった。その施設で以前働いていた元職員の植松聖（二六歳）が、入園者一九人を殺傷し、二六人に怪我を負わせたのだ。亡くなったのは、四一～六七歳の男性九人と、一九～七〇歳の女性一〇人。重傷者が一三人に上るという。しかも植松容疑者は、二月に国会に行き、大島参議院議長宛に、殺害予告の手紙を渡していたのだった。

事件の経緯は、テレビや新聞等で連日トップ記事扱いで報じられており、動機も含め事件の全貌は次々と明らかになっている。だから、経緯や顛末はもう少し時を待たなければならない。ただ、菅官房長官や安倍首相が即座にコメントを出すほどだから、事の重大さが計り知れる。

ともあれ、手紙の文面がテレビや新聞等で報じられていたが、「私は障害者総勢四七〇人を抹殺することができます」、「常軌を逸する発言であることは重々理解しております」、「保護者の疲れ切った表情、施設で働いている職員の生気の欠けた瞳、日本国と世界のためと思い、居ても立ってもいられずに本日行動に移した次第であります」、「私の目標は重複障害者の方が家庭内での生活、および社会的活動が極めて困難な場合、保護者の同意を得て安楽死できる世界です」、「今こそ革命を行い、全人類のために必要不可欠であるつらい決断をする時だと考えます」等の文言で埋められていたのだった。

この「津久井やまゆり園」は、一九六〇年代に、宮城県の船形コロニーと同様に、知的障害者の総合授産施設として建てられたようである。「時代の要望」の詳細は知らないが、多分、当時の厚生省の方針で、〝知的障害者を一カ所に集め、同じ状況の者を集約・集中して世話をすれば、「ユートピアの世界」が現出するのではないか〟と言うものだったろう。だから、コロニー形式の施設が全国各地に作られていった。でも、四〇年後には、「共生」の思想が広まり、地域の中で、学校の中で、そして職場の中で〈みんなと一緒に〉と〈ゆっくり・丁寧に〉が志向されるようになり、コロニー形式の集約化は廃れていったのだった。でも、このコロニープランは、施設職員の労働姿勢・労働意欲、そして親の養育姿勢を十分に踏まえたものではなかったし、何よりも障害を抱えた入所対象者への配慮・要望を官僚目線で勝手に推測し、推し進めたものだった。だから今回の事件では、死傷者の名前が匿名報道になっている。警察や親への配慮が先行し、なによりも入所者への責任を持つ施設長の意志・願い・人権感覚が、全く見えないのだった。

《生き方考》その一五一

「津久井やまゆり園」事件から　——続き——

二〇一六・七・三〇

七月二六日未明に起きた「津久井やまゆり園」での大量刺殺事件から、ずっと考えていた事の一つに、〝何故、国会の衆・参議長や厚労省大臣、総務大臣そして法務大臣は、事件に対する非難の声明をださないのだろうか？〟がある。「津久井やまゆり園」のような障害者施設を福祉施策の一環として全国に展開してきたのは、厚生労働省（当時は厚生省）だからである。また、今春四月に「障害者差別解消法」を成立させたのは国会である。そして、「津久井やまゆり園」のような障害者施設を管理運営・支援をしてきたのは各地方自治体である。地方自治体の統括は総務省（当時は自治省）にある。更には、〝二一世紀は「人権」の世紀！〟と、「人権」の拡大と定着を法に基づいて推進してきたのは、法務省・人権擁護局である。これら担当省の施策と内実化にことごとく逆らい、あざ笑うかのような行動で反逆したのが、今回の事件ではなかったろうか。だから、〝何故、声明を出さないのだろう……〟と思った次第。

大臣が声明を出すことには、既に前例がある。もう一〇年以上前になるだろうか。学校内でのいじめに絡んで自殺する子どもたちが出てきた時、時の女性文部大臣（当時は文部省）は、「いじめ」の非を述べ、かけがえのない命を守ってあげる旨の声明を出したことがあった。まだ、教職での現職中だった私は、〝一片の声明が、どれほどの効力があるのかしら？〟とも思ったが、学校教育の統括責任者である文部大臣が、子どもたちと国民（当然、教師や教育行政に携わる者へも）に向けて声明を出したことは、それなりの影響を作り出していったようである。

だから、各省庁等の統括の長である大臣や議長が毅然とした声明を出したのなら……と思ったが、彼氏らは些末な事あるいは他人事としか思っていないのがよく分かった。というより、たとえ「のほほん大臣」でも、施策をプラン化し実行支配してきた事務次官等の実績ある官僚群が、何故進言していないのかが改めて見えてきた。キャリアのトップまで上りつめた「優秀な官僚」にとっては、現場の鬱積した疑問や不満、忍従やマンネリは、実行施策の不十分さにあるとは思っていないのであろう。当然、自分の進退を賭ける程のことではないらしい。進言など思い到らない。

今回の事件は、社会に内包する病理現象の表れであろう。別言すれば、ひと頃流行した「ホームレス叩き」や「おやじ狩り」と同質・同根であろう。植松容疑者への対応は、法に基づいて厳しく対処する他ない。問題は、第二・第三の「植松」が潜在していることである。それへの対処は、社会全体が「人権」意識を高揚させる以外にない。つまり、それぞれの部署、それぞれの集団、それぞれの組織体で、具体的に「人権」の改善・改革を進める以外にない。だから、その先導となる「大臣声明」なのである。

《生き方考》その一五二

認知症と「演劇情動療法」

二〇一六・八・八

八月四日の河北新聞に、認知症患者の問題行動の改善に「演劇情動療法」が有効である旨の記事が載った。「演劇情動療法」とは聴き慣れない呼称であったが、記事を読むと、情動機能をつかさどる大脳辺縁系に良い刺激を与え、安心できる環境を提供することが、認知症患者の進行を遅らせるという。だから、本格的な俳優が患者の前で物語を朗読する演劇情動療法は、極めて効果的だというのだった。

この記事を読んで、私の脳裏を過った事は〈認知症と思われる爺さんや婆さん方に、音楽劇の「おむすびころりん」を演じてもらったら、どうなるだろうか?〉ということだった。

私たちは、現在保育園の子どもたちと関わって「表現活動」の音楽劇に取り組んでいる。その時のキーワードは、「その気になる」である。つまり、音楽や科白、動きを通して、子どもの「大脳辺縁系＝情動」に働きかけ、それを子ども自身の意志と感覚で表現していく活動をしている。結果、子どもの成長と発達を保障し、子どもたち一人一人の内実を確実に豊かにしてきた。だから、認知症と言われる人たちが、「その気になって」役を演じたのなら、演技の巧拙を超えた次元で、人生の輝きが起こるのではないかと思ったのだった。

残念ながら、現在の「演劇情動療法」は、幼稚園や保育園で日常的に行われている〈絵本の「読み聞かせ」〉程度のようである。斎藤隆介作『べろだしちょんま』を代表理事であり俳優の前田有作さん（四八歳）が朗読してみせたが、発声や語りの口調はそれなりに訓練された声だったが、テンポ・リズムは、年寄りに心地よいものではなかった。いわば、若手の落語家がようやく真打になった時のよう。自重しているようだが、無意識にテンポが速くなり、無意識に語調が強くなっていくのだった。でも、落語の名人と言われる人は、口調や声音に違いがあっても、聴いていて心地よくなり、話の世界に思わず知らず引き込まれていくのである。そして、時には眠りの世界に誘われていく。それでて、面白い山場では、笑いを引き起こすのである。そう言った観客を同調・同機させる技量がいまいちだった。

出版本『演劇情動療法のすすめ』には、「役者（つまり、読み手の）の能力、役割とは、作品の力（魅力）を認知症の方に届けること。そのために全能力を捧げられるのが本物の役者である。作品や演出が良くても、役者の能力が低ければ台無しである。自分のパフォーマンスに酔いしれたいレベルの役者では役に立たない。」と堂々と述べている。この一文で、この活動の技量・内容が分かる。しかも、何れは高齢者施設で活動する演劇情動療法士の養成を目指すという。〝ま、楽しんで頑張って下さい！〟というしかない「日本演劇情動療法協会」の講話だった。

《生き方考》その一五三

「明日は我が身……」の思考法

二〇一六・八・二八

ガソリンスタンドに車のガソリンを入れに行って、待ち時間に新聞を見てみたら、読売新聞に「津久井やまゆり園」の事件に関する記事が、大きく載っていた。特に有識者の意見や解説記事が所狭しと掲載されていた。時間が無かったので見出しを読む程度だったが、朝日新聞や河北新報を見てもまだまだ散見する状態なのだから、報道機関にとっては、依然として大きなニュース源なのだろう。

ただ、有識者の何人かや昨夕の「報道特集」のニュースキャスターが語っていたことで、〝今は何でもなくとも、何時障害を持つ身になるか分からない……〟と述べていたのが、気になった。つまり、「今は健常（正常）でも、何時事故や病気等で身体に不具合（障害）が起こるかもしれないので、その時は助けてもらう「保険」として、手を携えておく必要がある」という発想なのである。もっと言えば、「障害はマイナス（負）であり、マイナス（負）を持った人に憐憫の情を持つのが、人の道である」という感覚なのだろう。

民生委員の仕事をやっていて、つくづく思うのは、「福祉の心」の大事さである。困ったり苦しんでいる人に出遭ったら、〈無私・無欲で、手を差し伸べようとする〉のが「福祉の心」なのだろう。尤も、「手の差し伸べ」様は、人によって、そして、その時々の状況によって違ってくる。声がけの時もあるし、手を貸す時もあるし、同行する時もあるし、時には物品や金銭で応援する場合もあるだろう。でも、この「福祉の心」には、憐憫・同情・連帯・同志愛等の様々の感情が内包されている。だから、私は、〈相手との同調〉と捉えている。「同調」とは、【生きようとする波長が合うこと】である。「同調」なので、思わず知らず同一行動になる。もしも、「福祉の心」が、相手への憐憫や同情、あるいは我が身への保険の代償等であったなら、「障害」に対する差別は温存され、固着・固定していくからだ。

「津久井やまゆり園」事件の報道を見聞きするにつけ、「福祉の心」のつもりが、実は、「障害」を「負の遺産」視し、差別の固定化・固着化を無意識に推し進めているのが気になる。「障害」は、経済効率・生産効率からすれば、金銭的多寡をほとんど生み出さない。しかしながら、「障害」を持つ彼氏・彼女らの存在は、どれほどの「人間的価値」を生み出しているのか。乳幼児は、日々泣き叫ぶだけで、何の経済活動もしていない。でも、人は乳幼児に一生懸命に尽くすのはどうしてなのか。現職を引退した高齢者は、何の経済活動もしていない。でも、人は高齢者を大事にするのはどうしてなのか。乳幼児も高齢者も、存在自体が「人間的価値」を示しているからであろう。「人間的価値」とは、別言すれば、〈精一杯生きようとする姿〉に他ならない。だから、尊いし貴いのである。人権の意味がここにある。

《生き方考》その一五四

大宮徳男さんの短歌から

二〇一六・一〇・三〇

先週の河北歌壇に大宮徳男さんの短歌が載った。今までも何度か掲載があったし、その都度、大宮徳男さんの感覚や視点に共感するものがあり、一つの資質として敬意も感じてきた。

大宮徳男さんとは、芳賀直義さんが宮教組・教文部長の時、当時千貫小の校長だった佐々木正さんと協働して、宮城の青年教師だった大宮徳男さんを、島小学校に二週間、「内地留学」で送り込んだが、送り込まれたその人である。二週間末の研究授業で、〝五分で、島小の子どもたちに沈没させられた……〟は、宮城での伝説にもなっていた。でも、その後の大宮徳男さんの足跡は、芳賀直義さんや佐々木正さんの思惑・期待とは違っていった。ともあれ、その後、宮城県の研修センター副所長をしたり、岩沼市内の校長を歴任して退職していった。私より一四・五歳上の人である。

その大宮徳男さんの短歌と評は、次の通りである。

スマートフォンと　携帯飲料を先ず禁じ　二時間講義す　空しさに耐え

（評）「講義す」で終わらずに「空しさに耐え」がある。ここに強い実感がある。とりあえずスマートフォンと飲料は禁じたけれど、聞いているのかどうか。その中で二時間講義するのはつらい。

選者の方は、大宮徳男さんがどんな人だったかや、宮城の実践検討会がどんな会だったのか、はたまた島小がどんな学校だったのかは、全く知らないでの「評」だったのだろう。だから、短歌から直截に感じる「評」として、納得できる。

でも、大宮徳男さんは、私の贈った『生き方考』に対して、次のような感想をハガキで寄こしてくれた。

「『生き方考』ありがとうございました。すごいですね。私自身の教員生活と退職後の宮教大の講師、カウンセラーの暮らしぶり、反省しています。島小は私の原点です。喜博さんの世話で宿直室に泊り（二週間）、毎日勉強しました。『未来誕生』は、その後です。草子さん、川島さん、芳賀さん、懐かしいですね。　—以下略—」

島小が、大宮徳男さんにとって「原点」なら、其の後どんな職歴を辿ったかは不明だが、教室で子どもたちと向き合った時、思いが通じず歯ぎしりせざるを得なかったことが何度もあった事だろうと思える。そしてまた、管理職時代、特に校長時代に、部下職員の身勝手さに何度も直面し、「生き方」を変えることの困難さに我が身の器量不足を何度も思い到らせられたに違いない。そんな百戦錬磨の大宮徳男さんが、前出短歌を歌うなんて、信じられなかった。

しかしながら、これも、大宮徳男さんの「生き方」なのだろう。返す刀で、我が身をどうするのか。課題である。

《生き方考》その一五五

「大川小学校」裁判・断想

二〇一六・一一・一

二年半かかった「大川小学校」訴訟の判決が下りた。①津波の予見可能性　②緊急避難の対処　③市の教育行政の在り方　についてが争点だったが、①については「可能だった」とし、②については「判断の誤り」とした。③については、判断をしなかった。結果、二三億円の損害賠償にたいして一四億円強の賠償を命じたのだった。この一審判決に対して、石巻市の亀山市長は、二日後には「控訴」を表明し、三日目には石巻市議会が「控訴」を承認し、五日目には村井知事が「控訴」の足並みをそろえる（知事の専権事項――先決処分）旨の会見を行ったのだった。

裁判になれば、泥仕合状態になり、三審まで進まざるを得ないことは、当初から十分に予想されていた。遺族側は震災当日不在だった校長や石巻教育委員会を全く信用・信頼していなかったし、被告側の亀山市長は、不可抗力の一点張りで、学校側を守ることに終始したからである。

裁判は、「法の論理」に基づいて、事実関係や双方の言い分を斟酌して判断していくのだが、判決四日後の一〇月三一日（月）に、河北新報の時評欄に「大川小津波訴訟判決を考える」として大阪市立大大学院法学研究科教授・高橋真氏の私論が載っていた。その中には、「判決は児童を引率していた現場の教員に過失があったとした。危険が迫っている状況で判断を強いられる教員個人の過失を認めることは酷だという印象を受けるかもしれないが、国家賠償法で公共団体に損害賠償責任を認めるには公務員の「故意または過失」が要件となり、公務員の過失認定が不可欠なためだ。公務員に「故意または重大な過失」がないかぎり、公共団体が公務員個人に求償することはできない。」と書かれてあった。これが「法の論理」であり、裁判では、ここが争点になる。

しかしながら、大川小学校で起こった出来事を顧みると、一度も「教育の論理」で話し合い、検証し合った形跡はない。「教育の論理」とは、判断を誤り過失を引き起こしたなら、「自分の非力」を認め、相手に謝ることである。また、こちらの判断が正しいと思っても、相手が納得・了解しなければ、我が身の判断を精査し直すことである。これは、「児童（生徒）の教育を司る」ことを［授業］や様々の［教育活動］で体感・体験している教師なら、身に染みて感じていることであろう。医者の世界には「名医ほど、多くの人を殺している」の俗言があるという。医者としての非力故に、患者が死に向かうのを救えずにいることの慙愧の念と学びの覚悟を表したものだろう。翻って、教師は教育の営みに取り組む中で、子どもや同僚教師、親に通じさせられないことが山ほど出て来る。その時の感覚・姿勢・論理が「教育の論理」になる。亀山市長や教育長・担当指導主事も教師だったはずである。

《生き方考》その一五六

「虐待防止シンポジウム」から

二〇一六・一一・一五

石巻・遊楽館で「虐待防止シンポジウム」があった。主催は石巻市・福祉部「虐待防止センター」で、パネリストは、石巻市の健康推進課や障害福祉課、虐待防止センターの職員や、東部児童相談所副参事、石巻市教育委員会・指導主事、河北警察署・生活安全課長、そして石巻在住の弁護士の六名であり、コーディネーターは内田幸雄氏（NPO法人各種代表）であった。「それぞれの分野での最先端のスペシャリスト」というわけではなかったが、石巻地域での「虐待」に関する事件や課題に直面している人達である。だから、それなりに面白かった。

で、シンポジウムでの各氏の話を聴きながら考えていたことは、次の二点である。

その一つは、児童相談所の方が言った〝私たちは、親子の関係を断ち切ろうと思っているのではありません〟ということである。つまり、〈子育ては、親子の関係の中で行われるものである〉ということである。もっと言えば、「子育ては、親がするもの」ということになろうか。これば、健康福祉課の方の「保健師の役割」の話でも同様だった。

でも、乳児や幼児を含む「子どもの虐待」は、親が子育てに迷い、子育てに負担を感じ、子育てを放棄することに起因している。そして、これらの累積の中で、子に愛情を感じなくなり、子の存在を疎ましくなっていく。つまり「二四時間・無限定の育児」に疲れた結果でもあるのだろう。だから、解決策を「上手な育児」「賢い育児」だけにおくのではなく、育児から離れる時間の確保も選択肢になっていいはずである。つまり、保育園等「育児を仕事にする組織体」に一定時間任せる発想があっていいと思う。当然、保育園に代表される「育児を仕事にする組織体」は、単なる預かり保育ではなく、子どもの成長・発達を基底にした専門機関でなければならない。教育の世界では「公教育」という思想があり、子どもたちの「学び」を地域・自治体（国）が保障している。同様に、子どもの成長・発達を社会が保障するという「公保育」が具体化されてもいい時代になっているのではないか。高齢者の介護は、一義的に家族に押し付けず、既に「介護保険」という形で社会化されているのだから……。

その二つは、各者の話が〝何時でも、遠慮なく相談に来て下さい〟というものだったが、各課のコマーシャルを聞いているようで、本気になって一緒に取り組んでいこうという「連帯」が感じられなかった。つまり、「守秘義務」の壁を「情報発信・情報公開」という形でどう突き抜けていくのかが、全く見えなかった。私の関わる民生委員にも、人権擁護委員にも「守秘義務」がある。学校や児童相談所にはそれぞれの立場での「守秘義務」がある。同様、市役所職員にも……。でも、この壁を壊して情報を共有し合わないと、真の「連帯」は決して生まれないと思うのだが。

《生き方考》その一五七

「下町ロケット」からのヒント

二〇一七・一・三

「下町ロケット」とは、TBS放送の企業ドラマである。大分前に、十何回かのシリーズになって、テレビで毎週放映されていた。それが、この一月二日・三日と、午前九時から午後二時半までの時間に放映された。二日間で都合一一時間である。それを、私は、二日間見続けた。一日目は、国産ロケットのエンジン部のバルブを佃製作所という中小企業が挑戦する話である。そして二日目は、人工心臓の人工弁に挑戦する話である。大企業との確執や、特許の問題、企業秘密と情報漏えい等がちりばめられていて、一一時間という長時間でも飽きない内容だった。

で、私は、このドラマを観ながら、時折〝「技術」ってなんだろう?〟、〝「技術」と「技能」の違いって、なんだろう?〟と考えていた。と言うのも、私が学生（五〇年近く昔）の頃、斎藤喜博さんらがしきりに「技術」と「技能」の違いを論じていたからである。「教育技術」という言葉が、教育工学や似非民間教育運動の中で、手前勝手に闊歩していたからだろうか……。

ともあれ、武谷三男さんや星野芳郎さん、川上武さんの本を読み漁ったが、在庫量が絶対的に不足していた私の脳では量質転化は起こらずよく分からなかった。脳裏の奥底に、〝「技術」と「技能」の違いって、何だろう?〟が、沈潜していっただけだった。

それから五〇年近く経った今、「下町ロケット」を観ながら、再び浮上したきたのである。つまり、脳での理解の論理と、身体での納得の論理の違いなのではないかと。

狂言の稽古をしていたずっと以前に、石田幸雄先生が私らに、〝狂言に「完璧」という言葉があるとするなら、万作先生はまだ八割位しか達成していない。私は、その半分の四割ほどしか到達していない……〟と言ったことがあった。また、「梶山組」を結成し、梶山さんの跡を追い始めたら、無意識の内に、梶山さんの身体行動と同じ行動を取る自分に気づかされた。そしてまた、子どもを前にし、保育士を前にすると、自分の身体行動に、斎藤喜博さんを感じるようになったことである。

私の勉強課題である「身体行動」は、呼吸やテンポ・リズム、ナンバや西洋流の動きのみならず、知識や理解、納得や了解、同調や同機を全て含む。言わば、相手との同調・同機を求めて〈身体の理解〉を起こした時、相手の身体「技術」が私の身体に伝播され、蘇生と再生を起こしてくるのだった。

「脳の理解（論理）」を超えた「身体の理解（論理）」に、教育の世界での「技術」があると気づかされたのである。

《生き方考》その一五八

「一〇年、ひと昔」とは言うけれど……

二〇一七・一一・二三

一月二〇日付の朝日新聞に、「生き直すため　少年院で受験指導」の見出しで、論説風の記事が載っていた。曰く、「新潟県長岡市の少年院「新潟少年院」が、国語や数学などの指導に力を入れている。目指すのは、高卒認定試験合格。法務省のモデル施設として、全国の少年院で初めて同試験向けの教科指導コースを設けた。もう一度、生き直させたい。講師たちの思いが成果を生む。」との記事内容である。本文中には、子どもたちの感想も書かれてあり、「授業に出ると、理解できるまで説明してもらえた。安心して失敗できた。わかる部分は『点』だったけど、どんどん繋がって『線』になっていった。お前は駄目だ、駄目だとずっと言われてきたけど、人より劣っているわけじゃない、と思えるようになった。」とある。今年度は、高卒認定試験を一九人が受け、一二人が全科目に合格したという。

私は、数学を教える講師が、群馬大学名誉教授で数学者の瀬山士郎さんと知り、この記事の内容が得心出来た。彼とは一面識もないが、数学教育協議会の会員であり、「数学教室」に度々投稿・提言していたからである。従来、法務省が関わる教育は「矯正教育」であり、学習指導をメインにした長野の桐分校（※『生き方考』一六参照）でさえ、精神修養・善導指導のための教科学習であった。でも、瀬山さんの数学指導は、その対極にある。子どもが納得し、了解・理解するまで、数学の論理で追究し続ける。だから、受講する子どもたちは、事実を問われ、真理を問われ、そうして数学の論理の世界に誘われていく。嘗て私は、その可能性を求めて、長野・松本市の教育委員会まで行ったのだが、文科省の教育行政にどっぷり浸かった松本市教育委員会には、無用の来客でしかなかった。

今、「人権」の勉強で、「子どもの貧困」関係の本を読んでいるが、相対的貧困や貧困の連鎖から抜け出す本道は、【教育の保障と充実】だと力説されている。つまり、「子どもの貧困」問題に取り組む識者は、〈家庭（親）の貧困が、学習環境・学習条件を著しく悪化させ、その生活の中で子どもたちは、必然的に学校での学習からはじき出されたり、自らドロップアウトしていく。当然、進学のための学力も身に着かず、低学力のままだけでなく、学習そのものに嫌悪感・無力感だけが固着していく。だから、そういった子どもが大人になっても、不安定で低賃金の仕事にしかつくことが出来ず、同じ生活スタイルを繰り返していくしかない。〉という。

この《教育が本道》という構造は、子どもの虐待問題でも、いじめや不登校問題でも、同型をなす。しかしながら、内容を吟味することなく、指導法のみを工夫改善しても、負の方向にしか進まない。このことに、法務省ではようやく気付きだしたのだった。しかしながら、文科省は相変わらず一顧だにせず、「天下り」に拘泥・狂奔している。

《生き方考》その一五九

佐藤忠良作「群馬の人」のこと

二〇一七・二・一〇

二〇世紀のロダンといわれた彫刻家・佐藤忠良さんの作品に「群馬の人」がある。私は、この作品名「群馬の人」の意味が分からず、ずっと気になっていた。作品は、ネットによると一九五二年に製作されたとあるから、私が五歳の頃の話である。そして、私が彫刻家・佐藤忠良さんを知るようになったのは、三〇歳前後の頃である。教科書に『おおきなかぶ』が載り、その挿絵が、絵本と同じく佐藤忠良さんの絵だったからである。また、同時期頃、宮城の民教連関係の教師たちが、宮城県出身の佐藤忠良さんの作品や文章を、教材に活用し始めたからであった。

佐藤忠良さんの彫塑の作風は、抽象作品や大胆にデフォルメした作品ではなく、リアリズムに徹し、具象の姿をとことん追求するものである。写真家・土門拳の写真と通じるものである。だから、具象でありながら、その中に対象の生き様や精神・思考がふつふつとたぎっている。巨人軍の王貞治選手が、ホームランの世界新記録を樹立した時に彫られた頭部像には、王選手の努力・苦労、生き方・信念等が見事に凝縮されていた。そんな佐藤忠良さんが、一農夫の彫像に、「群馬の人」という作品名をつけたのだが、私の能力・感受性には理解不能でしかなかった。

今回、ひょんなことから、〝ああ、そういうことだったのか……〟と、納得・了解出来た。つまり上州・群馬地方では、「分を弁えない人は嫌われ、時には排斥される」のであり、「自分の矜持・名誉・誇りのためには、依怙地になってでも主張し続ける」ということである。だから、常に自分の「分」を慮って行動し、相手にも「分」を求める風習があるのだった。多分、佐藤忠良さんは、出会った一介の農夫にさえその風習が貫徹されているのに驚き、気骨の尊大さに感じ入って、農夫の像を彫り、作品名を「群馬の人」と付けたのだろう。

尤も、「分」を弁え、則を超えないよう振る舞うことは、時として上下関係を固定し固着してしまう。そして、「分」をはみ出し行動する者は、秩序を乱す者として徹底的に干されていく。だから、そういった人間関係が肌に合わない者は、昔であれば、股旅のやくざに流れるしかなかった。両毛線・伊勢崎の手前が駒形（浪曲「駒形茂平」の題材地）であり、伊勢崎の次が国定（国定忠治の出生地）を車内アナウンスで聞き、改めてこの地の因業を思い知った。

翻って、斎藤喜博さんは、当時の「校長の分」を超えてしまったのだろう。だから、伊勢崎近郷のみならず群馬の校長会から干され、排斥されていったのではないだろうか。また、島小の教師たちは、群馬の教育界から抹殺され、パージされていったのではないだろうか。教員（公務員）は、犯罪を犯さない限り、辞めさせられることはない。でも、斎藤喜博さんの仕事ぶりと実績を思うほどに、「群馬」という地の気骨と風習が、私に迫ってくる。

《生き方考》その一六〇
「コンプライアンス委員」の選出

二〇一七・二・二〇

昨日の朝、仲間の大久保さんからメールがあり、〝相談したいことがあるので、伺っていいですか?〟と表示されてあった。それで、〝どうぞ。〟と返事をした。

我が家に来た大久保さんが語るには、〝年が明けたら、校内で「コンプライアンス委員」に選ばれたが、何をすればいいのかと思っているうちに、二・三日前に親から「相談員のA子さんが、年配のB男教諭に、いいようにされているみたい……」の情報が入ったが、どうしたらいいのだろうか〟というものだった。突然の「コンプライアンス（法令順守）」の話に、意味することが分からなかったので、〝何、それ?〟と訊き返すと、大久保さんは、冊子の資料を出しながら、経緯を説明し出したのだった。

一通り経緯を聞いて分かった事は、この一・二年の間に教員の不祥事〈未成年との淫行・児童ポルノの販売・飲酒運転・体罰等〉がたて続けに起こったため、業を煮やした県教委が、〈各学校に「コンプライアンス委員会」を起ち上げ、委員を選出し、不祥事防止に努めよ〉と通達を出し、県内各校の校長に、報告義務を課したというものだった。冊子になった資料を見せてもらうと、A四版で一〇枚ほどの分量に、法規〈例えば地方公務員としての「職務専念義務」や「法令順守」、「懲戒事項」等が関係法令の条文とともに説明されてある）や、報告義務の内容、調査アンケートの雛形、コンプライアンス委員の役割と仕事等が列記されてあった。要は、「学校職員に不祥事を起こさせないよう、不審情報に聞き耳を立て、不審情報を収集し、不審情報の内容に立ち入って未然に防止するように」というものである。

「教育」という仕事をしていると、誠意をもって精一杯取り組んでいても、事故や不幸を結果してしまうことがある。その時は、力及ばずして結果したのだから、被該当者に謝るしかない。また、法規に基づく処分があるなら、受けるしかない。それは「教育」を仕事とする者の宿命である。しかしながら、「教育」を隠れ蓑に、仕事を誤魔化し、嘘をつき、自己の利を優先させようとする者は、確信犯なのだから、情状酌量の余地はない。法に基づいて断罪するのみである。そんな事ことは、昔からあったし、ずっとあり続けている。何も今に始まった事ではない。だのに、何故流行りの「コンプライアンス」なのか。民間企業では、法を無視して利に走り、ハラスメントに走るから、国民を守り、労働者を守り、弱者を守るために「法令順守」が不可欠なのである。でも、「教育」の世界では、誠実と信頼が生命。それに逆行する施策だと何故気づかないのか。発想自体が「教育」を破壊していくのだと気づかぬまでに、麻痺している。やはり、ここまでくると、再度戦争に突っ走って、焼け野原になるしかないのだろうか。

《生き方考》その一六一

「教えて！」と「教えっから……」の関係性

二〇一七・二・二六

私は、学級担任時代、子どもたちが「教えて！」と「教えっから……」を気軽に言える学級づくりを目指してきた。そして、そのために、唐桑小学校や山下小学校では、極地方式のテキストを使ったり、算数の自作プリントで授業をしたりしてきた。また、公開研究会が目的化していた附属小学校では、教科書の教える単元の順序を替えたり、市販のワークを一切使わなかったり、音楽劇に半年や一年もかけて取り組んだりしてきた。私自身、明確に主張出来る程の理論や論理があったわけではないが、子どもたちの姿から、「何としてもそうしたい」と思い続けていたのだった。

話は変わるが、昨日の朝日新聞に、〈障害者が狙われて〉というタイトルで、東京大学・准教授の熊谷晋一郎さんと和光大学・名誉教授の最首悟さんの対談が載っていた。熊谷さんは、自身が脳性まひの障害で車いすの生活を送っており、薬物依存者を通しての「当事者研究」を行っている。また、最首悟さんは、東大全共闘・全共闘運動の理論的支柱だった人であり、ダウン症で言葉を話せない娘さんと一緒に暮らしている。その二人の対談は、現状認識において、納得させられる言葉の数々だった。中でも、最首さんの「日本語の〈人間〉という言葉は、その成り立ちに〈ひとのいる場所〉という意味を引きずっています。人と人との場所。つまり人間とは複数を帯びていて、お互いにここにいるよ、という意味です。」は、多様と共生の社会に通じるものとして、大いに示唆に富む言葉だった。

ただ、これからの社会を志向した時、最首さんは「〈自立して強くあれ〉ということから変えていかなければいけない。〈弱さの強さ〉を自覚する必要があります。そして、これを世界に発信しなければならない。」と述べ、熊谷さんは「社会が暴力を引き起こすという前提を共有し、障害の有無を超え、すべての人たちがたくさんの相手に頼れる社会にしていかなければならないと思います。」と述べている。LGBTのことを思えば、「多様」・「共生」は当然であるのだが、障害を抱えた人は実質弱者であり、それを一律に「多様」と括っていいのだろうか。理念的には可能なのだろうが……。それを、「ねばならない」の論理で押していくと、津久井やまゆり園での植松某を生んでしまう。つまり、【弱者に対する強者の温情】では、差別と格差を拡大し、再生産していくだけである。

そのことを考えているうちに思い出したのが、「教えて!」と「教えっから……」だった。気軽に「教えて!」と言う子は、友だちの誰彼から教えられることで、〝「分かる」とはこういうことか〟を実感していく。また、気軽に「教えっから……」と教えだす子は、「何が分からないのか」や「何故分からないのか」を知ることで、論理の共通性を自覚していくのである。ここには、対等・平等を基底にしながら、多様と共生の社会モデルがあったのだった。

《生き方考》その一六二

「戦争は、いやだ！」の思考

二〇一七・三・一四

「人権」を希求する思考・思想・生き方は、「多様」と「共生」を具体的に行動で示していく事でもある。

そのように、七〇歳の年を迎えて、ようやく思えるようになった。「多様」だから、［何でもあり］なのである。［何でもあり］だから、「共生」のためのルールが必要になる。また「共生」だから、［誰でもそこそこに生きる］なのである。［誰でもそこそこに生きる］には、当然［何でもあり］が了解し合えなければならない。つまり、「多様」と「共生」は、同義反復の関係になっている。そう考えると、とことん「多様」を認めない「共生」は怪しいし、とことん「共生」を起こさない「多様」は、眉唾ものになってくる。幼児であれ高齢者であれ、障害者であれLGBT者であれ、先住民であれ外国人であれ、【いること・存在すること】自体が有難いし尊いのである。

縁あって、「人権」を学び直し始めたが、どんどん深みにはまり込んでいくようで、心もとなくなってくる。ただ、「人権」を最大限蔑ろにしてきたものは、「戦争」であったことは、歴史が示している。だから、その対極にある象徴的なものが、世界人権宣言であり、日本国憲法なのだと納得・得心している。その「戦争」に、安倍晋三内閣が布石を打つように着実に向かっているし、時代の流れも、支持率五割以上の形で、容認している。そんな中で私は、「戦争は、いやだ！」と言い続け、〈三無主義―無理・無駄・無用なことはしない〉の形で、私なりの意思表示をしていきたいと思っている。

折しも、専修大学教授の大津幸一さんから「human being」と書かれた葉書が届いた。「human being」とは、「人間としての在り様」ということになるのだろうか。でも、この葉書をもらって、私の英語力の無さが再び頭を持ち上げてきた。〝何故、「be」でなくて、「being」なのか？〟と。私の受験学力からすれば、「ing」をつけて、名詞形にしたのだろう……と思えたが、「be」は現在の状態を表し、「being」は進行形だから、未来に続くことを含んでいるかも……と思った途端、「human being」の意味することに不安が広がったのだった。

ここから、私の連想が始まった。〝そう言えば、ビートルズの歌に「LET IT BE」というのが、あったなあ。あの歌詞の意味は「今のままでいいのよ」かしら。いや「今のままでいこうよ」なのかも。「今のままでいこうよ」の方が、ずっとカッコいいよなあ……〟と思ったりした。実際には、ＣＤの和訳を見ると、「思うままに・生きればいい」「なすがままに」「ありのままに」等と書かれてあった。ビートルズとは、今までずっと無縁だったが、七〇歳を目前にしてようやく私の思考回路と繋った。だから私は、「戦争反対！」ではなく、「戦争は、いやだ！」なのである。

監視社会と人権教育

《生き方考》その一六三

二〇一七・五・一

今日の河北新報の一面に、「揺らぐ内心の自由」のタイトルで、「共謀罪」法案の審議経過と併せて、一九四一年に旭川師範学校で起った「生活図画事件」が載っていた。この事件の模様は、記事に次のように記載されていた。

「北海道音更町に住む元小学校長松本五郎さん（九六）は一九四一年九月二〇日早朝、在学する旭川師範学校の寄宿舎に突然踏みこんできた特別高等警察（特高）に連行された。美術部長の松本さんが描いた「休憩時間」「レコードコンサート」。学生生活を描いた二枚を、特高は「批判精神を養っている」「国体を変革する志向だ」と決めつけた。容疑は治安維持法違反だった。否定しても刑事は聞く耳をもたない。「貴様は思想犯のチンピラだ」と顔を殴られ、資本論や共産主義関連本を突き付けて「これを読んで共産主義とは何かを書け」と強要された。「この場を逃れたい」との一心で松本さんが書いた作文も同法違反の証拠となった。四二年末に釈放され、その後懲役一年六月、執行猶予三年の判決が下った。松本さんを含め五人が逮捕された「生活図画事件」と呼ばれる。……「警察官、検事、裁判官は私たち若造が国体変革を狙っているとは本音では思っていなかったはず」と振り返る松本さん。「政府を批判したら危険だ、という意識を世間に周知徹底するための犠牲になった」　共産主義者の摘発を目的とした治安維持法を巡り、時の政府は適用対象を徐々に拡大した。内心に踏み込み、国策に従順な国民づくりに法律は利用された。」

私は、この「生活図画事件」については全く知らなかったが、「生活綴り方事件」については、身近なこととして知っている。宮城でも鈴木道太さん・佐々木正さん・宮崎典雄さんが逮捕されていたからだ。

話は変わるが、幼児保育専門学校での「人権教育」の授業で、日本国憲法の話から私の名前「憲夫」にちなんで、〝昭和二二年五月三日近くに生まれた子どもは、「憲一」「憲雄」「憲子」等と日本国憲法の「憲」を使った名前が多い〟と話したら、「日本国憲法の設立された年に生まれた人たちの名前に、「憲」の字のつくことが多いということになるほどと思う気持ちになり、また興味がわきました。」と授業の感想に書いた学生がいたが、彼女たちの生の感覚に触れた気がした。やはり、憲法の体現者を自認する者としては、憲法否定の言動には抗し、訴え続けていきたい。

それにしても、防犯カメラの設置により、事件の解決手段と引き換えに、いつの間にか私らの私生活が完全に記録されている。また、スノーデン報告によると、日本人の携帯電話情報が既に米国の国家機密機関に組み込まれていると言う。「共謀罪」云々以前に、私生活での個人情報が既に丸裸状態になっているようである。解決策は、戦争否定と連動させた、徹底した「情報公開」の道しかないと思える。

《生き方考》その一六四

チビチリガマの損壊事件

二〇一七・九・一九

九月一一日（月）～一六日（土）の間、沖縄の保育園・四園（あおぞら・あおぞら第二・勢理客・愛音こわん）に、「表現活動」の手入れに行ってきた。今回は、台風の通過と重なり、夜の職員研修は悉く流れてしまったが、日中の活動はそれなりにやれたので、まあまあのボランティア活動になった。

沖縄に行ってのボランティア活動の最中だったが、九月一四日（木）の地元新聞に、「読谷村のチビチリガマ（※沖縄戦で、住民が集団自決した自然壕）の展示物品が何者かに損壊される」という記事が載っていた。ガマが荒らされ、壊されるということは、三五年前に一度あったきりで、その後は一切なかったという。だから、誰がこんなことをしたのか、犯人を捜し出して、理由を知りたい……というのが、地域住民の声であった。記事の印象からは、右翼の仕業かもしれないという感じだったが、二日後には犯人検挙の記事が出た。すると、「捉えてみればわが子なり」の如く、損壊事件を起こした犯人は、地元の有職・無職の少年たちだった。年齢は一八〜一九歳の少年達なので、名前は出ていなかったが、大人たちの反応は、「今までの平和教育は何だったのか。でも、こんなことでは負けていられない。新たな平和教育を構築していきたい……」というものだった。

私は、沖縄の平和教育は、尊い活動だと思っている。親族の四人に一人が亡くなり、自らも戦場と化した沖縄の実体験を「戦争は嫌だ！」「沖縄を平和の島に！」と思想・行動化していることに、頭が下がる思いで連帯を感じる。

でも、ガマでの損壊事件を起こした少年達には、通じない活動だったのだろう。というより、学校での学びが、今を生き、そして明日を生きていく子どもたちには、人間としての成長・発達にならないものでしかなかったのではないか。ならないどころか、子どもたちを息苦しくさせ、子どもたちを鋳型にはめる様に子どもたちの身体や意欲・能力を同一化・固定化してきた結果ではないのだろうか。

一〇年前に沖縄・山内小学校に入った時、その兆候は、既に教育活動の随所に表れていた。文科省が主導する全国一斉学力テストの結果は、相変わらず最下位で低迷していたのだが……。それが、この一〇年で、最下位を脱出し、宮城をも抜き、全国の中位まで上がってきた。教育委員会の号令で、教員たちが「早寝・早起き・朝ごはん」のキャンペーンに乗り、反復練習の授業と、宿題・家庭学習の課題を連日出し続けたのだろう。でも、その体制に馴染まない子どもたちは、

「不成績」という形で授業に背を向け、学校体制に逆らってドロップアウトしていった。だから、沖縄戦を悲惨表示した看板や、平和表示の千羽鶴に我慢が出来なくなったのだろう。私には、そう思えてならないのだった。

二〇一七・九・二二

《生き方考》その一六五
「心のケア研修会」から

イオンシネマ石巻の七番劇場を貸し切って、「心のケア研修会」があった。主催は、「みやぎ心のケアセンター石巻地域センター」である。受講の対象者は「保健、保育、教育、養育に携わる者」（保健師・保育士・幼稚園教諭・小学校教諭・里親等）とあり、一六〇名ほどの参加者だったろうか。講師は、国立研究開発法人国立成育医療研究センターこころの診療部長・奥山真紀子氏である。私がこの講演会を知ったのは、石巻・人権擁護委員会の駐在当番だった時、机上の着出文書を見ていたら、「親子の愛着と子どもの心の発達」というチラシを見たからだった。幼児保育の専門学校に関わり出した手前、教養をつけねば……と思った次第。

奥山真紀子氏は、六〇代半ばだろうか。様々の知見・知識に満ち溢れて、ゆるぎない自信が感じられた。彼女の紹介欄には次のように書かれてあった。

「東京慈恵会医科大学卒業、同大学院博士課程修了。睡眠の研究で博士号取得。埼玉県立小児医療センター神経科委員を経て、一九八六年米国ボストンのタフツ大学附属病院小児精神科へ留学。留学中、ボストンカレッジにて、小児思春期カウンセリング学修士号取得。一九八九年帰国後、埼玉県立小児医療センターで精神保健を担当し医長、副部長を経て、二〇〇二年三月、国立成育医療センターこころの診療部長となり、現在に至る。専門は、小児精神保健、こども虐待、こどものトラウマなど。NPO法人埼玉子どもを虐待から守る会会長、日本小児学会理事、日本トラウマティックストレス学会会長等を歴任、現在は、日本子ども虐待防止学会理事長、日本小児精神神経学会常務理事、日本学術会議連携会員、厚生労働省厚生科学審議会専門委員、社会福祉法人子ども虐待防止センター理事等の役職を務めている。編著書は、（以下略）」

こういった肩書の奥山氏の講演は、それなりに面白かった。でも、私は何度も睡魔に襲われたのだった。その原因は様々の研究的知見を披歴し現状を分析しているのだが、そしてそれは、関係者に、多分に確信的な判断をもたらすものだったが、〈だから、どうなの？〉が見えてこないのだった。通常とは違う姿を平然と表す子どもに日々戸惑っている「現場の人」達にとっては、その原因が解明されることで、安心を生み出す。でも、不安は解消されても、子どもの成長・発達を方向づけるものは生まれてこない。医療・教育・福祉での、現場感覚に基づいた交流・交感のチームが必須なのである。彼女の講話には、それが見えなかった。だから、睡魔……なのだった。でも、唯一得をしたことは、講話から、やはり子どもの成長・発達には、それを誘発する優れた「教材・教具」が必須だと知った事である。

《生き方考》その一六六
新聞の「コラム」に透けて視える姿勢

二〇一七・一〇・一六

「カメジロー」の映画を観ながら眠ってしまった私としては、沖縄の人たちに石を投げつけられる気がしてしょうがないのだが……。

一〇月三日付の朝日新聞「天声人語」と、河北新報「河北春秋」のコラム記事に、期せずして沖縄のことが取り上げられていた。前日、沖縄県東村高江に、米軍のCH五三Eヘリコプターが不時着炎上して大破したのだから、当然と言えば当然のような気もするのだが。

ともあれ、このヘリコプターは、二〇〇四年に沖縄国際大学に墜落したのと同型機であり、しかもストロンチウム九〇という放射性物質を計器に使用していたという。思わず、劣化ウラン弾と同じ類かと疑ってしまった。沖縄国際大学に墜落した時には、一切ストロンチウム九〇の話は出なかった気がする。米軍はひた隠しに隠していたのか。日本側でも、そこまで思いが及ばなかったのか。あるいは、知ってはいても（沖縄の警察・消防署等は一切知らなかったろうし、防衛庁の一部専門家―兵器関係か放射線関係か―のみが知っていたのだろう）とぼけ続けたのか。今回は、米軍の検査員が、放射線量の計測器状のものを機体のそちこちにあてている映像がニュースで流れた。それで、ストロンチウム九〇の件が表に出た。回転翼の回転数を計測する計器の計測強化に使っているだけで人体には影響ないというのだが……。

で、「天声人語」と「河北春秋」のコラム記事は、次の通りである。

〈天声人語〉

「沖縄を支配した米国にとり、一九五〇年代に那覇市長を務めた瀬長亀次郎ほど目障りな人物はいなかった。投獄しても、市への資金を凍結しても、給水を止めても、屈しない。米軍布令で市長の座から追い出しても反米の旗を降ろさない。▼上映中の映画「米軍が最も恐れた男／その名はカメジロー」は波乱の生涯を描く。「大衆の心をつかむ名手。演説会の日は『今夜はカメジローがあるから』と住民が夕食を早めて繰り出したそうです」とTBSの佐古忠彦監督（五三）は話す▼炎の演説だった。島言葉を駆使して圧政を突く。政治的立場を異にする稲嶺恵一元知事（八三）も「高校時代に最前列で聴いた憧れの人。占領された民に、はけ口を与えてくれた」と映画で語る▼米政府文書の亀次郎評を監督に見せてもらった。「庶民的で豪快」「並みの共産主義者のような退屈な話はしない」。弾圧がかえって支持を高めたという反省も残る。「反米の殉教者にしてしまったのは米国自身だ」▼米兵による残虐な事件が続発した時期である。女児が相次ぎ襲われ、島民の土地が次々奪われた。亀次郎を憤らせた抑圧構造は変わらない。米兵の犯罪はやまず、一昨日は米軍ヘリがまたも民家近くで炎上した▼「民衆の憎しみに包囲された軍事基地の価値はゼロに等しい」。そんな言葉を残した亀次郎は一六年前に亡くなる。その思いは、本土で考える右・左の色分けにとらわれると到底理解できない。積怒の底にあるものをカメジローが教えてくれる。」

〈河北春秋〉

「映画「男はつらいよ　寅次郎ハイビスカスの花」（一九八〇年公開）で、寅さんは初めて沖縄を訪れた。心の友リリーが病に倒れ、空港からすぐに病院へ。バスは嘉手納基地前を通る。広大な敷地とフェンス、戦闘機の爆音。寅さんは座席でただ眠る▼山田洋次監督は演出で悩んだらしい。「寅に『広いね～』と言わせても……。ここは何も語らず、その現実を映像で見せようと思った」と、あるインタビューで話している。あれから三七年。あのバスには本土のわれわれも無言のまま載っていたかもしれないとふと思う▼またも米軍機の事故が起きた。沖縄県東村の牧草地で、普天間非行場所属の大型ヘリが炎上、大破した。現場は民家から約三〇〇〇m地点だった。同じ沖縄本島北部では昨年一二月、オスプレイが不時着したばかりである▼沖縄県の統計によると、米軍機の墜落事故は本土返還の七二年から昨年末まで四七件。年に一件以上のペースである。米軍三沢基地を抱え、F16の訓練飛行が行われる青森県内でさえ平成以降二件。沖縄県民は信じがたい環境の中にいる▼寅さんは映画でずっと眠っていたわけではない。人を語り、笑い、三線を聞きながらしみじみ言う。「ホントにいい所だね～」。危険と隣り合わせの生活に目をつむっていてはならない。」

私は、最初に朝日新聞の「天声人語」を読んだ。そして、映画の「カメジロー」のことをこのように書き綴られれば、〝居眠りする輩は、不謹慎の極めになるだろうなあ……〟と思った。そんな思いで、河北新報に目をやると「河北春秋」の欄に、沖縄のことが取り上げられているのに気が付いた。日頃はほとんど目にしない箇所だが、沖縄の字に引き寄せられ、読み始めた次第である。「河北春秋」の最後の一文「危険と隣合わせの生活に目をつむっていてはならない。」を読んだ時、そうだよなぁ……と思ったのだった。

で、考えてみた。「天声人語」では、気恥ずかしくなっただけなのに、「河北春秋」ではそうだよなあと思ったこととの違いは何なのだろうか。そうして気づいたことは、「天声人語」では、最後の一文が「憤怒の底にあるものをカメジローは教えてくれる」とある。このしたり顔での物知り気な、上から目線の態度は何なんだろうか。それに比して「目をつむってはならない」の方がはるかに朴訥で、実直・誠実ではないだろうか。沖縄との真の連帯は、東北の感覚なのではないのかと。「目をつむっていてはならない」なんて、〝何粋がってるんだ。勝手にやれよ！〟と言われそう。でも、東北人は実直・誠実に我が思いを出すと、こうなるのではないだろうか。私は東北人である。

《生き方考》その一六七

「大川小学校」異聞

二〇一七・一〇・一八

一〇月一五日～一六日と、一泊二日で蛇田民生委員協議会の研修旅行があった。実質慰安旅行みたいなものだが、それはそれでいいと思う。民生委員活動は、無報酬のボランティア活動だからである。ともあれ、同席したSさんから、大川小学校職員のその後を、それとなく聞くことが出来た。

Sさんの息子は、震災時に大川小学校の四年生の担任をしていた。まだ二〇代で、二校目経験として大川小学校に転任していたのだった。大川小学校の子どもの遺族が、石巻市を相手どって裁判を起こしたのは、震災後三年が経過してのことだったが、その時の教職員は完全に門外漢になっていた。それで、裁判が動き出してから、仲間の民生委員のGさんを通して、Sさんにそれとなく言ってもらったことがあった。〝教員のような公務員には、「公務災害」という補償制度があるけど、それは遺族が申請する形になっているので、考えてみたら……〟と。当時、Sさんは、息子が担任していた四年生の子どもの家を回って、お詫びし続けていた。それで、〝「公務災害」の申請をしたら……〟とは、とても言えなかった。でも、事の筋は、校務中に職責を果たそうとして命を落としたものである。息子が受け持った子どもたちが、死を結果したのだから、親として何かしたいという心情はよく分かるが、それと勤務中の「公務災害」は別のことである。以前に、〝早々と、二〇〇〇万円ばかりの退職金を寄こされて、それでお仕舞なのよ。老後は、息子に助けてもらいながら一緒に暮らそうと思っていたのに！〟と、怒りを吐き捨てるようにして聞かされたことがあった。それで、いつか「公務災害」の申請を話そうと思っていた。その後、Gさんから〝言ったけど、駄目だった……〟と聞かされ、そのままになっていたのだった。

隣に座っていたSさんに、〝聞きにくいんだけど、「公務災害」で何かあった？〟と聞いてみた。すると、〝うん、申請したら通って、年金なんかが付くようになったの……〟と言ってきた。それで〝すると、先生方、皆さんが受けられたの？〟と再度尋ねたら、〝ううん、一人だけ申請しなかった。死んだ者は帰って来ないって……〟と言い、更に〝それが変なのよね、最初は、危険な業務をしている人しか駄目だった言っていたのに。それが申請したら通るってなったのだから……〟と言うのだった。何故生き残った校長は、申請に奔走しなかったのか。誰かが圧力をかけたから申請の道が開けたのだろうが、それは誰なのか。何故県の行政は、受け入れることにしたのか。何故一審の結果に村井知事と亀山市長は、三日と置かずに再審請求に走ったのか。等々、疑問は次々と湧いてきたが、Sさんが「公務災害」を申請し、通ったことを知っただけで、私には十分だった。少しばかりにこにこして、話してくれたからである。

《生き方考》その一六八

野呂正さんのこと

二〇一八・一・一一

野呂正さんの研究遺稿集『津軽の土に還る　～野呂正のあしあと～』を、ようやく読み終えた。奥様の野呂アイさんから送られてきたのが、昨年一一月。沖縄に出かける少し前である。三七〇頁余りの大冊だったので、帰ってきてから読もうと、そのままにしていたのだった。

野呂正さんが亡くなったのは、二〇一五年九月である。新聞に死亡広告が載っていたので、その時は、〝野呂先生は、亡くなったのか……〟と思っただけだった。ところが、昨年一〇月の河北新報に、「七〇年前の教材〈憲法〉に学ぶ」のタイトルで、野呂アイさんが『あたらしい憲法のはなし』（文部省発行・教科書）を素材にして、改憲の動きに警告を発する講演を行ったことが載っていた。野呂アイさんとは一面識も無かったが、もしかすると野呂正さんの奥様かもしれないと思い、「私の名前は、憲夫です。日本国憲法を体現するようにと、親がつけたものです。」の手紙を出したのだった。すると、奥様から『津軽の土に……』の研究遺稿集が送られてきた。

私と野呂正先生の関係は、大学一年生時に受けた「児童心理」の講義でしかない。しかも、講義の内容は一切記憶になく、単位を取得したかどうかも定かでない。ただ、強烈に覚えているのは、ただ一点。六月の日曜日の午前中に、西多賀にあった借家に突撃訪問したことである。事前の連絡も何もせず（※当時の私には、事前に連絡を取って、了解をもらうという常識が無かった）に訪問したのだったが、玄関で鉢花に水をかけていた野呂先生は、突然の訪問にびっくりしたものの、私が宮教大の一年生だと知ると、快く家に上げてくれたのだった。

そこで私が話したのは、現在の自分の心境だった。宮教大の中学校課程・数学科に入学したものの、どの講義にも魅力を感じず、特に数学に関しては、吐き気がするほど嫌いになってしまった。唯一サークルだけが新鮮で、夕方大学に来て、朝方家に帰る生活である……と。そして、野呂先生に、〝私は、これから何をしたらいいでしょうか？〟と尋ねたのだった。すると、私の話をじっと聞いていた野呂先生は、静かにでも明確に、〝自分で考えなさい！〟と言ったのだった。もしかすると、「こんなバカな学生は、相手にしてられない」と思ったのかもしれない。あるいは、「さっさと帰した方がいい」と思ったのかもしれない。でも、この言葉は、私に妙に腑に落ちたのだった。「そうか。自分で考えるのか……。」と。それまでの一八年間は、一度も〈自分で考える〉という自覚がなかったことに、気づかされたからである。

この時から、私の『生き方考』が始まった。その意味で、私にとって野呂正さんは、分かれ道のお地蔵様だった。

《生き方考》その一六九

「四〇而不惑」のこと

二〇一八・一・一四

論語に「四〇にして惑わず」という語句が出てくる。私は、これを「四〇の歳にもなったなら、フラフラとあれこれ迷わず、自分の思う道を定めなければならない」と捉え、他人にもそう言ってきた。でも、『変調「日本の古典」講義　身体で読む伝統・教養・知性』（内田樹・安田登対談　祥伝社刊）を読んでいたら、孔子は「惑」ではなく、「或」の字を使っていたはず……と書かれてあった。その論拠に、「惑う」の字の「心」は、この時代（孔子の時代―紀元前五〇〇年頃）には、まだ「心」という字が存在しなかったという。「心」が存在しなかったのだから、当然「惑」の文字も存在しない。漢字の元である甲骨文字には「或」は既に存在していたのだが……とのこと。安田登氏によると、孔子の死後、儒教の形で様式化され、社会の秩序維持や、人としての生き方（道徳律）が格言的に用いられるようになっていく中で、「或」が「惑」に変えられていったのだという。

では、孔子が用いた「或」とは、どんなことを意味したのか。これも安田氏によれば、「或」の字は「戈（ほこ）で地面を区切る」ことを表し、「不或」とは自分を「区切らず」、つまり自分を制限しないという意味になると言うのである。すると、「不或」は「惑わず」ではなく、「分ったつもりになって、自分の道を定めてしまうことではなく、新たな道を切り拓いていくこと」となる。孔子の元々の論語は、全く正反対のことを意味していたらしい。

これを読んで、私は、実に得心いったのだった。梶山正人さんが、日本を離れ、イタリア・ローマの地に「ベルカント」を求めて、旅立ったのは四〇の時である。私も、狂言の世界を知りたくて、石田先生に教えを乞うことにしたのは、やはり四〇の時だった。私の脳裏には「四〇にして惑わず」があったが、〝私は、理解能力や発育・発達が他人より遅れているから、惑ってもしようがない。惑わずの姿勢よりも、知りたい欲求・興味を大事にしたい。なによりも、先輩教師の梶山正人さんが、やって見せたのだから……〟と思ったものだった。

でも、「不惑」を「区切りをつけず、新たなことに挑戦する」と捉えると、「五〇にして天命を知る」も、「六〇にして耳順がう」も、「七〇にして心の欲する所に従がって、矩を踰えず」も、我が身体行動と合一してくる。校長になった五〇の時、〈学校づくり〉の覚悟が出来たし、六〇の定年の頃は、周囲（相手）の話を素直に聞けるようになったし、

七〇の今は、回りの動きがどうあろうと〈無理をせず〉〈やれる範囲で〉、でも〈死ぬまで生き続けたい〉と思うようになった。

孔子は、聖人君子ではなく、行基や空海のように、旅して歩く遊行の徒だったらしい。改めてすごい人だと思う。。

《生き方考》その一七〇

「和太鼓に魅かれる」のこと

二〇一八・一・二〇

学校で、流行物のように和太鼓に取り組むようになってから二〇年以上になろうか。私自身も、若い頃からわらび座やほうねん座の太鼓に魅かれていたし、近くは渡波獅子風流の太鼓に心躍らされている。二〜三〇〇年と続いている伝統芸能の太鼓ならば、時代を超えて聞く人に躍動感や高揚感を引き起こすので納得できるが、今流の創作太鼓になると、不謹慎な邪念が湧いてきて、なかなか馴染めないでいた。

今回、『変調「日本の古典」講義　身体で読む伝統・教養・知性』（内田樹・安田登対談　祥伝社刊）を読んで、太鼓の創り出すリズム、というより振動が身体に共振を起こし、同期・同調して異常な興奮状態を引き起こし、時にはこの振動が失神に至ることを知り、得心がいった。和太鼓による共振状態は、心地よいのである。

これは、「笑い」でもそうだと言う。「笑うことでまず身体に表れるのは強い振動ですけど、あれは一度振動し始めると簡単に止めることができない。それを自分で始めたり、止めたり制御するというのは、だからかなり高度な身体運用なんだと思います」とは内田氏の説だが、あおぞら保育園に関わって、つくづくそうだと思う。三歳児の子どもたちと初対面の頃は、私の話や動作が面白いと、子どもたちは笑い出すが、その笑いがなかなか止まらない。子どもたちを落ち着かせようとしばし無音状態にしてリラックスさせるが、私が話し出すと、もうそれだけで反応し、再び笑い出すのである。しかも、一人が笑い出すとそれに共振するかのように次々と笑い出すのであった。そうなると、もう駄目である。別の話題に切り替えたり、深呼吸をさせたり、ついには怒ったり、睨みつけたりする他ない。それでも駄目なときは、「はい。今日は、これでおしまい！」となる。この状態が、勢理客保育園では、四〜五歳児にもあったし、石巻ひがし保育園では、年長組の後半まで続いた。子どもたちの自己コントロール能力（自律と自立）がまだ十分に育っていないとは思っていたのだが……。

音楽が創り出すリズム・メロディ・ハーモニィを「振動」と捉えると、流行最先端の音楽会場で、観客の失神騒ぎが起こるのも、納得出来る。会場でライブ音楽に触れることで、自身の身体が共振体となり、過剰な振動状態が失神を引き起こすのだろう。多分、巫女の憑依状態も同様なのだろう。

神代の昔の音楽は、歌ったり、鳴り物を鳴らしたり、身体動作起こすことで、次々と周囲に共振状態を創り出したのではないかと言う。『古事記』でのアメノウズメノミコトが天の岩戸を開いて天照大神を引き出したのも、舞踊によって巻き起こった笑いだった。そうして、対談者の両人は、古典芸術の能はまさに「共振芸術」だと言うのだった。

《生き方考》その一七一

「組織者」の責任・「組織の長」としての責任

二〇一八・一・二五

私は、「管理」と「運営」を分けて考えるような思考は出来ない。一つの組織が体を為して動き出した時、常に運営と管理は表裏のものとして進んでいくからだ。特に組織の責任者、つまり階層ごとのまとめ役（長）になる者ほど、その自覚がなければ、組織内は勝手に動きだし、自己主張のぶつかり合いから四分五裂していき、組織は分裂し壊滅してしまう。中身のない組織ならば、当然の帰結だろう。ここには、仕事（研究・教育・生産etc）を通した「誠実さ」と、【上の者が責任を取る】姿勢が常に求められる所以がある。ただ、仕事に対する意欲と情熱や、仕事の内実が創造と発展を生みだすものであっても、自己規律に乏しい、つまり「脇の甘い」仕事の仕方をすると、思わぬ形でこけたり、足をすくわれ、自滅・自壊してしまう。

一月二三日付新聞に、「京大・iPS研で論文不正」の記事が載った。記事によると、iPS細胞研究所の助教授（三六歳）が、昨年二月に米科学誌『ステム・セル・リポーツ』に掲載した論文にねつ造と改ざんがあったという。それに伴い、研究所の山中伸弥所長は、「非常に強い後悔、反省をしている」として「所長職の辞職も検討している」と記事に書かれてあった。

山中伸弥さんの発見や研究業績は、今を生きる人間全てに夢と希望、そして可能性をもたらした。また、ＮＨＫの人体シリーズでは、養老孟司さんの後を受けて、分かり易く親しみ易いガイド役を務めている。私自身、放送を通じて、誠実で謙虚なそれでて好奇心や研究心旺盛な人柄に触れ、一気にファンになった。

でも、組織を束ねる、組織を一体化する、そして組織を機能させていくには、職階が上の者（グループの責任者）ほど、職階内の人心・行動・資質を掌握し、組織の方向性を一体化し機能化していく職能が求められる。当然、時には、強く拒絶や否定することもあるかもしれない。それでも、組織が一体化していくとするならば、その後にどれだけ「納得と了解」を創り出せるかによる。

一つの組織を創る（運営する）、一つの組織を束ねる（管理する）とは、そういうことであろう。相手と私が、そして組織内のお互い同士が、論理で理解し合い感覚で共有しあうには、日々の仕事の中で「決断」と「決定」を組織の「長」に委ねると同時に、ミスや失敗をした時には、「長」に責任を取ってもらうしかないだろう。

大川小学校の裁判が結審し、四月二三日に判決が出る。通常国会が始まり、国税庁長官の罷免が議論される。沖縄では、米軍ヘリの整備不良による不時着が相次いでいる。まさに組織の体や「長」の責任が問われている。

《生き方考》その一七二

貴乃花親方の相撲協会理事落選

二〇一八・二・四

もう二五～六年も前のことになるだろうか。貴乃花（※当時、貴花田）が女優の宮沢りえとの婚約を発表し、テレビで記者会見をしたことがあった。会見席に二人が手を繋いで登場し、宮沢りえの指には婚約指輪が光っていた。時期を同じくして、皇太子の浩宮が、外交官通訳として活躍していた小和田雅子さんに結婚を申し込み、受諾されたことが報道された。この貴乃花と皇太子の婚約成立に、日本中が新鮮さと驚きで湧き立ち、来るべき二一世紀に、新たな希望と新鮮な世界を感じたものだった。

しかしながら、その後の二人は、「常識」という時代の波に飲み込まれ、翻弄され続けていく。貴乃花は周囲の「常識」を受け入れる形で婚約を破棄し、何事も無かったかのように横綱目指して、ひたすら努力・精進する世界に閉じこもっていった。数年後、年上の女子アナと結婚し、ささやかな愛嬌と幸せをようやく表に出したのだった。また、皇太子と結婚した雅子さんは、外務省で培った能力・技量を発揮していくことが出来ず、宮内庁や為政者の「常識」に潰れ、心を病んでしまったのだった。二人の婚約は、二一世紀の幕開けにふさわしい「露払い」にはならなかった。「常識」という時代の重しに屈してしまったのである。

今回、巡業先で、手塩にかけた一門弟子・貴乃岩が、カラオケ・バーで横綱・日馬富士からリモコンで殴られ、頭部に裂傷を負うという傷害事件に巻き込まれた。それで、「これは、放っておけない!」と、巡業先の鳥取県警に「傷害事件」として届け出たのだった。でも、その後の相撲協会との対応に、ぎくしゃくしていく。一切口をつぐみ、マスコミのみならず、相撲協会の理事連中とも顔を合わせなくなる。マスコミは恰好の報道材料と、連日テレビのワイドショーで取り上げられ様々の憶測が流れた。唯一、臨時理事会で貴乃花親方の弁明書が出されたが、一方的な言い分の「私信」として、取り扱われることはなかった。しかも、貴乃花親方の対応・態度に対する処分として、理事の解任となったのだった。しかし、一月末の理事改選期に合わせて、貴乃花親方は、再度理事候補として立候補した。

投票の結果は、貴乃花親方の落選となった。得票数は二票。九~一〇票を獲得しないと、理事には選出されないのだが、一門から阿武松親方も立候補し、理事一〇名の中に入ったので、一応貴乃花一門の首は何とか繋がったのだが……。

貴乃花親方の落選は、相撲協会の「常識」に弾かれたことを意味する。そのことは、投票前から十分予想されたのだが、貴乃花親方は、承知の上で果敢に挑戦したのである。自分以外の他の親方が一票を投じた意味は大きい。深く沈潜する中で、一回りも二回りも大きくなって、再度相撲界に君臨していくのを期待したい。

《生き方考》その一七三

『おらおらでひとりいぐも』所感

二〇一八・二・七

『おらおらでひとりいぐも』は、第一五八回芥川賞・第五四回文藝賞を受賞した新人作家、若竹千佐子さん（六四歳）の小説（河出書房新社刊）名である。我が家の茶の間に置いてあったので、借用して二日で読み終えた。小説の世界に引き込まれ、夢中で読み終えたという訳ではなかったが、文体の心地よさを楽しむ形で読み終えた。以下は、読み進む時々で、脳裏に沸き上がった所感である。

読んでいて、一番に思ったのは「方言は、オノマトペである」ということだった。「オノマトペ（ラテン語→フランス語）」とは、「さらさら」や「きらきら」といった擬態語・擬声語の総称であるが、東北弁ふんだんの文章に触れ、宮沢賢治の「あめゆじゅとてきてけんじゃ」（永訣の朝）や「dah - dah - dah - dah - dah - sko - dah - dah」（原体剣舞連）が思い出され、〝方言って、オノマトペなのか……〟と思った次第。「言葉」は意味を持ち、内容を伝えるものとして活用する。だから共通語の「標準語」が幅を利かす。でも、土着語である方言は、意味内容以上に、雰囲気や生活、相手との同調・同期を引き起こす。だから、方言多用の、というより方言丸出しの本作品は、同じ東北人として、心地よくなるのだった。

文中には、宮沢賢治作の虔十が出てくる。「純粋・純真」の典型としてだ。多分、前述の「方言＝オノマトペ」の感覚も、宮沢賢治に由来するのではないだろうか。「イーハトーボ（岩手の理想郷――賢治の造語）」の語は一言も出てこないが、岩手県人の心意気が宮澤賢治とダブって感じられるのは、私の一人読みか……。淋しさあまりの人恋しさに、ごんぎつねが出てきたのには、思わず笑ってしまった。若竹千佐子さんは、民話のふるさととも言える遠野の出らしいが、愛知地方の新見南吉と通じ合うとは、面白い交流・交感である。

また、若竹千佐子さんは、「左利き」のようである。主人公の桃子さんに託して、「左利き」矯正の話が出てくるが、私との年齢差が六歳離れていても、仙台と遠野の地域差を考えれば、私と同時代・同世代の人であろう。だから、女性の「左利き」は、こんな思考・発想・行動をするのか……と、その一典型をみる思いだった。私と同様、なかなか納得いかないし、頭の中でぐちゃぐちゃとあれこれ思い巡らし、結論に時間がかかる。周囲からすると、〝何変な事考えているの！〟、〝なんでこんなこと、すぐ出来ないの？〟等々と思われるが、自身が納得・了解出来ないのだから仕方がない。それでて、なかなか合わせようとしないし、合わせられない。男の「左利き」の典型は、養老孟司さん。最近では、貴乃花である。私の思考・発想・行動が同調して、心持ちが妙に納得出来る。若竹さんも同じだった。

《生き方考》その一七四

ジェノサイド

二〇一八・二・二二

「ジェノサイド」とは、集団による多集団の大量虐殺・抹殺のことである。社会学小辞典（有斐閣）に拠れば、

一九四八年一二月、国連の条約書に採択された定義では「国民的・民族的・宗教的集団を全体的に、あるいは部分的に滅ぼす意図を持って犯される行動」と規定されている。カート、チャック、ファインたちは、この定義が政治集団や社会集団を除外している点で不満足なものだとし、次のように規定し直している。「ジェノサイドとは、国家あるいはその他の権威が、ある集団―すなわち加害者によりその集団あるいはその成員と定義された集団―を絶滅することを意図する一方的な大量殺害の一形態である」。ジェノサイドの典型的な例は、第二次大戦中、ナチスがユダヤ人に対して犯した大量殺害（holocaust）である。ナチスほど規模の大きなものではないが、歴史的には同様の大量殺戮があちこちで行われた。

と記載されている。定義云々は今の私にはどうでもよいのだが、ヒトの「性（さが）」として、神代の昔から、と言うよりも生物進化の歴史の中で、脈脈と引き継がれ、時には増幅・拡大・変化する形で有り続けるもののようである。

今回、『第三のチンパンジー』（ジャレッド・ダイアモンド著　秋山勝訳　草思社刊）を読んで、その感を一層深くした。この本は、「人間という動物の進化と未来」をテーマにしている。養老孟司さんとはまた違った形で、博学・博識ぶりを発揮し、「ヒト」という種が進化の中で、如何に勝ち残り戦略を見い出してきたのかを俯瞰させている。その中で攻撃性の表れとしてジェノサイドも語られている。例えば、身近な例（※地球の歴史からすれば、ヒトの人類史は一コマであり、ましてや人間の有史など、瞬きの一瞬にもならないのだが）として、一六四二年のタスマニア島（※オーストリアから南東二四〇キロ離れた島で、アイルランド程の大きさの山がちの島）発見を上げている。ヨーロッパ人（ポルトガル人かスペイン人、あるいはイギリス人？）がタスマニア島に初めて上陸した時、島には五〇〇〇人程の狩猟採集民が住んでいた。タスマニア人は、オーストリアのアボリジニの近縁に当たる。しかし、石と木の数種の素朴な道具しか持たず、犬や網や裁縫も存在しなかった。海を渡る術も知らず、一万年前の海面上昇からは、自分たち以外の人間との接触は一切なく暮らしてきたのだった。それが、一六四二年を境に、白人入植者に追いやられ、離島を余儀なくされて、一八七六年にトカニニという最後の女性が亡くなって、ついにタスマニア人は全滅したのだという。同様な例にアメリカインディアン・ヤヒ族のイシを上げている。イシの死でヤヒ族は一九一六年に消滅した。

チンパンジーの攻撃性とボノボの親和性。人間の引き起こすジェノサイドは、揚棄できるのか。大問題である。

《生き方考》その一七五
裁量労働制と「教育の論理」

二〇一八・二・二八

本日の朝日新聞に、「教員の残業抑制へ　給与の仕組み議論　自民」の記事が載っていた。自民党が、党内で改善方法の議論を始めたのは、〝教員の長時間労働は、給与に関する法律が一因になっている〟ということらしい。一九六六年当時、教員の残業時間は「月八時間」ほどだったのが、二〇一六年には小学校教諭の約三割、中学校教諭の約六割が「月八〇時間」の過労死ラインに達していた。多分、非常勤講師や初任層教諭を丁寧に調べれば、事態はもっと深刻なはず……。ともあれ、教員の過労死問題が政権担当政治家の俎上に乗ったのはいいことなのだろうが、どうも、金を掛けずに事を収めようとする姿勢が見え隠れする。と言うより、教育の本質に迫る議論をする気は無いようだ。

給与に関する法律とは、「教育公務員特例法」に基づく「義務教育諸学校の教員の給与に関する条例」のことである。具体的に言えば、「四％の上積み調整額」のことである。一九七二年に成立した。四％の上積みをすることで、「残業」を教師の仕事から外したのだが、無制限に勤務内容（仕事量）が増えていってはならないと、四つの歯止め項目が設けられた。「八時間労働」の場合の勤務時間を延長していいのは、①生徒の実習　②学校行事　③職員会議　④非常災害　の場合に限られていたのである。しかし、この項の前文に「勤務を命じない」と記載されていた。つまり、八時間以上の時間外勤務を命じられるのは四項目に限られるが、「教員が、勝手に（自主的に）時間外勤務を行うのは、預かり知らぬこと」だと言明していたのだった。

私が新任教員時代には、職員会議が勤務時間の五時を過ぎそうになると、司会が、〝皆さん、職員会議を延長していいですか〟といちいち図っていた。それが二〇年後の教頭時代になると、〝調整額を貰っているんだから、もっと働いてもらわないと……〟とうそぶく校長がそちこちに現れだした。そして、数年後の校長時代になると、職員の皆が残っている中で「五時に退勤する」ことがささやかな意思表示になっていったのである。でも、大方の校長連中は、「五時退勤」を校長特権と思い、職員の勤務状況など一顧だにしなかった。

教師の仕事は、子どもの内実を保障していく事である。当然、不断の研修・研鑽が必須であり、教師自身の内実の解放や深化が不可欠である。だから、私は、時間外での「サークル活動」を求めて奔走したのだった。研修・研鑽、解放・深化は、自ら求めるものでない限り、義理・義務にしかならないし、ストレスと過労を引き起こすものでしかない。職場の職員が、生き生きと仕事に励んでいる、あるいは、生きがいと遣りがいを感じて仕事に熱中している。それを見抜けず、創り出せないまま、時代は、教師から自由と自主を奪い、過労と卑屈の世界に押し込んだのだった。

《生き方考》その一七六
今は昔の「信頼される教職員」

二〇一八・五・九

「大川小学校・裁判」の第二審判決が出て、石巻市の亀山市長は上告の判断を示した。そして、昨日の石巻市議会の臨時議会で、上告賛成の判断がなされた。賛成一六・反対一二という票であった。石巻市民が、選挙という形で選んだ市長・議員の判断結果なのだから、石巻市民の過半は、同様の判断なのだろう。裁判に訴えた親の心情を思うと、言葉を失うのだが、〝めげずに、頑張り続けてほしい……〟と、願うばかりである。

哲学者で、宮城教育大学の学長だった林竹二さんが「学校は、水俣の海と化した」と言ったのは、一九八〇年代の半ばだったろうか。いじめやシカト（集団排除）によって、中学生や小学生の自殺が相次いだことを、林竹二さんは右述のように表現したのだが、その自殺に、教師も加担していたことが背景にあった。つまり、自らの命を絶っていった子どもたちは、学校との信頼関係に絶望し、親への期待に応えられなくなって、最後の一線を超えたのだった。

その後、文部省（現文部科学省）は、免罪符のように、いじめの全国調査をしたり、大臣が「命を大切にしましょう」と呼びかけたりしたが、三〇年以上も経った現在でも、いじめによる自殺が多発しているし、不登校の子どもたちが増大していることを考えると、学校や教育に対する信頼（親と教師、教師同士、教師と子ども、子ども同士の信頼関係）が依然として「喪失状態」にあると断じざるを得ない。

で、今回の「大川小学校・裁判」の第二審判決は、大川小学校の遺族となった親が、学校や教育に対して、信頼を回復する大きな一歩になれると、私は感得した。この判決を機に、学校（校長）が、責任者としての非力と不備を謝罪し、設置責任者である石巻市（市長）が行政支援の不足と不的確対応を謝罪し、宮城県（知事）が旧態然とした一面的な教員人事行政を謝罪したならば、大川小学校の遺族の親だけでなく、石巻市や宮城県の保護者は、学校を見直し、教育を見直し、新たに信頼関係を構築し出していくに違いないと思ったのだった。

教育は、子どもの成長・発達を企図的に保障していく営みである。それの具体的存在が「学校」ではないか。この企図的保障は、授業や様々の教育活動で具体化され具現化されていく。その時、子どもの実態・能力・希望・可能性等とそぐわない形で対処してしまうことがある。教師は、その非や否に気づいたならば、率直且つ素直に子どもや親に詫びて、子どもや親に納得・了解してもらうしかない。それが「信頼関係」を再構築する唯一の道だからである。

私が教頭試験を受ける頃、宮城県には「信頼される教職員」が教育指標にあった。論文を書きながら、先人達の知恵と苦労を感じたものだが、いつの間にか消え去った。宮城の教育には「信頼」よりも大事なものがあるらしい。

《生き方考》その一七七

「日大は、ちっとも変わっていなかった」ようだ

二〇一八・五・二三

生きている　生きている　生きている
バリケードという腹の中で
生きている
毎日自主講座という栄養をとり
〝友と語る〟という清涼飲料剤を飲み
毎日精力的に生きている
生きている　生きている　生きている
つい昨日まで　悪魔に支配され
栄養を奪われていたが
今日飲んだ〝解放〟というアンプルで
今はもう　完全に生き変わった
そして今　バリケードの腹の中で
生きている

生きている　生きている　生きている
今や青春の中に生きている

この詩は、『叛逆のバリケード　――日大闘争の記録――』（日大理学部闘争委員会書記局編　三一書房刊　一九六九・一・三一）の冒頭に掲げられた詩である。時代は、全国五〇〇以上の大学で、全共闘によるバリケード封鎖が行われていた。私の学んでいた宮城教育大学でも、全共闘を名乗る学生がバリケード封鎖をしたが、封鎖の経緯はちょっと違っていた。

東北大の学生が「連帯」と称して宮教大に入ってきて、宮教大の学生をアジって、バリケード封鎖をさせてしまったのである。しかも、ちょっと違った二つ目は、林竹二学長と差しで話し合い、バリケードを自主解除したことである。

当時の私は、ひたすら「小学校の教師になり、何れ校長になろう」と思っていたので、ヘルメットは一度も被らなかった。でも、各大学での全共闘の動きや主張には関心があった。ただ東大や京大の全共闘には、我が思考回路がついていかず、「そうですか」と思う程度だった。

ところが、秋田明大氏を議長とする日大全共闘が立ちあがった時には、違っていた。当時の日大は、学生数・十万人と言われ、マンモス大学・大衆大学として、大量の従順な学生を世に送りだしていたのだった。

そんな日大に不正が発覚し、学生が我が身のあり様を問い直して立ち上がったのである。当時の日大生は、学生運動も、セクトの活動も、労働歌も革命歌も一切知らなかった。それで、不正に怒った学生が一緒に歌った曲は、日大の学生歌だったという。

話は五〇年も飛ぶが、昨日、日大のアメフト部の学生が、謝罪会見を開いた。監督の指示で、対戦相手の関学大の選手に、後ろからタックルを掛けて怪我をさせたことへの謝罪会見だった。いくら監督の指示とは言え、ボールを持たない無防備の選手にタックルとは、反則以前の危険行為である。その行為での謝罪だったが、監督や大学は、曖昧のままにして、逃げようとしている。ここには、間違ったら謝るという「教育の論理」は相変わらず無いのだった。

Ⅱ

「スカ・ラップブック」から

新聞記事や雑誌・単行本等を読んでいると、研究者やジャーナリストの主張に異を感じることがある。それで、身の程を忘れて手紙を出すのだが、案の定、返事は梨の礫である。そんな手紙が、私の「スカラップブック」に溜まってきた。以下は、それらの幾つかである。

○朝日新聞「プロメテウスの罠」担当者様

「プロメテウスの罠」を毎回、心して読んでいる一読者です。

私は、四年前に、宮城県の女川町にある女川第一小学校を校長として定年退職した者です。校長職では、仙台市立荒浜小学校、旧鳴瀬町立野蒜小学校、石巻市立渡波小学校、女川町立女川第一小学校と四校ほど勤めました。でも、どの学校でも、《学校の管理下で、子どもが死ぬようなことが起こったら、校長として生きてはおれない》という覚悟で仕事にあたってきました。幸いなことに、そういった事件・事故に巻き込まれることはありませんでしたので、無事三七年間の教職を勤め上げ、定年退職を迎えることが出来ました。

ただ、正直、最後の女川第一小学校の二年間は、本気で死ぬ覚悟をしながら校長職を務めてきました。女川町には東北電力の「女川原発」があったからです。

私は、原発反対者でも、原発推進者でもありません。しかも、女川町民でもありません。どこにでもいる隣接石巻市の一市民です。「女川原発」に関しては、隣接市でありながら、殆どが他人事で過ごしてきました。というより、時折新聞記事に載る情報以外は、東北電力のみならず、一切の公的機関から気になる情報は何も知らされてこなかったのです。

四〇年以上も前に、女川原発を設置・稼動した時、大変な反対闘争があったことは、記憶に残っています。しかしながら、女川原発が現実に稼動し出し、三年・五年と経つうちに反対闘争は、消えていきました。地元の人は誰もが口をつぐんで、事の推移に触れないようにしていったのです。

私は、女川第一小学校に赴任して、一番先に気になったことはそのことでした。保護者・PTAはもとより、町の職員も、地元水産関係者の方々も、「女川原発」についてはタブーになっていたのです。タブーですから、一切何も聞こえてきませんし、疑義の声も起きませんでした。それで私は、「女川原発」で事故が起き、学校の子どもたちが巻き込まれて生命に関わるようになったら、《校長として、死ななければならない》と覚悟したのです。

尤も、「女川原発」で事故が起きるなら、九九パーセント「人災」によるものとも思っていました。「女川原発」の在り様が、人知を総結集しての最高機能・最高システムとは到底思えなかったからです。

今から二〇数年前、女川第一中学校でこんなことがありました。

女川第一中学校の校地の隅に、放射線測定のためのモニタリングの機械が設置されていました。

そして、その機械を定期的に点検するおじさんがいました。ある時、測定のために、低濃度のウランをいれた箱をモニタリングの機械のそばに置いたまま、おじさんはその場所を離れたそうです。その時、様子をみていた中学生が、低濃度ウランの入った箱をいたずらしようとして手に取ったそうです。がちゃがちゃといじくっているところへおじさんが〝こらー！〟と言ったものですから、その中学生は、低濃度ウラン入りの箱を崖下の藪へ放り投げて逃げていきました。すると、怒ったおじさんは、女川第一中学校の職員室に怒鳴り込み、〝中学生を集めて探させろ！〟と先生方に要求しました。その結果、校内放送で、生徒達が集められ、急遽、崖下のウラン探しが、その場に居合わせた先生方と生徒で始められたそうです。その時のおじさん曰く、〝手で持っても大丈夫だから。俺は、いつでも素手でやってるから……〟といったそうです。新聞報道では、その後の報道はなかったので、無事ウランは見つかり、一件落着したのでしょう。

一二年前には、茨城県東海村の「ＪＣＯ東海事業所」で、臨界事故が起こりました。ウラン燃料を加工する作業を、社内の作業手順・作業マニュアルを無視して、バケツの中にウラン溶液を多量に入れて棒で攪拌したら、臨界事故が発生したというものでした。

この事故での被曝を本にした『朽ちていった命』（新潮文庫）を読んで、改めて知ったことは、加工作業の従事者に、仕事内容の大変さや危険性、事故の重大さを身に染みるほど知らしめていなかったことでした。だから、彼らはバケツで攪拌してしまったのです。

また、校長職三校目の石巻市立渡波小学校で勤務の時には、こんなこともありました。

石巻市の女川原発担当職員が私の所に来て、〝今度、石巻市でも女川原発事故に対応して避難所を設置しました。渡波小学校は、渡波地区の避難所になりますので、宜しく……〟と言って、該当地域の地図を開いたのです。その地図を見ると、万石橋を境にして、橋の向こうの牡鹿半島側は、荻浜小学校に避難するようになっています。そして、万石橋の手前側だけが、渡波小学校に避難することになっていました。でも、万石橋の向こうの梨木畑や祝田、佐須の浜地区は、渡波小学校の学区になっているのです。それで、市の職員の方に〝どうしてこれらの地区も、渡波小学校に避難して来ないのですか？〟と尋ねると、要領を得ない返事しかせず、最後には〝初めて線引きをしたもので。いずれ、直していきます〟と言うのでした。私には、万石橋より向こう側の人が、何でわざわざ五ｋｍも離れた、しかも原発にずっと近くなる荻の浜小学校に避難しなければならないのか理解出来ませんでした。

更には、五・六年前だったでしょうか。「女川原発」で九百数十箇所の工程作業ミスが見つかるという新聞報道がありました。設計書通りに配管されていなかった所が九〇〇箇所以上あったというものです。配管は完了していても、繋げばいいという仕事の仕方で、管の順序が出鱈目だったのです。そして、その原発は、四〇年も前からすでに稼動していたものでした。正直に出した東北電力の英断には感心しましたが、一方では唖然とする外ありませんでした。〝当時の責任者は、一体何をしていたのか……〟と、〝よく事故を起こさないで、今まできたものだ……〟としか思い浮かばなかったからです。

上記のことから、私は【女川の原発事故は、人災で起きる】と固く信じ、覚悟を決めたのですが、今回の福島原発事故でも、相変わらず同じことが起きていると思わざるを得ませんでした。つまり、《最精鋭の、士気高い正規社員集団が陣頭に立って事に当たるのではなく、下請け・孫請け・玄孫請けの賃労働者達が、第一線の現場で事に対峙している》ということです。ですから、第一線の現場で働くものは、労働対価の賃金が、二重・三重に中間搾取され、ピンはねされてしまっています。福島原発事故直後の労働環境の悪さは、国会でも問題にされたのは記憶に新しいことです。しかも、原子力の内包する危険性や安全策、回避の条件や基準、手順の遵守やチェック体制等をまるでおざなりにしたまま働かせていたのです。正規職員の一斉退避指示や現場作業員の蒸発からは、意図的に教えない・知らせない・気付かせないでいるとしか思えませんでした。

長々と書いてしまいましたが、「プロメテウスの罠」で取り上げてほしかったことは、《為政者・権力者・官僚・上層役員そして正規社員の方々は、「命をかけた仕事」ほど、自分達は関わらず、常に下の者・弱い者に回す》ということであり、《情報を独占し、都合のいい部分しか見せない》ということです。だから、子どもたちのいる学校は、どうでもいい扱いにしかなっていなかったと強く思うのです。

女川第一小学校には、私が転任する以前から「原発事故対応マニュアル」がありました。【原発事故では、校庭にいる子どもたちは、服の埃をはらい、うがいと手を洗って、校舎に

入ること。校舎の窓は、全部閉めること。第二次避難場所は、運動公園の総合体育館とする。】

というものです。でも、何時原発事故が起きたのか。それは、どんな事故なのか。そして、その事故は住民にどんな影響を及ぼすのか。更には、その被害から避けるために何をしなければならないのか等々が、一切分からないままの避難マニュアルでした。しかも、山の上にある運動公園は、袋小路になっていて、第三次避難をするためには、山の下まで降りてこなければなりません。女川第一小学校にそのまま避難していた方が、よっぽど安全なのです。「お役所仕事の産物」としか思えませんでした。

今、思い返すと、女川原発も福島原発も、福井や九州の原発も、同じ発想・同じ姿勢・同じ対応で動いてきた気がします。もしかすると、日本の原子力行政そのものがそうだったのかもしれません。今回連載の「プロメテウスの罠」が、私たち一般人には見えない部分や、知らされていない部分、そして意図的に隠されてきた部分を表に出してほしいと切に願っています。

私は、「鉄腕アトム」世代なので、原子力の未来を信じたいです。でも、それには原発体制が余りにもお粗末でした。お粗末な人間の、お粗末な結果が福島原発事故でした。一から出直すための検証に、「プロメテウスの罠」が役立つよう期待しています。

二〇一一・一一・七

○　東北福祉大学　教授　○○○○様

前　略

私は、宮城県で小学校教師をやり、七年前に定年退職した者です。たまたま町の本屋さんの店頭で月刊雑誌『保健室』の四月号を手にし、貴方文を読んで、手紙した次第です。私からの一方的な文ですので、本意が伝わらないかもしれません。その時は、私の不勉強によるものとお思いになり、ご容赦下さい。

それで、私が書き伝えたかったことは、【大川小学校】に関してのことだけです。

貴方文には、「三　大川小学校の悲劇はどうして生じたのか」の中に、「防災マニュアルには、……想定されておらず、……教職員には津波に関する危機意識が乏しかった。」、「研修を受けてきた者が、……大川小ではそういう機会が持たれていなかった」、「本番に備えるべき機会が……活かされなかった」と書かれていますが、このことは、宮城県内の大半の学校に当てはまったことであって、「大川小学校」故の固有の問題・課題ではないと、私は思っています。震災後の五月に、石巻市・某小学校の「防災マニュアル」が〝県教委発行の「防災マニュアル」をコピーした……〟とＮＨＫで放送された一事が、端的にそのことを物語っているのではないでしょうか。

私が現職教師時代、石巻市で、プールでの水死事故がありました。石巻市教委は、急遽各学校に「事故防止のマニュアル」作りに取り組ませました。でも、当時の校長会は、市教委に雛形マニュアルを求め、それをちょっと手直しする形で、どの学校も「自校マニュアル」にしてしまいました。二〇年近く前のことです。

その後、県教委主催や石巻市教委主催での、教職員を対象にした子どもの命を守るための「防災研修」など一度もありませんでした。消防署や日赤に頼んでの『人工呼吸の研修会』は、学校の「危機管理」とは無関係に、前年度踏襲の形で、毎年多くの学校で実施されていましたが。

石巻管内は、一〇年前の合併まで、一市九町（石巻市・牡鹿町・女川町・雄勝町・河北町・北上町・桃生町・河南町・矢本町・鳴瀬町）に分かれていました。それが合併後、二市一町（石巻市・東松島市・女川町）に再編されましたが、石巻市の教育行政に限ってでも、合併のデメリットは増えても、メリットは全くありませんでした。（だから、今回の震災で起こった大川小学校の惨事を、市教委が把握するまでに、一週間もかかったのです。その後の対応も、検証委員会で知る通りです。）

私は、教育行政（石巻市教委・宮城県教委・文部科学省）の対応・対処を、ここで云々するつもりはありません。それは、検証委員会が把握する通りであり、裁判で明らかになることでしょう。

では、大川小学校の惨事では、何が問題だったのでしょうか。一言でいえば、《職員の「子どもの命を守る意識」の欠如》の文言に帰結するのでしょうが、欠如していた人に、〝貴方は、欠如していた〟と裁断しても、法の下での白黒はつけられますが、「教育」という営みの中で止揚されていくべき「学校課題」の解決にはなりません。つまり、《「大川小学校」が、学校としての体を為し、学校機能が十全に発揮されていく》ことと直結した解決策が明らかにされて、ようやく具体的に「学校課題」が解決止揚されていくものと思います。

具体的且つ端的に言います。私は、《「大川小学校」の問題は、「校長」の問題だ》と思っています。別言すれば、校長の資質・校長の役割・校長の責任が十分に果たされ且つ図られていたのかが、まず問われなければならなかったと思っています。

「校長は、校務を司り、所属職員を監督する」とは、学校教育法の条文ですが、日常的な言い方をすれば、〝当時の校長は、「学校が共同体・組織体として機能する」ような仕事をしてこなかったのではないか〟ということです。

このことは、「防災研修を実施した」や「防災マニュアルを作成した」云々のレベルではありません。「学校」の在り方としてもっと根元的・本質的な学習指導や、生徒指導、職員研修、子どもや職員の健康安全、地域との連携等々の課題が複雑に絡み合ったレベルの問題です。種々の学校課題が複雑に絡み合っているからこそ、その課題を整理して焦点化し、学校が統一的・組織的に機能するよう具体的に方向づける仕事をするのが「校長の仕事」なのだと、私は思うのです。これは、「校長職」にある者にしか出来ない仕事ではないでしょうか。

校長さんが不在になることは、よくあることです。だから、教頭さんがいるのですし、教頭さんも所用で不在になるなら、教務主任や、保健主事、事務長、学年主任等と、緊急時の指示・指揮系統を作っておくのは、校長職のイロハです。尤も、管理責任は、校長さんにあるわけですから、〝皆さんが決めた判断・行動の責任は、校長にあります。私が不在の時は、時々の指示者が最善・最高の手を遠慮なく全体に示して下さい。その結果責任は、私が取ります……〟位は、常日頃から周知しておくべきです。当然、校長さんへの信頼関係が不可欠になりますが。

これは、教育課程・学習指導でも、同様です。先生方が、「学級担任」だからと、自分だけの判断で勝手に授業するのを放置・放任していたのでは、学校が無方向状態でばらばらになります。一人一人の力では決して動かせない大きな石も、同一方向に動かそうとそれぞれに力を結集した時、大きな石も動き出すのと同じではないでしょうか。ですから、職員が総力を結集して、授業研究・授業実践を創り出していくことが、必須不可欠になります。その体制と内実を創り出すことが「校長の仕事」になると、私は思うのです。

また、地域と学校が連携し、双方に意味と意義があるよう企図していくのも「校長の仕事」ではないでしょうか。地域に伝わる伝承・伝統文化を取り入れるだけでなく、逆に異文化や新しい文化を学校から地域に発信していけるのも、校長が子どもを支え、担任を支え、学校の願いと意志を示していって、具体的に可能になります。

このように列記すると、〝校長一人で、全部やれるか！〟と言われますが、だから、「校長は、組織者」「校長は、責任者」なのです。職員の総意に志向性を持たせ、内実を結集・結実させるのが「司る・監督する」の意味だと、私は思うのです。でも、大川小学校の当時の校長さんは、これを放棄していました。と言うより、〝「校長の仕事」とは、こういうことだ……〟と考え、行動していなかったのではないでしょうか。

貴方文に「学校の任務には、子どもの命を守る課題がなければならない」とあります。その通りですが、新任教師と、一〇年目教師やベテラン教師が、同一思考・同一発想・同一行動になるわけがありません。ましてや、授業が大半の担任教師と、学校の安全管理・教育課程管理の責任者である管理職が、同一危機意識を持つはずがありません。何よりも、教師経験・学校経験・人生経験が、皆違っていますから。

やはり、自分の持ち場・立場での発想・行動を広げ、強固にしていく外ありません。〝役職が上がる〟とは、その「責任が重くなる」ということですし、〝経験を積む〟とは、「先が見えるようになり、必要な繋がりが分かってくる」ということだと、私は思うからです。

私は、現職教師時代、〝教師の資質が向上すれば、「学校課題」の大半は解決する〟と思って仕事をしてきました。新任教師には、新任教師故の課題があります。中堅教師には、中堅故の課題があります。ベテラン教師には、ベテラン教師にしか出来ない課題があります。ましてや、教頭さんには、教頭時にやっておくべき課題があります。例えば、同じ「安全」の文言でも、各層で「安全」に対する内実や取り組むべき課題が違ってきます。それを見極め、繋がり合い・支え合うようにネットワーク化するのが「校長の仕事」ですし、学校の長・学校の最高責任者である「校長」でなければ出来ない仕事ではないでしょうか。

私は、震災当時の校長さん一人に、一切の責任を負わせるのは反対です。現状のままでは、宮城の教育界だけでなく、日本中の教育界が、〝俺、知らね〟や、〝私には、関係ないわ〟となるだけだと、私には思えます。「大川小が提起する問題」は、大川小学校の惨事を、全国の教育関係者の【他山の石】にすることではないでしょうか。つまり、学校の役割・学校の仕事・学校の有り方を、見直すことです。そのためには、「校長の仕事」を、大川小学校の事実から、具体的に吟味してみることではないでしょうか。

二〇一四・四・一六

○☆☆☆☆様

突然の手紙で、失礼します。

私は、別紙の通り、七年前に教職を定年退職した者です。昨年、三月一一日に『東日本大震災』が発生し、青森から千葉までの太平洋沿岸にあった町や集落が、津波によって悉く壊滅してしまいました。私の住んでいる石巻も、四千人以上の死者を出すという大惨事になりました。そんな中で、大川小学校の悲劇が起こってしまいました。教職に関わった者として、「大川小学校の姿」は決して他人事ではなく、ずっと推移を見守ってきました。

そんな時、貴著『あのとき、大川小学校で何が起きたのか』を立ち寄った東京駅の書店で偶然目にし、読ませてもらったところです。

で、読み進むうちに執筆者である☆☆☆さんの誠実で、丁寧な、それでて十分過ぎるほど配慮した書き方に共感し、信頼に足る人だと思えて、この手紙を書いた次第です。

ただ、以下の内容は、私が勝手に思い込んでいることですので、決して同調を求めるものではありません。もし、意に反することや、気に障ることがありましたらご容赦下さい。

① 「大川小学校の惨事」は、校長の【危機管理意識】の欠如と、【指導力・組織力】の能力不足によるものであること。

直接子どもたちと接している担任（学級担任・教科担任）は、どんな担任でも〝子どもたちに、力をつけてやりたい〟と思っています。それは、目の前の子どもが、出来ずに思い悩んでいる姿や、逆に出来たことで大喜びしている姿に、日々接しているからです。

ところが、目の前の子どもたちが次々と成長し、能力を具体的に発揮していくと、相対的に教師自身が新たな勉強をし、豊かに力を蓄えることが不可欠になってきます。子どもは、〝あの先生は、こんなもんさ！〟と「教師の力量」を見切り、適当にお付き合いするのが天才的に上手いからです。中には、教師をてこずらせるのに快感を覚える子どもも出てきます。ですから、教師は力量不足を感じたり、知的な財産不足を感じたら、即「充填」し、自身の力量を豊かにすればいいのです。また、そのための不断の研修・研鑽が、「教師稼業」を続ける上での必須条件になります。しかしながら、宮城県のみならず全国の教師達の大半は、この不断の「充填」をやらないし、何よりも「充填」の仕方を知らないまま過ごしています。

通常、若い教師は、先輩教師やベテラン教師の仕事ぶりから学んでいきます。また、年配の教師や経験豊かな教師は、仕事を通して若い教師達に「勘どころ」を伝えていきます。一昔も二昔も前の、私が新任教師の頃は、酒の飲み方から、飲み屋のはしごの仕方まで、余計なお世話と思えるほどつき合わされ、教えられました。

でも、仕事に関する相互関係・相互交流が、職場で起こっていないとしたら……。それは、一〇〇パーセント管理職、特に校長の責任です。残念ながら、大川小学校では、その現状認識・現状自覚が校長に欠落していました。だから、学校の内実を作り出す一切を、部下職員や若い教師達に丸投げしていたのだと思えます。

ただ、付け加えたいのは、この意識と自覚の欠如は、一人大川小学校の校長だけの話ではありません。宮城県の校長、そして沖縄まで含めた全国の校長の九割は、大なり小なり欠落・欠如しています。

宮城県の震災関連のことだけで言っても、一年後の今、内陸部の校長連中は、〝俺でなくて、よかった！〟とは思っていても、本気で「他山の石」にした形跡はありません。すっかり、「今は昔」気分でいます。そして、もっと具体的に言いますと、石巻管内でも地震・津波発生後、何日も自分の学校に行かない校長が皆無ではなかったのです。たまたま、教頭が優秀だったり、地の利・人の利で難を免れた校長が少なからずいたのです。

② 「大川小学校の惨事」は、石巻市の教育行政、そして宮城県の教育行政の欠陥が引き起こしたものであること。

石巻管内は、昔から、「新任教師」と「新任管理職（校長・教頭）」の受け皿になってきました。当然、海岸の僻地校や、大川小のような小規模校は、他管区からの単身赴任者が半数以上になっていました。単身赴任ですから、〝早く自分の居住地区に戻りたい〟のが人情です。当然のように「土帰月来（※現在は金帰月来）」が教師間で常態化していました。また、「土帰月来」が何かの都合で出来ない人は、〝釣りっこでもして、過ごすペ！〟と、我が世の春を楽しんできたのです。

ですから、石巻管内に赴任が決まった時、大半の教師は、意欲と情熱をたぎらせて新しい任地に赴くというよりも、「三年間の島流し」や「三年間の命の洗濯」と心に秘めて、ネガティブな気持ちで赴任してくるのです。特にこの傾向は、新任管理職や管理職候補者に顕著に表れます。

このことは、該当する石巻（合併前は牡鹿・雄勝・北上・河北・桃生・河南）や女川の教育委員会では、骨身に染みるほど分かっていました。また、宮城県の教育委員会でも、百も承知で人事異動を行ってきました。でも、改善の手や新しい施策を何ら打ち出すことなく、例年通りの順送りを繰り返してきたのです。

残念ながら、その結果が「大川小の惨事」になったと、石巻市の教育委員会も宮城県の教育委員会も、今もって自覚していません。自覚していないから、反省もありません。だから、「三・一一」の震災後も、相変わらず順送りで昇任したり、恙無く退職金満額で退職することが起こっているのです。

人事異動だけで、学校教育の中身が変わるわけではありません。採用された教師が、昇任した管理職が、転任した教職員が、そして教育行政に携わる人達が、日々の仕事の中で学校教育の中身を作り出すことに専念することで、可能になるのです。しかしながら、学校教育の内実に関心の無い人を採用・昇任させたなら、学校現場は、というより子どもたちが悲惨です。

しかも、最近の人事傾向を見ますと、「民間人校長」の流れと相俟って、行政経験者（指導主事・社会教育主事・他業種転用）の昇任が大半になってきました。つまり、教育現場からの

「たたき上げ教師」の昇任が、激減してきました。その結果、「お役所仕事」に堪能な管理職ばかりが増え、子どもの感覚・子どもの論理を大事にする管理職が「絶滅危惧種」になってきたのです。

当然、管理職を目指す中堅教師は、現職管理職の姿から〝どうすれば管理職になれるか〟を真似していきます。つまり、行政手腕に長けた管理職が次々と再生産されていくのです。それが、宮城県の教育行政の実像ですし、その流れの中で大川小学校の校長は昇任してきたと、私は思っています。

③「大川小学校の惨事」一番の元凶は、文部科学省であること。

「大川小学校の惨事」から、前校長も、石巻市教育委員会も、そして宮城県教育委員会も、何の反省もしないどころか、全く学び取っていません。学習がないのですから、時間と共に以前の流れやシステムが復活してくるだけです。行政の彼氏・彼女等は、ひたすら、時間とともに事が忘れ去られていくことだけを待っているのです。

でも、教育委員会の仕事に携わる彼氏・彼女等は、所詮日本の教育行政の歯車でしかありません。そして、こういった教育行政を戦後六〇年以上の時間をかけて作り出してきたのは、文部科学省（文部省）であり、その歯車の忠実な一つになってきたのが、現在の教育行政の推進役を担っているつもりの彼氏・彼女等なだけなのです。

私は、現職校長時代に、〝校長は、行政の末端機構である！〟とうそぶく先輩校長に何人も出会ってきました。「校長の仕事は、上（県教委・文科省）からの指示をつつが無く忠実にこなしていくこと」というわけです。このこと事体に疑義を差し挟む気はありませんが、〝貴方の学校の子どもたち、先生方、そして保護者や地域の方の願いや意見は、一体どうなっているのかしら……〟と思ったものです。一方で、〝学校は、地域の文化センターだよ〟という言葉も聞かされてきたからです。

大川小学校の校舎は、宮城県で初めて「オープン教室」を取り入れた校舎です。〝極めてモダンな、風通しのよい、学校のイメージを払拭する未来の学校〟として建築されました。でも、使ってみると、「屋上が無い」、「隣の教室の声や音が筒抜け」、「教室毎に使い方が違う」等で、子どもにも先生方にも不評になりました。何のことはない、「教育の営みに基づいて、子どもや先生方に十分配慮して作られた」のではなく、「文部省の予算や設置基準の範囲内で、しかも見栄えのよい」で、設計・建築されたからでした。

また、過去の事件・事故を振り返っても、子どもたちと教職員が八〇名以上犠牲となった「大川小学校の惨事」は、学校教育史上、特記される出来事です。しかしながら、池田小学校の事件や、子どものいじめ・自殺には、マスコミと連動して大騒ぎした（文部大臣声明が出たりした）のに、「大川小学校の惨事」を、〝一地方の、一つの出来事〟としか捉えていないことです。文部科学大臣はじめ、文部科学省の今までの対応を見ると愕然とします。この対応の差こそ、文部科学省の認識であり他人事として考え続けていることに他なりません。

私は、現職校長時代に、仙台市教育委員会より「公金の不適切使用」で訓告処分を受けたことがあります。文部科学省からの指定研究を受け、その時の補助金の使い方が不適切だったというものです。私は管理職として処分されましたが、元をただせば、文部科学省からの補助金が、指定研究による公開研究会の段取りが終わってからようやく学校に届くというものでした。学校では、公開研究会が終われば補助金は不要になるのですが、そういった学校事情は一切考慮されず、「前年通り」そして「他例に倣って」四月から七ヶ月も経った一一月も末頃、やっと支給の通知が来るのでした。当然、現金が必要な学校は、不適切に流用する他無かったのです。

「大川小学校の惨事」も、文部科学省の発想・論理からすれば、私の処分と同様の、些細な不祥事に過ぎなかったのでしょう。だから「一地方の他人事」になったと、私は思っています。

私は、「大川小学校の惨事」を以上のように捉えています。でも、前校長さんは、自分の非をなかなか認めないでしょう。ましてや、石巻教育委員会は、もっと認めないでしょう。宮城県教育委員会は、もっともっと認めないでしょう。文部科学省に至っては、テンナインに近いほど分からないし、分かろうとしないでしょう。

この困難な道に、歩み出した大川小学校の保護者たち、そして『あのとき、大川小学校で何が起きたのか』を執筆した☆☆☆☆さんに、〝道は長いよ。急ぎ過ぎて、疲れを起こさないでね……〟としか言えませんが、応援し続けたくてペンを取りました。

私の勝手な思い込みで、気分を害したのでしたら、お赦し下さい。

二〇一四・五・八

○　朝日新聞　編集委員　○○○○様

五月一日記事「記者有論」を読んで

二〇一四・五・六

私は、七年前に小学校の教師を定年退職したものです。

貴方が執筆した五月一日付の記事「記者有論」を読み、残念ながら、世の識者に向けた提言にならないどころか、多くの教育関係者に諦念か増長を倍加させるであろうし、特に「全国学力調査」の推進者には、〝お墨付き〟を与える事しか結果しないと思い、この文を書いた次第です。

ただ、以下の文は、あくまでも私の主観による文章です。こんな風に考えている者もいるのか……と、読んでいただければ幸いです。

貴方の文の最後の方に、「教育は子どもを通して次の社会をつくり出す営みである。家庭の豊かさで学力が左右され、次世代に格差が連鎖するのは避けなければならない。」とあります。言葉としては、私も全くその通りだと思います。子どもは、未来のために存在するのだし、現世の大人の都合で私物化され、また有用道具に扱われたのでは、たまったものではありません。それは、「子どもの権利条約」が示す通りです。

だからこそ、貴方に問い返したいのです。家庭の豊かさで左右される「学力」って、一体どんな「学力」なのですか？　と言うより、「学力」の言葉が示す内容が、「受験学力」（学力＝受験・テストで高得点を得る力）を「学力」と一義的に捉えて、その前提の下で論を進めている気がしてなりません。

私の住む東北では、東日本大震災後、〝子どもたちの「学力」を落としてはならない〟と、あるいは〝子どもたちの「学力」を維持してやらなければ……〟と、多くのボランティアが入って、子どもたちの「学力」定着のために、放課後学習や家庭学習に力を注いでくれています。しかしながら、その内実は「テストでの高得点」を目指すものであり、進学の受験に合格するための活動が大半です。つまり、無償の善意で受験指導の「学習塾」をしているのです。これでは、貴方が言うように、子どもの「学力」が家庭の豊かさに左右されるのは当然ですね。

これは、現職の教師たちも同様です。宮城県では、《早寝・早起き・朝ごはん》をキャッチフレーズに、家庭学習の習慣化を進めています。特に、県内の多くの小学校では、《「学年の半分の時間」を家庭学習の時間にあてる》ことを目標にしています。小学一年生なら、「一÷二＝一／二」の三〇分。小学四年生なら、「四÷二＝二」の二時間という具合です。しかしながら、その中身は、教科書に準拠した市販テストでの「プリント復習」です。つまり、繰り返しの練習で「テストでの高得点」を得ることを目指しています。当然、この「テスト」は、学力調査や進学・受験での高得点を得ることと同義になっているのです。

私は、三〇数年間、小学校の教師をしてきましたが、学校の役割は、特に義務教育の「学校」は、〝科学や芸術、人類の文化遺産を、どの子にも、分かるように教えること〟であり、【子どもが分かる】とは、〝人類の英知の結晶である科学・芸術・文化遺産を、子どもがそれぞれに納得する形で、再創造していくこと〟だと思って、教師の仕事をし続けてきました。

授業をすると、子どもたちは、言葉足らずだったり、あやふやだったり、違って捉えていたりして、教師を驚かせたり、教師の意表を突く、様々の反応をしてきます。私の力不足もあって、〝なんで、こんなこと分かんないの！〟と思うことも度々でしたが、それら具体的事実を自省してみた時、子どもたちの表す言葉や行動は、【授業の本質に直結した疑問や戸惑い】だったのです。

私は、新任教師時代、先輩教師から〝子どもから学ばなければ……〟を、幾度となく聞かされ、叩き込まれてきました。新任教師時代ですから、理由はよく分かりませんでしたが、ひたすら「子どもの声」に耳を傾け、「子どもの行動」を注視し続けました。そうして解ってきたのが、《子どもの表す疑問や戸惑いは、授業（学習内容）の本質に直結している》ということでした。つまり、教師にとって【子どもから学ぶ】ことは、教材研究や教材解釈だけでなく、授業展開も含めた「授業の内実」を創り出す必須不可欠のことだったのです。ようやく、そのことが実感を持って体得出来るようになったのは、教師歴を二〇年以上も重ねてからのことでした。

でも、私より若い世代である現職教師の大半は、【子どもから学ぶ】ことがほとんどありません。教師の仕事の在り様を考えた時、〝子どもは、「教え込む」対象ではあっても、「学ぶ」対象ではない〟と達観しているのです。これは、まさに「学力＝受験学力」と捉えているからではないでしょうか。

別の言い方をすれば、子どもたちがテストでの高得点を取る方法やマニュアルを教えることが、教師の仕事だと思っています。学習すべき内容は、教科書に書かれているからと、現在の教師の大半は、教科書会社作成の指導書が必携になっており、それを片手に授業をする教師が、数多くいるのです。「内容は教科書が。指導方法の改善は教師が」なのです。

振り返ってみれば、現職教師の皆さんは、子ども時代から教員採用試験に受かるまでの二〇年近く、テストでの高得点を得る事のみに腐心してきました。それが、学校での勉強だと思い込んで過ごしてきたのです。ですから、教員採用試験に受かった途端、「勉強＝テストで高得点を得る」からようやく解放され、それ以後の人生は、「勉強」と無縁の生き方を始めるのが、大半の現職教師の姿なのです。

古い話になりますが、物理学者の湯川秀樹さんは、京都大学の教官時代、「私はいつも大学で講義をするとき、どうしたって初めにニュートン力学にふれなければならない。そのとき、まずこの話をするわけです。一体どうして今日の教科書のような書き方に変わったのか。」(『人間にとって科学とはなにか』中公新書)との講義をしていたそうです。「この話」とは、小学校で習う「かけ算・割り算」のことであり、「密度」や「速度」といった内包量を意味しています。つまり、小学校で「重さ÷体積⇒密度」や、「距離÷時間⇒速度」と習いますが、湯川秀樹さんは、〝何故、初めに「密度」在りき、ではないのか?〟を、学生に問いかけているのです。

湯川秀樹さんは、「量子力学」や「相対性理論」を理解するには、「ニュートン力学」の本質的な理解が不可欠であると考えた結果、小学校で習ったはずの「密度」や「速度」の見直しが大学の講義で必須だったのでしょう。これは、学生の学力が、「受験学力」になっていたことを物語る逸話ではないでしょうか。

また、数学者の遠山啓さんは、「学問の感化力」として、

「科学は個人が考え出したものではなく、複数の人間が共同して歴史的に形作ってきたものである。科学は社会的で歴史的な産物なのである。(中略)がんらい、一つの学問はながい年月にわたって数知れぬ人々の努力によって創り出されたものである。このこと自身が人間

に対して何らかの感化力をもっていないはずがない。」
（一九五九・一二『科学教育ニュース』より）

と述べています。

授業の中でしばしば生じる子どもの疑問や戸惑い、あるいはとっぴな行動等は、人類の英知の結晶である科学が、既知の事柄としてではなく、子どもたち自身が納得・了解し、自分の中に「科学」を再創造・拡大・深化させていくための、篩を掛ける言動なのでした。そう考えて、子どもの言動を見直し・聞き直すと、子どもたちの論理形成や概念形成が、つまり子どもたちの認識の在り様が「科学の発達・発展史」と驚くほど附合するのです。そして、附合するだけでなく、教師の持つ教材観や科学観を、再構成・再編成するよう問いかけて来、問い直しを迫ってくるのです。

哲学者で宮城教育大学の学長だった林竹二さんは、生前、次のように主張していました。
「学ぶということは、覚えこむこととは全くちがうことだ。学ぶとは、いつでも、何かがはじまることで、終わることのない過程に一歩ふみこむことである。一片の知識が学習の成果であるならば、それは何も学ばないでしまったことではないか。学んだことの証しは、ただ一つで、何かが変わることである。それでは何が変わるのだろうか。学問の場合、ものを見る見方・考え方が変わり、生き方が変わるということです。」
（『学ぶということ』国土社・『林竹二著作集⑩』）

私は、教師の仕事を重ねるにしたがって、《子どもには、子どもの人生がある》、つまり「八歳児には八歳児の人生」があり、「一〇歳児には一〇歳児の人生」があることを、思い知らされてきました。子どもの意見・考えを聞けば聞くほど、子どもの存在を認め、子どもの生き様に共感・同調することを余儀なくされてきたからです。はたまた、授業の中で、子どもたちが「丸ごと変わる」姿や瞬間を体験・体感もしてきました。授業を通して、子どもたちが「学び」始め、「学問」し始めたことの証左だと思っています。

また、養老孟司さんの本を読むと、「癌の告知」の話が出てきます。養老孟司さん曰く、〝癌が告知されると、世の中が違って見えてきます〟というのです。このことは、「知ること」の真の意味、「知識」の持つ本質的役割を物語っているのではないでしょうか。

翻って、現在の学校では、学力向上の名の下に、「受験学力」に血道を上げているのではありませんか。貴方のいう「家庭の豊かさが学力を左右」している状況を、教育行政も、学校・教師も、そして親・社会も、望むと望まないにかかわらず、結果的に創出し推進しているのです。

日本国憲法が保障する「教育の機会・均等」は、学校が「学校の役割」を果たす以外に解決策はありません。「学校の役割」とは、取りも直さず、直接の担い手である教師が、「教える」ことと「学ぶ」ことの内実を、【子どもから学ぶ】ことで、再吟味し新たな営みを止揚し創り出すことです。だから、「学力」観の吟味が、必要十分条件なのです。

そう考えた時、貴方の「文科省はこの分析を今後もぜひ続けてほしい。」の文言は、無責任過ぎます。「次の社会をつくり出す」子どもたちに、何の益ももたらさないし、ますます「社会の格差」・「学力の格差」に子どもたちを晒していくだけだと思います。

○ □□□□さんに

今日（三月二二日付け）の河北新報記事「あなたに伝えたい」を読み、〝一言、声をかけたい……〟と思い、ペンを取りました。もしかすると、「余計なお世話」だったかもしれません。あるいは、「心身ともにつらい」のを倍化するだけだったのかもしれません。その時は、本当にお詫びします。

私の住んでいる石巻は、四〇〇〇人近くの方が、津波によって亡くなりました。学校も大なり小なり被害を受け、無傷でいられた学校は、一つもありませんでした。そんな中で、職員・児童八四人が亡くなった大川小学校は、裁判になっています。裁判になっている以上は、最大限真実を明らかにし、それらの真実の下で、公正な判断が為されることを願っています。

ただ、学校での津波被害を云々するのに、ともすると、学校の役割や、関係職員の仕事の有り様が置き去りにされてしまいがちです。別言すると、「学校は、子どもたちを守り・育てるところ」であり、「校長の仕事は、子どもや職員を守り、育てること」が、想定外や自己責任の形で流されてしまい、責任の所在がうやむやになることです。

石巻では、外国人英語講師のテーラーさんが、市の教育委員会に戻る途中、津波に呑まれて亡くなりました。カナダの両親が〝娘は，日本で一生懸命生きてくれた〟との言で、関係した学校にテーラー文庫が出来て美談化していますが、「何故、テーラーさんは戻らなければならなかったのか」「誰が、行動を指示すべき上司だったのか」等は、一切明らかになっていません。

私が気になるのは、避難時には管理職の校長さんや教頭さんは一緒に居ましたが、テーラーさんに一緒に居るよう指示をせず、勝手に帰らせてしまいました。また、一緒に避難行動を取った教職員の誰一人も、「ここに居た方がいい」と思い留まらせませんでした。つまり、子どもたちの避難のことは頭にあっても、ＡＬＴのテーラーさんのことは、すっかり管理職や同僚職員から抜けてしまっていたのです。

このことは、同封した業務員の○○さんの話でも同様です。業務員さんの安否確認など、すっかり忘れ去られています。大川小学校に至っては、子どもたちや職員の安否までがあやふやになっていたのです。

思うに、○○○○子さんは、学校事務の仕事を一生懸命していたのだと思います。でも、学校事務の仕事には、親との対応や子どもの安全確認は入っていません。校長の指示・了解の下、他の職員と連携協力し合って、学校事務の面から「学校の機能が滞ることがないように事務処理をする」のが仕事です。とは言え、鵜住居小学校の一員ですから、緊急時には、出来る範囲で関わり役割を担っていくのは、当然あり得る事です。でも、校長（教頭）の指示なくして動くことはありません。独自の判断で勝手に動いたのでは、組織の体がなくなりますから。

万々が一、○○子さんがパニックを起こし、何処かに逃げ隠れしたとしても、所属職員の所在把握は、校長の大事な仕事になります。〝○○子さんは、何処に行ったんだ？〟位は、職員に訊き確かめるはずです。

校長や教師、学校職員と言えども、一人一人は人間ですから、非常時故に「判断ミス」や「失念」をして、子どもたちや職員を守れなかったことがあり得ます。でも、冷静に思い起こし、苦しくても事実の姿を明らかにしないと、真相は闇に葬られ、何の教訓・戒めも生まれません。
□□□□さんの「真実を知りたい」気持ちを大事にし、納得いくまで探り続けていただけたら……と、思っています。

二〇一五・三・一一

○　首都大学東京　准教授　○○○○様

突然の手紙で、失礼します。

一月二三日付の朝日新聞で、貴方の「私の視点　大川小学校旧校舎　保存し防災教育の場に」を読みました。

貴方が、東日本大震災時に発生した大川小学校の悲劇に真摯に向き合い、「防災教育」の有り様に先駆的に取り組みながらも、大川小学校の旧校舎を保存すべき……と主張していることに、感謝と応援をする次第です。

私は、同封資料にもある通り、八年前に、宮城県の公立小学校の校長職を定年退職したものです。大川小学校の悲劇は、私が定年退職した三年後のことですので、当時の校長さんも、石巻教育委員会の教育行政関係者も、直接知り合った方々ではありませんので、彼氏らの本心や本音は分かりませんが、「大川小学校の惨事は、教育の世界で常態化していた構造的問題である」と思っています。

貴方の掲載文を読みますと、「教育を研究し、大学で教員養成に関わる者」「この悲劇は、従来の研究・教育の姿勢に猛省を迫り、研究の枠組みの見直しを求めるもの」「教育学の研究者」の文言が書かれています。教育研究者としての〈覚悟と試行・挑戦〉が感じられ、頼もしく且つ嬉しく思います。是非、「防災教育」の面から、具体的な施策と提言を期待しております。

ただ、私が懸念する「構造的問題」を無視したり隠蔽する形で、あるいは関心をそらす形で〈改善らしきこと〉が進行していくと、『仏作って魂入れず』になる気がしてしょうがありません。

「構造的問題」とは、別の言い方をすれば、学校現場の教師や校長も、教育行政の教育委員会や文部科学省も、「学校の役割・学校の仕事」を、本気で考えていないことです。

私は、その時々の辻褄合わせや、間に合わせ的に対処してきたことのツケや悪循環が、「大川小学校の悲劇」を結果したのだと思っています。ですから、大川小学校の悲惨な出来事は、一地方の、個別・特殊な出来事ではありません。でも、生き残った当時の校長さんだけでなく、当時もそして現在も、学校現場の教職員のみならず、教育行政を担う石巻教育委員会・宮城県教育委員会・文部科学省は、「構造的問題」とは考えていないようです。

私は、「学校の役割・教師の仕事」は【子どもを守り、子どもを育てること】だと捉えて三〇数年間教職の仕事をしてきました。もっと具体的に言うと、「校長の仕事」は【学校を守り、学校を育てること】ですし、直接的には【教師（学校職員）を守り、教師（学校職員）を育てること】です。当然、教育委員会の役割も【学校を守り、学校を育てる】ことに全力を注ぐことです。

でも、現実は……。だから、大川小学校の悲劇が起きたのです。

今、宮城県は、「不登校」や「いじめ」の発生件数が、全国一の数値になっています。そのため、県教委は、様々の「研修会」を設け、教員の悉皆研修化を図っています。でも、その裏側で、多忙と激務で疲れ果てたり、心を病む教職員が増大しているのが現状です。


貴方の「防災教育」に対する〈覚悟と試行・挑戦〉に期待します。また、「大川小学校の悲劇」を繰り返すまいとする学生が、若い教師へと巣立っていくことを強く望みます。

でも、「学校の役割・教師の仕事」を哲学し続けないと、〝いい加減な教師・いい加減な学校が、再生産されるだけだ〟とも強く思っています。

二〇一六・一・二三

○　新潟県立大　子ども学科　准教授　○○○○様

突然の手紙で、失礼致します。

私は、宮城県で小学校の教師をやり、定年後は、沖縄の保育園（あおぞら保育園・あおぞら第二保育園・勢理客保育園・愛音こわん保育園）や、地元石巻の保育園（石巻ひがし保育園）等で、子どもたちと「音楽劇」に取り組んでいる者です。

本日、河北新報紙上の寄稿文（「地方の保育問題は多面的」）を読み、手紙した次第です。

まず淋しくなったのは、北海道夕張市の保育園の写真を見てでした。多分、「斎藤公子・保育メソッド」（※私の勝手な命名です）に基づき、子どもたちの心身の耕しと発達を保障した保育を行ってきたのでしょうが、夕張市の社会状況・生活状況が、保育園の存続を許さなかったのでしょう。〝子どもの成長・発達を大事にし、優れた保育実践をやってきただろうに……〟と思うと、残念でなりません。

この写真を、寄稿文に載せたということは、小池先生が、「斎藤公子・保育メソッド」に関心を寄せ、先生の専門研究と結びつけてのことだろうと思い、是非、様々の形で「斎藤公子・保育メソッド」を時代の中に発信していってほしいと希望するものです。

（設立二年目の石巻ひがし保育園では、園長さんはじめ誰一人「斎藤公子」を知りませんでした。というより、短大や専門学校の先生自身が知らないようです。当然、学生も知るわけがないのが、実情です。）

ただ、今回〇〇先生に手紙を出したのは、「斎藤公子・保育メソッド」、つまり「集団保育」の特質が、子どもの成長や発達に不可欠であることの主張が希薄であるように思えたからです。

と言いますのも、大都市では、待機児童対策として、「小規模保育園」を推進しているからです。小規模ですから、園庭が無かったり、給食が宅配業者委託だったり、遊具や施設も手軽や見栄えだけで準備・設置されています。私らが関わった教育の世界で言えば、大都市の中に、少人数のへき地校が、どんどん増えている状況に見えます。

私らが現職の時は、「へき地は、教育の原点」と言われ、教師魂を大いに鼓舞されました。また、へき地手当も支給されたりして、一見大いに優遇されました。でも、内実は、ほとんどの教師が、へき地赴任を拒んでいたのです。

私も、六年ほどへき地勤務をしましたが、一番苦労したのは、少人数ゆえに、子どもたち同士の学び合いや刺激のし合いが、極めて限定的でした。ですから、教師自身が、父親母親役・親分子分役・兄姉役・弟妹役・仲間役等々をこなさないと、子どもたちに「学び」がなかなか起こりませんでした。でも、逆に、少人数ゆえに、一つ一つの「学び」に納得と了解が起きるまで、丁寧に且つじっくりと付き合うことが出来ました。

今、待機児童問題に端を発して、「保育のあり方」が問われています。世の識者の中には、「保育所の義務教育化」などと、勇ましく風呂敷を広げている方がいますが、保育の適正は、費用対効果の視点で、私設・設備や保育士の資格云々で論じられています。しかしながら「個別保育（少人数保育）」と「集団保育」の視点からは、ほとんど論じられていません。でも、保育現場では、〈どんな形で、子どもの成長発達を保障するのか〉が、日々の姿や理念の形で問われ続けています。しかも、四〇年以上も前から、保育実践の形で、「斎藤公子・保育メソッド」が世に示されたにもかかわらずです。

是非、先生の論を進め、「集団保育」の特質の面から、保育問題を照射していただけることを期待するものです。

※拙文を同封います。「集団保育」の特質を述べたつもりですが、読んでいただけたら幸甚です。

二〇一六・三・二八

○　朝日新聞　客員論説委員　○○○○様

八月一九日付朝日新聞記事「相模原事件から考える『同じ船』の意識あるか」を読み、〝何か違うよなあ……〟と思い、手紙を出した次第です。

○○先生の専門は、科学史・科学技術社会論とか。ですから、その立場からの「優生思想」や日本での「優生保護法」の経緯については、簡潔・明快で納得させられるものでした。

しかしながら貴文の「私たちの社会は、知らず知らずのうちに、そのような他者の存在を根本から否定する考え方と、地続きになっていないか。」への否定の形が、「同じ船のメンバー」では、呑気過ぎるように思ったのです。

つまり、○○先生は「共生社会」を想定しているようですが、この「共生」は、安易に使えない眉唾の言葉なのです。先の大戦で、沖縄は、住民も巻き込まれた（というより、住民も巻き込んだ、国の戦時施策）悲惨な戦いを強いられました。その時の軍や住民を鼓舞する言葉が「共生・共死」だったのです。そして、その後から現在に至る沖縄は……。

また、二年前の韓国セオル号では、乗客を置き去りにして船長が真っ先に逃げたりしています。「同じ船」に乗っていても、乗員の中に階層・階級あるいは利得の差別が混在していたのでは、非常時には必ず弱い者が弾かれていきます。先の東日本大震災でも、私たちは身に染みて経験しました。

別の言い方をしますと、「人権」の意識が不明確なのです。「障害者」（この言葉自体が差別を内包していますが、敢えて使用します）にも「人権」があります。

身体に不具合があっても、知的な発達が遅れていたり遅滞があっても、遺伝子での欠損や変異を抱えていても、その他さまざまの障害を抱えていても、人として生き続ける権利はあるのです。その権利を保障し、内在する能力を開花させていくのは、国や自治体の責務なはず……。

そういった視点・姿勢の欠如した支援策は、差別を助長し、結果的に差別を拡大していくだけです。「津久井やまゆり園」にも、障害者にたいする「人権」意識がどうだったのか気になるところです。多分、職員の方々は、その時々で精一杯の対応をしていたのでしょうが、匿名報道を行政・警察に丸投げしたり、容疑者に「職員の生気の欠けた瞳」と思われたりしているからです。しかも、障害者へのコロニー方式は、二〇年以上も前に既に破綻していたはずですから。

私には、植松某容疑者の行動・思考は、現代社会の表れだと思っています。つまり、現状のままでは、何時でも何処でも、第二・第三の「植松某」が出て来る気がします。それに歯止めをかけ、新たな社会を再生するには、障害者の「人権」を認め、共に支え合い、助け合っていく社会を構築していく以外にないのではないでしょうか。

「人権」を認めることは、差別や格差をごちゃ混ぜにした状態から、それぞれの持ち味・個性を許容し容認することに、親や関係者も含めた社会の視点・姿勢を変えることだと思っています。

二〇一六・八・二〇

○　首都大学東京 都市教養学部 人文・社会系教授　○○○ 様

突然の手紙で、失礼致します。

私は、宮城県で小学校の教員（教諭・教頭・校長）をやり、一〇年前に定年退職し、現在は、民生委員や人権擁護委員をしながら、地域と関わっている者です。

此度、貴著の『子どもの貧困――日本の不公平を考える――』・『子どもの貧困Ⅱ――解決策を考える――』を拝読し、大いに勉強させられました。そして、「相対的貧困」や「貧困の連鎖」を解決するのに、教育（特に義務教育）の果たす役割が極めて重要なことに、改めて気づかされました。

ただ、義務教育段階の教員（小中学校教員）の現状を顧みますと、指導方法や指導内容が画一化・教条化し、促成・即席化しているのが大半です。別の言い方をしますと、「教師は、自分の分かっていることしか教えられない」し、「教師は、自分の分かるようにしか教えられない」の自覚が、ほとんどありません。何よりも、〈「学び」の面白さ・楽しさを実体験していない〉ままで、教師の仕事に従事していることです。ですから、「子どもが分からない・出来ないのは、その子の努力不足・能力不足として対処している」のが、全国での学校教員の大方の姿です。

教員になるには、教員免許状を取得し、教員採用試験に合格しなければなりません。それ故、現在教員になっている者だけでなく、教員志望の者も含めて、それなりの「学力」が身についています。

でも、その「学力」を身につける過程において、〈「学ぶ」面白さ〉や〈「学ぶ」楽しさ〉を体感・体験しないまま、点数で評価され、点数で自分の序列が確定される「学力」を、ひたすら「努力と根性」・「苦しみと忍耐」の中で身につけてきたのです。当然、教員になると、もう「努力・根性・苦しみ・忍耐」は不必要になり、子どもを責め立て、評価するだけの「学力」になってしまうのです。私は、これが日本の義務教育（学校教育）における圧倒的多数の現実・現状だと思っています。

文部科学省は、教員の質の向上を目指して、様々の教育施策を実施しています。教員資格のハードルを上げるだけでなく、現職教員には様々の研修を、それぞれの段階や階層で実施していま す。でも、〈「学ぶ」面白さ〉や〈「学ぶ」楽しさ〉と引き換えに、「努力と根性」・「苦しさと忍耐」が身に染みた現職教員には、それを倍化増強こそすれ、学校という場で子どもと「面白さ・楽しさ」を共有する方向には成り得ていません。

戦前、「生活綴り方」という教育運動が、教師の世界にありました。国家が一枚岩の戦時体制へと突き進む中で、その運動は弾圧され根絶やしにされましたが、戦後、様々の民間教育運動として、各種自主的教育研究団体が起こりました。形態は様々でしたが、①身銭を切って（手弁当で）、②教育実践を証しとして、③自由且つ自主的に集まり、「国民に直接責任を持つ教育とは」を模索し、創り出そうと動き始めました。

また、昭和三〇年代には、群馬県の島小学校が、斎藤喜博校長を中心として、「公教育」の典型例を実践で示しました。私の住む宮城県では、教職員組合（宮教組）が先駆的に、研究者・教師・親が共同で授業を検討吟味する「実践検討会」を組織していきました。

民間教育運動にしても、島小学校の教育実践にしても、「実践検討会」にしても、根底にあったのは、「教師は、自分の分かっていることしか教えられない」や「教師は、自分の分かっているようにしか教えられない」の吟味であり、〈「学ぶ」面白さ〉や〈「学ぶ」楽しさ〉の実践追求でした。当然、「自由に」・「自主的に」・「身銭を切って」が大前提になっていましたが……。

始めに戻りますが、貴説が述べる通り、子どもに関わる「貧困」問題だけでなく、いじめや体罰、不登校、学習放棄等に関わる「人権」問題は、学校教育のあり様が大きく関わってきます。でも、「学校＝学びの場」の検証・吟味が、各識者の論説から抜け落ちている気がしてなりません。

例えば、貴著『子どもの貧困Ⅱ』に、貧困政策の選択肢リスト・教育の欄に「少人数学級」や「低学力の子どものための特別学級・補習」とありますが、「学力」はひたすら「学ぶ＝努力・根性・苦しさ・忍耐の代償」だと思っている教師に教えられたら、子どもは悲惨です。学習内容に納得・了解出来ず耐えられなければ、ドロップアウトする他ないからです。また、「自分の分かっていることしか教えられない」ことに無自覚な教師に教えられたら、何が本当で、何がいい加減なのかが判断出来ず、他人任せの子どもに育ってしまいます。更には、「自分の分かっているようにしか教えられない」ことに鈍感な教師は、子どもの思考や論理など、平気で無視して学習を進めてしまいます。

ですから、教師（学校）のあり様・姿勢によっては、せっかくのアイデア施策が、両刃の剣になり逆効果を生んでしまいます。貴著の別頁に「費用対効果」の話がありますが、教育の世界では、教師（学校）のあり様によって、笊に水を灌ぐ行為の空しさだけでなく、火に油を注ぐ結果になることもあるのです。逆に、費用をほとんど掛けなくとも、異質の事実を創出させることもあるのです。それは、既に六〇年も前に、群馬県の片田舎にあった島小学校が実証してみせました。

私は、既に定年退職し、学校教育や教師の世界とは無縁となりましたが、子どもたちの貧困・いじめ・不登校の話を耳にする度、心が苦しくなります。是非、貴方の様な第一線で活躍・提言されている方に、学校の内情・教師の内情を知っていただき、時には文部科学省と対峙してでも、「相対的貧困」を解消し、「貧困の連鎖」を断ち切る志向を生み出していってもらいたいと切望しています。

拙文にお付き合いいただき、有難うございました。

二〇一七・一・一五

○　首都大学東京　法学系教授　○○○○様

突然の手紙で失礼致します。貴編集の『子どもの人権をまもるために』（昌文社刊）をよみ、一言異見したくなり、手紙を出した次第です。

私は、宮城県で小学校の教師を仕事とし、一〇年前に定年退職しましたが、現在、仙台の幼児保育専門学校で「人権教育」の授業をしています。将来、保育士や幼稚園教諭を目指す学生を相手にしていると、〝「子どもの権利条約」に表された内容を、体現出来る職業人になってほしい〟と切に願う日々を送っています。

それで、貴編集本への異見ですが、教育に関して記している著者諸氏が「教育の営み」の本質を全く知らないで、世俗の現象や固着した思考に拘泥したまま持論を述べていることに、情けなくなる思いで読みました。別言すれば、著者諸氏が戦後教育の中で花開いた「島小教育」や「民間教育運動」を一切知らずにいることです。更に具体的に言えば、学校教育での「授業」は、〝教材を介して、教師と子どもが、子ども同士が、そして教師同士が、お互いに学び合う中で営まれる〟という志向が、著者諸氏の文言にまるで感じられないのです。

例えば、前川喜平氏です。道徳教育への考察は、その通りです。でも、最後の締めが「要は、現場の主体的な取り組みにかかっている」では、相変わらず文部行政に関わる官僚の発想そのものではありませんか。いわば、「私　作る人。あなた　食べる人」のコマーシャルと同質です。このことが、明治期以来の教育に「指導と内容の分離」を引き起こし、現場から、「事実に基づく実践」や「現象から本質に肉迫する実践」を抹殺してきたのです。

戦前の「生活綴り方」や、戦後の「民間教育運動」が燎原の火の如く巻き起こったのは、「指導と内容の分離」施策に対する現場からのアンチテーゼでした。教材に具体化される教育内容は、目の前の子どもの姿に学びつつも、科学や芸術の本質と直結した内容と無関係に在ってはならないと、現場教師のみならず教育研究者・科学者との共同作業が自覚的に志向されていったのです。そして、その典型が「島小」だったのです。大江健三郎さんの『厳粛な綱渡り』に書かれたルポルタージュ「未来につながる教室」を、前川喜平氏は知らないまま文部官僚でいたのでしょう。だから、いじめも不登校も、そして子どもたちの自殺への悲鳴にも、同調しないし出来ないのです。

また例えば、内田朝雄氏です。「学校の全体主義」という視点に異議はありません。でも、「学校の全体主義」とオーム真理教や連合赤軍、革命期の旧ソ連、戦争中の大日本帝国とをひとからげに同列視するのは、研究者とは思えない粗暴な論調です。しかも、その解決策に「市民的なタイプの学校」と提言するだけで、その具体像の想像される文言が、一つも書かれていないのはどうしてでしょうか。

学校は、子どもの成長・発達を保障する組織体です。でも、「子どもの成長・発達の保障」を見失った学校は、組織の体面のみを取り繕うのに躍起となり、様々な悲惨な状況を生みだしています。つまり、いじめや不登校、自殺等に走る子どもを見捨てて、受験や各種スポーツ大会で好成績を上げる子どもの育成に狂奔しているのです。学校の子どもと教師は、疲弊しています。
世の大半の教師は、本然的には「子どもの成長・発達を保障」しようと思っています。しかし、「子どもに学び、子どもと共に自らも成長する」よう、組織体としてのあり様を不断に検討・吟味する営みのない学校が大半です。先の東日本大震災での宮城・大川小学校がそうでした。教師個々人は「子どもの成長・発達を保障」と思い願ってはいても、学校が組織体の体を為していなかったため、子どもと教師の八四人が津波に呑まれてしまったのです。
学校が、子どもの成長と発達を保障する組織体の典型が「島小」でした。でも、内田朝雄氏は、「島小」を知らないが故に、「教育は、事実の積み重ねで前進する」ものとは思っていないようです。ましてや「一つの事実が生まれるには、現場では様々の試行錯誤や苦労が避けられない」とは、一層思っていないようです。だから気軽に、「市民的なタイプの学校」などと、呑気なことが言えるのでしょう。

私は、前川喜平氏や内田朝雄氏を云々する気はありません。私には縁のない人として取り上げただけです。でも、編集者の○○○○さんは、まだ三〇代の、これからの人です。憲法や子どもの人権を研究・実践していくなら、是非「民間研究運動」や「島小」を通奏低音にしてほしいと思った次第です。御検討下さい。

二〇一八・四・四

○　富山大学 人間発達科学部　准教授　○○様

『週間金曜日』の四・一三号での大川小学校の貴文を読み、手紙した次第です。大川小学校の惨事を、他人事ではなく受け留め、「原因の究明」のみならず、「学校の安全・安心体制を構築するには」と、大川小学校の惨事に正面から向き合おうとする姿勢に、有難く、嬉しく思っております。

私は、宮城県で小学校の教師を務め，一〇年前に定年退職した者です。大川小学校の惨事には心を痛めておりましたが、その解決策が裁判という形になったため、推移を見守っているところです。

そんな折、貴文を読んで心強く思いましたが、宮城で学校教育に関わった者として、二カ所ほど気になった所があり、私見を述べる次第です。

①「惨事の主因＝即断即決タイプではない教頭の判断の迷い」なのか。

教頭さんの決断の遅れが、惨事を引き起こしました。ですから、このことに異議はありませんが、「何故、早々に避難行動に移らなかったのか」の因を、私は次のように捉えています。

それは、校長に「学校づくり」の視点・姿勢がなかったからです。「学校づくり」の視点・姿勢がなかったとは、大川小学校の校長として、〝大川小学校をどんな学校にしたいのか〟という具体的ビジョンを持っていなかったことですし、ビジョンが具体的でないから、〝教職員を、どう組織したらいいのか〟が、その場しのぎの対応でしかなかったということです。

「学校が、子どもたちの成長発達を保障していく場になるには」と、職員会議や職員研修の中で具体的に職員と模索し続けたならば、そしてそのためには「職員組織が一丸となるよう、具体的にはどう機能させ、繋がりを作ればいいのか」を、日常の関わりの中で模索してこなかったのでしょう。校長にビジョンがなければ、その意を体する教頭は、適当に対応・対処していくことになるのは、当然の帰結です。別の言い方をすれば、「教頭が、教頭の仕事をし、十全の力を発揮する」よう、教頭を育ててこなかったのです。教頭を育てられない校長は、教員のみならずその他の学校職員も育てられないのは、明らかです。

また、校長のビジョンは、教職員を介して、子どもたちの姿に表れます。〝大川小学校の子どもたちに、具体的にどんな力をつけてやったらいいのか〟が、校長の日常行動を見るとまるで分かりませんでしたし、分ろうと努力もしませんでした。だから、行事や授業という大事な学習活動を、今までの繰り返しや学級担任に任せきりにしてきたのでしょう。地域の親にとっては、毎年同じような楽しみがあるのですし、担任も自分のやりたいようにやれるのですから、表面上は良い校長・良い学校になっていたはずです。

尤も、これは大川小学校の校長だけの特別な話ではありません。宮城県内の校長の八割はそうですし、日本中の校長の九割近くは、同様だと思えます。（※私も、宮城県で校長職を一〇年やりましたので、校長のビジョンの無さや指導力の無さが、身に染みて実感しているところです。）

大川小学校教頭の職責の重さにたいする自覚の欠如が、優柔不断の行動を結果し、惨事を引き起こしました。でも、そうなる土壌は、校長の職責に対する無策・無定見・無責任にあったのだと思います。

② 「シマハマ文化」などありません。

私が新任教師だった頃、宮城の「シマハマ」は、ほとんどが僻地でした。僻地に赴任すると、「僻地手当」が付きました。でも、「僻地手当」が付くということは、僻地にいく教員が少ないということです。少ないから、優遇策を作って、希望者を囲い込んだのです。だから、私らの頃から、僻地は新任教員が最初に赴任する学校だったのです。当然、新任ですから、二年か三年で、市街地の学校か出身地の学校に転勤していきます。当時から「一年目は新任でも、二年目に中堅になり、三年目はベテラン教師」が公然と言われてきました。多くの新任層教師は、少人数の地域と密着した僻地校でベテラン教師になった気がして、三年経って市街地の大規模校に転任すると、まるで違う様相に戸惑うのが落ちだったのです。

また、僻地校と言えども、新任教師層だけでは学校運営がままなりません。それで、市街地の中堅層教員に〝僻地に二～三年行くと、管理職の昇任試験に箔がつくぞ……〟と囁いて、中堅どころの有力教師を単身赴任で僻地に送りだしました。新任教頭や新任校長も、同様でした。新任教頭や新任校長の二～三年の「僻地奉公」は、定例のコースだったのです。

それが、この四〇年の間に、僻地までの道路事情が変わり、車通勤の教師が大半になりました。宮城県の僻地校の数も、一〇分の一程に激減しました。しかしながら、県教委の人事異動の方針・あり方は、以前とほとんど変わりませんでした。赴任する先生方の意識も大差ありませんでした。多くの先生方は、〝自由にやれる〟と自分のペースやり方で教師の仕事を楽しんでいました、そして、多くの新任管理職は、〝三年辛抱すれば、希望の場所に異動できる〟と、「心ここに在らず」で適当に仕事をこなしていたのです。

だから、大川小学校の校長も教頭も、新任だったのです。こういった教育行政・人事異動を行ってきた宮城県教委に、不作為の重大責任があると思っています。今年の教員人事を見ても、大川小学校の惨事から何の反省もしていないし、学んでもいないようです。相変わらず、例年に習った教職員異動が行われました。

これを「シマハマ文化」などと美化しては、本質が見えなくなります。

私は、宮城県の教師の質が、全国に比して決して劣っているとは思いません。宮城の全国学力テストの成績順は四〇番以下ですし、不登校やいじめの件数も上位ランクです。でも、子どもに寄り添い、子どもを受け入れ、子どもの悩みをわがことに出来る教師が、そちこちにいます。ただ、それを学校の教育姿勢になるように教職員を組織出来る管理職が、絶望的に少ないのです。「トップダウン」を軽薄に捉えた管理職は、確かに増えました。でも、職責の重さを自覚し、それ故にこそ、職員に「納得・了解」を創り出しながら信頼される管理職でないと、そしてまた職員一人一人の持ち味・個性を知り、その持ち味・個性を上手く連環づけて組織出来ないと、更には〝学校での一切の責任は、管理職にある〟と公言・行動出来る校長でないと、「トップダウン」は、学校に上意下達の序列の世界を形成していくだけです。

それが出来る管理職を育てて来なかった県や市町村の教育行政、そしてそれが出来そうな人を登用してこなかった宮城県教育委員会の人事行政に、大川小学校の校長以上に責任と過失があります。

もっと言えば、戦後最大の学校災害となった大川小学校の惨事を、地方の一事としか認識していない、文部科学省に最悪の無責任さを感じます。でも、この件は別の機会に……。

二審の結果がどうあろうと、私はそう思っています。

二〇一八・四・一七

○　東北福祉大学　助教授　○○○○様

突然の手紙で、失礼します。私は、石巻市で民生委員と人権擁護委員をやっている者です。五月一一日付の河北新報での貴方の記事「災害時の障害者支援　普段からつながりを」を読み、現状を知ってもらいたいと思い、手紙を書いた次第です。

貴方の経歴や記事文等から、「障害者の福祉」に積極的に関わっていこうという姿勢がうかがわれ、大いに期待しているところです。ただ、貴方文中の次の二点が、石巻の実態（宮城県の実態や全国の実態）とかけ離れているように感じました。

①「要援護者への支援は基本的に自助・共助とされており」

貴方は、文中でこのように書いておりますが、〈要援護者（つまり災害弱者）への支援は、自助・共助が基本〉とは、誰が決めたのですか。私は、東日本大震災以降、民生委員の会議で、機会ある毎に石巻市の担当職員に、〝障害を持った方々や女性、乳幼児、高齢者等の災害弱者を、避難所でどのように受け入れていくのですか？〟と質問し続けてきました。でも、毎回返ってくる返事は、〝今、検討しています〟でした。

東日本大震災から七年も経ちましたが、その間、広島・栃木・岩手等で集中豪雨による災害が起きたり、熊本での大地震があったりで、その都度自治体職員の応援体制が組まれて、現地に派遣されてきました。そうして、現地の自治体職員が不眠不休で対応しているけれども、目の前のことだけで右往左往している姿を見てきたはずなのにです。

震災当時、私の住んでいる蛇田地区は、旧石巻市で唯一生き残ったと言われた地域です。夕方、津波の水が押し寄せてきましたが、その水は石巻西部の赤井方面の田んぼからやってきました。始めはちょろちょろと、そして川のようになってどんどん流れてきました。現在は、田んぼが埋め立てられ、復興住宅が立ち並んでいますが、震災当時は赤井方面まで一面の田んぼでした。それが津波の水によって、道路の縁石が隠れる高さまでになって、石巻西高のはるか先まで湖状態になったのです。それで蛇田地区の人々は、蛇田中学校に避難しました。

でも私は、民生委員として安否確認をしながら、高齢者の方や身体が不自由な方に、指定避難所の蛇田中学校ではなく、自宅の二階に避難するよう勧めたのです。蛇田中学校に避難すれば、鉄筋校舎なので命の安全は保障されるでしょうが、避難弱者には厳しい環境だと思ったからです。また、蛇田地区が津波で壊滅するならば、何処に避難しても石巻そのものが壊滅するだろうと覚悟を決めたからです。案の定、隣家の娘さんと蛇田中学校に避難した我が相棒は、コンクリートの床に座ったままで一夜を明かし、翌朝一〇時過ぎにもらった食料はバナナ一本だけでした。私には、過去の経験から避難所は混乱し、市職員の対応もゼロに近いことは十分予想されました。そして予想に違わず、実際にそうなったのでした。

蛇足ですが、私の知人は、震災時に石巻の日赤に避難しました。でも、三晩も駐車場の車の中で過ごしました。障害を持った自分の子どもが、病院内の大勢の人の中に混じってパニック障害を起こしては皆さんに迷惑をかけると思ったからです。病院機能の日赤でも、障害者への避難対応は、まるで出来ていなかったのでした。

② 「自治体は災害対策基本法や災害時要援護者の避難支援ガイドなどに沿って、避難支援体制の整備を進めてきた。」

この部分も、大いに気になりました。石巻市では、市内の町内会や行政委員を通じて、震災が起こる以前から「災害時要援護者登録」の台帳作成を進めてきました。詳細は不明ですが、多分国の施策（当然予算化され、各地方自治体に推進費用が降ろされてきた）によるものと思われます。でも、東日本震災時には、行政から要援護者への活用・支援は一切ありませんでした。それだけ混乱したのでしょう。

それが、二年後には、突然「要援護者」に本人の希望・要望とは無関係に、障害者手帳の受給者が含まれました。民生委員の私が所持していた台帳控が、相変わらずの説明なしに、一二名から倍増の二六名に増えたのです。（これも、国の施策に追随しただけなのでしょう。）

しかも、その二年後には、申請用紙の変更がありました。今までは「災害時要援護者登録申請書」だったものが、『避難行動要支援者登録申請書兼避難行動支援者個別支援計画』（別紙参照）にするというものでした。その時は、〝まだ、決定ではないので……〟という説明でした。

それで、私は、早速質問しました。〝用紙の表面は従来の中身と同じようですが、裏面には「避難時の配慮」、「避難時に必要なもの」、「寝室の間取り」等を記入するようになっていますが、これはプライバシー（個人情報）に関わるものではないでしょうか。同じ町内に住んでいるだけでなく、日頃から近所付き合いをしている民生委員や町内会の役員・班長さん方には、無用の項目です。もう少し、人権擁護の姿勢で検討し直してほしいです。〟と。

提案があってから、三年後の今年の二月。再度石巻市から、地区民生委員の会議で出された様式は、三年前の様式と一字一句違わない、同じものだったのです。それで再度質問しました。〝プライバシー保護の件は、どうなりましたか？〟と。でも、担当者の返事は、〝このままで、やって下さい！〟というものでした。

そこには、「国からの予算をもらって進めているのだから、民生委員は黙って下働きをやってくれ……」という姿勢が、ありありでした。住民の意思や希望を代弁する民生委員への応対が斯くの如しですから、「公務員＝住民へのサービス業」という発想・意識は、石巻市の職員には今もって皆無なのです。

私は、「自分の身は、自分で護る」や「そばにいる人は、近くのみんなで助け合っていく」、つまり「自助・共助」の姿勢は、当然なことだと思っています。そうでなければ、「福祉の心」は衰退し、手前勝手な状況が現出するだけだと思っています。私が民生委員を引き受けているのも、「微力でも、私のちょっとした手助けが、他の人の生活に役立つのなら……」と思うからです。

でも、それは、「公助」である国や地方自治体の福祉行政を免罪するものではありません。「自助」や「共助」がどうあろうと、「公助」としてやるべき施策とその実現化は進めてもらわなければなりません。何しろ、彼ら（公務員）の給料は、国民・県民・市民の税金から支払われているのですから。

私には、石巻市という小さな窓口からしか「公助」の実態は見えませんが、現在の政治状況からすると、推して知るべしの様な気がしてなりません。

「自助・共助・公助」の中身は、それぞれの段階・レベルで、それぞれに取り組まれていくものです。私の担当する東前沼Ⅱ地区は、同封別紙の通り、「共助」が心細い状態です。先日も、町内会の役員会で「共助」の必要性を述べましたが、会長から〝民生委員同士で意思統一をしてから、具体的な方策を提案してくれ。それから考えるから……〟と一蹴されました。我が町内会の会長には、「共助」なんて町内会活動と無関係なことのようです。

今後も私は、民生委員活動を続ける中で、自分たちで出来る「共助」体制を模索し続けていきますが、日が暮れて道遠しです。だから貴方の「自助・共助が基本」が気になりました。

私の勝手な意見に憤慨したのでしたらお赦し下さい。同じ石巻の同郷人として、期待を込めて書いたつもりなのですが……。

二〇一八・五・一三

III 「生き方」私行

私の「生き方」（Way of Life）は、探り探り・迷い迷いしながらも、自分で見つけ出し、歩み続ける以外にない。時々の学びと経験、そして整理のための拙文が、歩みの手がかり・財産になっていけば良いのだが……。

「子どもの権利条約」と「芽をふく子ども」

（教育月刊誌「事実と創造」二〇一七・一二月号に掲載）

一　はじめに

ひょんなことから、仙台にある幼児保育の専門学校で「人権教育」の授業をすることになりました。聞けば、幼稚園教諭の資格を取るのに、「人権教育」の科目が必修になったらしいのです。それで、急遽「人権教育」の授業科目が必要になりましたが、肝心の授業者が見つからない。巡り巡って、私の所に声がかかった次第でした。

私は、小学校教員を定年退職した後、地域の民生委員と人権擁護委員の仕事をしています。尤も、民生委員は厚生労働大臣から、そして人権擁護委員は法務大臣から委嘱状をもらっての仕事なのですが、全くの無給です。ですから、いわば「ボランティア活動」をしているようなものと思っています。身分上は、「特別公務員」扱いとなっていますが、〝法令違反をしないように〟とか、〝守秘義務を守るように〟、〝人格と識見の向上に努めるように〟等の、努力義務を課すためのもののようです。当然私も、ボランティア感覚で、〝やれる範囲で、社会参加していこう〟の姿勢で関わらせてもらっています。

私の担当する「人権教育」の授業（九〇分／回）は、週に一回ずつの半期（一五回）で、合格すると一単位取得となるのですが、提携している大学の「通信教育」という扱いになっているので、課題レポートや試験の採点評価は提携先の大学で行い、単位の認定も大学で行う形になっているのでした。いわば、学生の「生殺与奪の権」は授業者の私にではなく提携先大学にあるのですが、それでも今年の二月には、授業のシラバスを出すようにと学校側から言われたりしました。

私が学校に提出したシラバスは、次のようなものです。（詳細は省略）

①「人権」とは何か
② 世界の「人権」思想の流れ
③ 日本の「人権」思想の流れと人権課題
④「子どもの権利条約」に関して（成立過程と条文内容）
⑤ 学校の役割と子どもの人権
⑥ 〃
⑦「子どもの権利条約」—子どもの最善の利益—
⑧ 〃 —アイデンティティの保全—
⑨ 〃 —意見表明権・表現の自由—
⑩ 〃 —休み・遊ぶ権利—
⑪ 同和問題について
⑫ 女性の「人権」について
⑬ 障害者の「人権」について

⑭　高齢者の「人権」について
⑮　性的少数者（ＬＧＢＴ）の「人権」について

このシラバスで四月からの授業が始まったわけですから、一応合格なのでしょうけど、毎回手探り状態の授業になっています。

現在、法務省の人権擁護局で「主な人権課題」として上げているものは、一七項目に及んでいます。上記以外に、「アイヌの人々」、「外国人」、「ＨＩＶ感染者・ハンセン病患者等」「刑を終えて出所した人」、「犯罪被害者等」、「北朝鮮による拉致被害者」、「ホームレス」、「インターネットによる人権侵害」、「人身取引」、「東日本大震災に起因する人権問題」等々です。

私としては、これらのこと以外にも、「戦争＝最大の人権侵害」や、「沖縄＝本土の傲慢差別」をも扱いたかったのですが、我が身の力量を超えた【身の程知らず】になりそうでしたので、一五時間のシラバスを中心に、後は折に触れて……のことにしました。

こうして私の「人権教育」の授業は始まりましたが、授業を進める程に、条文や文言の理解を進めても、それらの字句・文言の意味する具体的姿が、学生によってまちまちなことに気づかされました。というより、多くの学生は、字句・文言は暗唱するが如く知識として蓄積していっても、具体的姿について何の想像も働かないままでいることに気づかされたのです。それでいて、「人権」に関わる新聞記事やテレビでのニュースに触れると、義憤を感じるように反応してくるのでした。

やはり、「人権＝人が生まれながらにして持っている権利」を、具体的で典型となる実践例に触れるのでなければ、義憤や否定的感覚が生じても、字句・文言の内実がなかなか生まれてこないようです。

そこで私は、保育活動や幼児教育・学校教育に関わる部分では、「子どもの権利条約」と「芽をふく子ども」とを関連付ける授業を試みることにしました。

二 「子どもの権利条約」のこと

「子どもの権利条約」とは、「Convention on the Rights of the Child」を日本語訳で表したもののことです。何故【日本語訳】なのかと言えば、国連で採択された正文は、英語やフランス語、ロシア語、中国語、アラビア語、スペイン語で書かれていますが、国連の総会で一九八九年に批准した時、日本は賛成しなかったからです。（※日本は、五年後に遅れて批准しました。）

それで、「子どもの権利条約」を外務省では「児童の権利に関する条約」と訳していますし、それを外務省告示（二〇〇三・六・一二）としましたので、文部科学省や法務省は外務省訳を公式文書として扱っていますが、世間一般では「子どもの権利条約」として通っています。また、インターネットで調べると、日本ユニセフ協会も「子どもの権利条約」として抄訳していますので、以下は「子どもの権利条約」として表記し、各条文もユニセフ協会訳を利用していきます。

で、「子どもの権利条約」は、前文と五四条の条文から成り立っていますが、前文はこの条約がつくられた背景や理念を規定しており、各条を理解し解釈していく指針になっています。また、条文の各条を見ていくと、一条から四〇条までが「子ども」や「子どもの権利」に関することが記載されており、四一条から五四条までは締約国での手続きや法規制・広報活動・報告義務等が記載されています。

それで、一〜四〇条の中から、「芽をふく子ども」と直結する幾つかの条文を紹介する形で、「子どもの権利条約」を概観していきます。

・第一条（子どもの定義）

「一八歳になっていない人を子どもとします。」

今でも「子ども会活動」が続いている地域がありますが、二〇〜三〇年前の比ではなくなりました。それは、異年齢の子どもたちが集まって群れ遊ぶことが少なくなったこととか、指導にあたる大人が積極的に関わらなくなったこととか、あるいは怪我や事故に遭った時の責任が問われ出したこと等々に拠りますが、当時も今も、「子ども会活動」と言うと、小学生に限定されているようです。

これは、「子ども」と言うと、私たち大人は無意識の内に、〇〜三歳頃までの乳幼児や、一二歳〜一八歳頃までの中学生や高校生世代を外しているからです。でも、「子どもの権利条約」では、〇〜一八歳までを「子ども」としました。その結果、「子ども」を性の対象にしたり、虐待行為をしたり、兵力に刈り出したり，労働力に利用したりすることへの明快な歯止めがかかりました。

・第二条（差別の禁止）

「すべての子どもは、みんな平等にこの条約にある権利をもっています。子どもは、国のちがいや、男か女か、どのようなことばを使うか、どんな宗教を信じているか、どんな意見をもっているか、心やからだに障がいがあるかないか、お金もちであるかないか、などによって差別されません。」

今の日本国憲法下で、さすがに「差別をしてもいい」とか、「差別をして、分け隔てをしていこう」と言う人はいません。現行憲法が公布されて七〇年になりますが、「差別の禁止」は、日常に定着した文言になっています。でも，日々繰り返される差別状態を見聞きするにつけ、本当に定着したと言えるのでしょうか。

例えば、学校内の事件として今なおニュース報道されている「いじめ」問題があります。社会構造の歪みが、つまり大人社会での歪んだ関係が、同型像になって学校社会にもストレートに反映しているのが主因なのでしょうが、それだけに学校では、「学び」を通した人間形成（「生き方」の不断の精査）の在り方が問われています。

また、ボランティア活動で学校や保育園に関わってみると、特に障がいをもった子との関わり方に戸惑いが見られます。身体的な障がいのみならず、脳の機能障がい・発達障がいに対応する指導に混乱が起きているからでしょう。本来ならば、医療や福祉と保育・教育が実践的且つ実際的に連携して、子どもの発達・成長を保障していくような指導の在り方を見出していければいいのでしょうが、残念ながら、様々な壁がそれを阻んでいます。でも、子どもから学ぶ姿勢を持ち続ければ、きっと活路は見つかるはずです。

・第三条（子どもにとってもっともよいことを）

「子どもに関係のあることを行うときには、子どもにもっともよいことは何かを第一に考えなければなりません。」

この条項は、通常は「子どもの最善の利益」と言われています。条文に「the best interests of the child」という文言が出てくるからです。「best」は最高・最善のことですし、「interest」は利益・得するもの・儲けを意味するからです。でも、辞書には興味・関心とも書かれていますので、「最善の利益」の意味することは、物質的な得だけではなく、精神的な安らぎ・安心・癒し、そして興味や関心を大いに喚起していくことも含まれます。

・第六条（生きる権利・育つ権利）

「すべての子どもは、生きる権利をもっています。国は、その権利を守るために、できる限りのことをしなければなりません。」

虐待の一つに「ネグレクト（養育放棄）」があります。子どもが健全に育ち成長していくには、養育者の親身になった世話が不可欠です。しかし、親の恣意的な都合で、子どもの衣食住をはじめとした様々の発育・成長上の保護や保障が蔑ろにされたとしたら、結果は悲惨です。でも、これは親や保護者だけの話ではありません。保育園の保育士にしても、幼稚園や学校の先生にしても、子どもの成長・発達に責任を持つ仕事の仕方をしていないのだとしたら、子どもの生存権をネグレクトしていることになります。

・第八条（名前・国籍・家族の関係を守る）

「国は、子どもの名前や国籍、家族の関係がむやみにうばわれることのないように守らなければなりません。もし、これがうばわれたときには、国はすぐにそれを元どおりにしなければなりません。」

ユニセフ協会訳では「名前・国籍・家族の関係を守る」となっていますし、外務省訳では「国籍等身元関係事項を保持する権利」となっていますが、「アイデンティティの保全」が通例になっています。

この「アイデンティティ（identity）」は、沖縄県知事の翁長雄志さんが〝ナショナリズムより、アイデンティティを！〟と言って、沖縄の人たちを鼓舞したことで広まりましたが、私は、「自己紹介の中身」と捉えています。

自己紹介をする時、〝私は、私です〟と言ったのでは、自己紹介になりません。禁じ手の自己言及だからです。そうすると、自分を分かってもらおうとするのには、自分の名前を名のるだけでなく、出身地や家族・兄弟のこと、母校や趣味、特技、信条等を述べていく事になります。その総体が「アイデンティティ」だと思っています。

つまり、この「アイデンティティ」を蔑ろにしたり、無視したり、歪めてしまうことが「アイデンティティの保全」に反する行為であり、「人権侵害」になるのです。

尤も、子どもの場合、「確立した自己」での存在と言うよりも、成長・発達とともに「アイデンティティ」が形成されていくものです。ですから、保育園・幼稚園・小学校といった幼児教育から初等教育の段階では、「ヒトから人間になる」プロセスと内実を確かにすることが求められます。『エミール（ルソー著）』での、「自然に帰れ」です。

・第一二条（意見を表す権利）
「子どもは、自分に関係のあることについて自由に自分の意見を表す権利をもっています。その権利は、子どもの発達に応じて、じゅうぶん考慮されなければなりません。」

私の住んでいる石巻市では、「子どもの権利条約」に準じて、いち早く「子どもの権利条例」を制定しました。もう、一〇数年も前のことです。でも、その条例からは、「意見表明権」がすっぽり抜けていたのです。当時私は、校長職にありましたが、校長会からの意見を聞くどころかかやの外状態でしたので、全く知らない間に市議会で承認され、制定へと進んでいったのです。

当然「意見表明権」も市議会に提案されましたが、〝事のイロハも分からない子どもに、好き勝手なことを言わせたって、ごちゃごちゃと混乱するだけで、真っ当な話になんかならない〟との意見が議員の大半を占め、没になったそうです。

私はこの話を聞いて、〝学校は、子どもの話を聞くことから教育活動が始まるのになあ〟と思ったし、〝赤ちゃんが、お腹がすいてオギャーと泣いたり、眠たくてもオギャーと泣くのも、立派な意見表明になっているのに……〟と思ったものでした。

・第一三条（表現の自由）

「子どもは、自由な方法でいろいろな情報や考えを伝える権利、知る権利をもっています。

ただし、ほかの人に迷惑をかけてはなりません。」

私は、仲間の文屋國昭さんと一緒に、「表現活動」で沖縄の保育園と関わってから八年になります。「表現活動」と言っても、文屋さんは「ことば遊び・詩」で、私は「音楽劇」でです。もっと具体的に言うと、文屋さんの「ことば遊び・詩」は、まどみちおさん・工藤直子さん・谷川俊太郎さんの三人の詩に限定され、私の「音楽劇」は梶山正人さん作曲のものに限定しています。素材を限定することで、目指すものが明確になり、追究の質が豊かで深くなると考えるからです。でも、この「限定すること」での取り組みは、子どもたちの「表現の自由」を狭めることになりかねません。否むしろ、「固定した枠に嵌めること」と多くの人に思われています。私たちは、そう思う人を説得するだけの意欲も理論もありませんが、子どもたちの「納得と了解」、そして「その気になって楽しむ」ことだけは失わないようにしています。そうなることで、十分に「表現」を工夫する子どもたちに出会えているからです。

・第二八条（教育を受ける権利）

「子どもには教育を受ける権利があります。国はすべての子どもが小学校に行けるようにしなければなりません。さらに上の学校に進みたいときには、みんなにそのチャンスが与えられなければなりません。学校のきまりは、人はだれでも人間として大切にされるという考え方からはずれるものであってはなりません。」

・第二九条（教育の目的）

「教育は、子どもが自分のもっているよいところをどんどんのばしていくためのものです。教育によって、子どもがじぶんも他の人もみんなおなじように大切にされるということやみんなとなかよくすること、みんなの生きている地球の自然の大切さなどを学べるようにしなければなりません。」

学校には、子どもの「学習権」を最大限保障する責務があります。しかしながら、その保障の在り方が、「受験学力」に一元化しています。というより、「受験の点数が上がる知識」や「受験問題を解く力」が、学校での「学び」の現状になっています。

ですから、有名塾の講師を呼んで、職員研修に励む学校が大手を振って闊歩しています。塾の役割・仕事は、受験での合格が使命なわけですから、それはそれで構わないのですが、その指導内容・指導法に依拠しようとする学校の姿勢は、大いに問われなければなりません。

ずっと昔、学校教育の世界で、「水道方式」が一大ブームを起こしたことがありました。しかし、数年後には〝私も「水道方式」をやってみたけど、ちっとも力が着かなかった……〟という教師が続出し、ブームは何事も無かったかのように収束していきました。

このことに関連して、先輩教師の芳賀雅子さんからこんな話を聞きました。〝川島浩（写真家――『未来誕生』の撮影者）さんが、私に「嫌なもの、見てしまった」と言ってきたの。川島浩さんが撮影のためある学校の教室を回っていたら、教師が、子どもの頭を示範用のタイルでこづいていたんだって……〟と。

算数の授業でタイルを使うことは、教師の教育姿勢や教師の教材理解力、指導力等を変えないと上手くいきません。タイルを、子どもの頭をこづく道具にするようでは、授業内容や授業の質に何の変化も起きません。そんな教師が手軽にタイルを使っても、表面的な授業にしかならないのは至極当然なことです。教師の指導力向上は、教師の「生き方」の変化と直結しているからです。

三　「芽をふく子ども」のこと

「芽をふく子ども」とは、近代映画社が昭和三七年（一九六二年）から一年間、群馬県にあった島小学校に入り、教育活動の様子を撮影し、島小学校の教育実践記録としてフィルム化したものです。撮影スタッフは「製作――能登節雄　監修――新藤兼人　監督――原功　撮影――三宅義行　音楽――林光　朗読――宇野重吉」であり、モスクワ国際映画祭審査員特別賞を受賞した映画作品です。

私は、この映画（※勉強仲間の元宮城教育大学教授・本間明信さんが、授業と学校行事に絞って、四〇分のＤＶＤに編集し直したもの）を、幼児保育の専門学校の学生に観てもらいたいと思ったのでした。

「島小」のことを全然知らない学生が、しかも時代が昭和三〇年代のことであり、今から五〇～六〇年以上も前のことです。全く、無関係・無関心のまま観終わるのではないかと、不安の中での視聴でしたが、私には、「子どもの権利条約」を理解するこれ以上の典型事例は、知りませんでした。

私は、ＤＶＤ「芽をふく子ども」の視聴にあたって、学生の皆さん（二クラス―六一名）に、次の様な話をしました。

「島小学校……群馬県佐波郡島村にあった小学校（現在は、統廃合により廃校）。利根川を挟んで、本校と分校があった。

昭和二七年から一一年間、斎藤喜博校長を中心に職員が一丸となって「学校づくり」に取り組み、教育という営みの典型例を創り出した。「島小教育」として世に広まり、一〇年間で一万人以上の教育関係者が参観に訪れた。

教育実践……島小学校の「学校づくり」の教育実践は、「子どもの権利条約」が成立する（一九八九年）より四〇年近く以前に取り組まれたものである。当然、「子どもの権利条約」に出てくる文言（最善の利益、生存・発達の権利、アイデンティティの保全、差別の禁止、表現の自由、意見表明権、教育を受ける権利　etc

）は、教師にも子どもにも、意識されていない。しかし、映像に見られる子どもたちの姿・表情・動き（行動）には、「子どもの権利条約」の各条の文言が体現されている。

また、それを具体的に実現していこうと、斎藤喜博校長を中心とした教師集団は、学校の役割や教師の職責・責務を自覚し、率先して職場の中に「教師の仕事」を追究し続ける姿・行動が見られる。

島小学校は、日本中の何処にでもある「普通の学校」である。教師のみならず子どもたちも「普通の教師」「普通の子どもたち」である。しかしながら、島小学校での一〇年間の取り組みは、日本中の何処にもない教育実践になっていった。」

「芽をふく子ども」は、瞬間々々の映像の記録です。ですから、子どもたちの表情や動きは見れても、〈それがどう変化していったのか〉や、〈それは、何処から出てきたのか〉はなかなか読み取れません。また、子どもたちの話している声が入っていても、やはり前後の脈絡が分かりません。それで、私なりの映像解釈を付言します。

一年生の算数の授業で、子どもが黒板に「八－三＝八」や、「八＋三＝五」と書いた式が出てきます。その式の意味を子どもが説明したり、先生が説明している姿が映し出されていますが、断片的な映像のため、事の顛末がよく分かりません。子どもが何かを一生懸命訴え、先生も必死で説明しているのは分かるのですが……。

私には、「八−三＝八」とした子どもの思考が、よく分かります。こう考えた子どもが私の担任した時にもいたからです。「八つのもの」から「三つ」除けたって、全体に「八つ」あることに変わりないと考えたのです。

また、「八＋三＝五」と式表示した子どもの思考も、よく分かります。〝「八つのもの」は、「三つ」に何を足して出来たんだっけ？。うーんと……、あっそうだ。「五つ」だったっけな〟と考えて、「八は、三＋……」↓「八＋三＝五」と表記したのだと思うからです。

もしかすると、それは私一人の一方的な思い込みかもしれません。でも、思い込みかどうかは、「何故、そう考えたのか」を、子どもから教えてもらう他ありません。授業は、子どもの思考・論理を的確につかむところから始まるのですから。

私が現職教師だった時、こんなことがありました。「三−一＝二」の勉強をしていた時のことです。三個のびんづめタイル（三個つながったタイル）を出し、「三個」を確認した後、鋏でタイルを一個分切り落としました。すると、切り落とされた一個は下に落ち、私の手にはつながった二個のタイルが残りました。そうしてから、〝三個のタイルから、一個切り落としたら、二個になりましたね。これを算数では、「三ひく一は、二」と言って、「三−一＝二」と書きます〟と進めていきました。

「三−一＝二」の言い方や書き方を練習したあとで、〝みんなに質問なんだけど、今、三個のタイルから一個切り落としたら，二個になったよね。じゃあ、三個のタイルから一個切り落とすのに、こっち（右側）でなく、こっち（左側）の一個を切り落としたら、何個になると思う？〟と投げかけました。子どもたちは、そんなの二個に決まっているさという顔つきで、〝二個だ！〟、〝二個、二個……〟と騒いでいます。それで、私が〝じゃあ、やってみるよ〟と，鋏で一個を切り落としたら、子どもたちは〝やっぱり，二個ださ！〟と、飽きれ顔で応えてきました。

するとその時、一番前の席にいた典子ちゃんが、〝同じ二個だけど，違う二個だよ〟と言い出したのです。典子ちゃんの言い分は、〝初めの二個は，左側を切って出来た二個だけど、今度の二個は，右側を切って出来た二個だから、同じだけど違う二個だ〟と言うのでした。典子ちゃんの発言は、私に「具体物――タイル――数」の相互交流の必要性・十分性を改めて教えてくれました。

また、「芽をふく子ども」では、「おしになった娘」「走れメロス」「たわしのみそ汁」等の持ち込み教材での授業風景が映っています。教科書教材であれば、教師用指導書（赤本）があります。教師用指導書を借用すれば、一応年間指導計画に基づいた指導が滞りなく進められるようになっています。でも、島小学校の先生方は、教師用指導書（赤本）を拒否し、敢えて持ち込み教材を使うことで、子どもとの勝負に挑んだのでした。職員室での教材研究をしている姿・表情に、確固たる信念が窺えました。

四　「芽をふく子ども」を観ての学生の感想

学生の多くは、映像が白黒であることにまず驚きました。その驚きの中身は、「時代が完全に違っている」ということであり、異次元の世界を垣間見る感覚だったようです。ですから、寛ぎ状態になり、机に突っ伏したり頬杖をついたりで、何となく観ていました。それが、子どもたちが一生懸命説明している辺りから注目し出し、跳び箱での台上腕立て前転の頃には、皆が圧倒されて、食い入るように観ているのでした。

以下は、視聴後に書いてもらった感想文の幾つかです。

・「芽をふく子ども」のDVDを視聴して、子どもの活発な姿がよく見られた。授業の中の計算問題を解いていたところで、間違った解答をしていた子に何故そう思ったのかを聞き、それを聞いた上で正しい答えの解説をしていた。そしてその子は、自分の解答の間違いを理解していた。このことは、自分が小学校の頃には無かったことで、答えが間違っていたら「その解答は間違いだ、正しいのはこの解答だ」だけで終わっていた。DVDと比較すると、子どもは生き生きと発言していて、自己肯定感があるように感じられた。また、教師に直接解答を見せているシーンでは、子ども一人一人に沿って解説等をやっていて、その時教師も子どもも笑顔で信頼し合っている様子が感じ取れた。私は、このDVD全体を通して、島小学校で行われていた教育が現在の教育に求められていると考える。

・「芽をふく子ども」という映画を観て、私は、特に子どもたちの主張や姿勢を尊重している映画だと感じた。なぜなら、現在の学校教育では子どもに知識や情報を言葉で伝えることが多く、子どもに心の豊かさを教えるような教育ではないからである。映画では、子どもが授業を受けている中ですぐに解答をするのではなく、子どもがどうしてそう思ったのか考えたのかなど、時間をかけて教師と一緒に望ましい解答を導き出していた。また、子どもが話していることにしっかりと耳を傾けて、子どもの気持ちや考えが満たされる関わり方をしていた。特に教師が子ども一人一人の近くに行って話を聞いている場面では、子どもが教師から積極的にアプローチしているようにも見えた。私はそのような場面を見て、子どもの話をよく傾聴し気持ちを受けとめていくことで、子どもが自分は認められているという実感を持つことに繋がり、より自主性や主体性が育てられていくと感じた。

・白黒の映像でも、子どもたちの笑顔は色がついているように鮮明に自分の脳内でイメージできました。それは、子どもたちは学ぶこと、知ることについて、真剣に楽しく思えていたのだなと感じた。子どもたちは、とても良い子、真面目な子たちなんだなとも思いました。

・算数の時間で、黒板に八－三＝八と書いていたり、八＋三＝五などと書いているシーンを見ました。今の私からみたら、八から三を引くのに八にはならないのになあと思っていたのですが、映像に映る先生は、子どもの「どうしてこうなったのか」という考えを途中で否定せずに聞いていた。自分にもそのような時代があったのに、大人になると、子どもの頃の気持ちや考え方を忘れて頭がかたくなってしまうので、子どもの気持ちになって考えることが、如何に大切であるのかが分かってきました。

・DVDを見て、子どもの内面は、表情・姿・動きに出るんだなと学びました。将来保育者になった時に、子どもの様子を観察し、子どもがどんな様子なのかを把握することは、とても大切なことだと改めて思うことができた。

・このような教育を、現在できている学校はあるのだろうか。少なくとも私は、勉強を自らしようとしたことはあまりなかったし、学ぶことの楽しさは分からなかったし、感じることもできなかった。これは、私が少しなまけていたということもあったかもしれないが、教師がもっと信頼し、子どもにやる気を出させるような教材を研究し、教えていたとしたら、自ら勉強に取り組んでいたのだろうかと思った。

・昔の子どもたちは、一人一人が清々しい表情をしており、元気な姿そのものが本来あるべき子どもの姿なのではないかと思う。

・子どもたちが分からないところや質問をしている場面で、必ず先生方が子どもの目線になっていることがすごく良いなと思いました。子どもの目線になることで、子どもの気持ちを読み取ることができ、また何につまずいているかも分かることに繋がる。だからこそ、子どもの目線になって物事を考えるということは、とても大事なことであるのだと気づきました。

・子どもたちが考えていること、思っていることが表情や動きに出ていて、言葉で上手く表現できていなくとも伝わってきた。

子どもたちの歌声も、すごく素敵なものだった。子どもらしくのびのびとした声で歌っていて、聴いていてすごく心地がよかった。

・子どもたちの歌声がとてもきれいだった。ずっと耳に残るような音楽で、とても変な気分になりました。

島小学校の先生方は、どれほど骨を折り、身を粉にして事実を創り出してきたのでしょうか。

また、島小学校の創り出した事実に触れた教師が、其の後どんな仕事の仕方をしたのでしょうか。

残念ながら、島小学校の子どもたちと同時代を過ごした私には、幾人かの先達教師の後ろ姿から、想像するしかありませんでした。

でも、保育士や幼稚園教諭を目指していても、まだ二〇歳前後の学生が「芽をふく子ども」の映像を見て、「子どもの権利条約」の目指すもの、つまりは【教育の核心部分】を直截に感得する感受性には驚かされます。

「芽をふく子ども」（今から五〇年以上も前に創り出された島小学校の事実）は、今も教育の本道にあると確信できました。

（教育月刊誌「事実と創造」二〇一七・八月号に掲載）

「アイデンティティ」の形成とあおぞら保育園での「表現活動」

「子どもの権利条約」の第八条に「アイデンティティの保全」が出てきます。

ユニセフ訳では、

「第八条（名前・国籍・家族関係を守る）　国は、子どもの名前や国籍、家族の関係がむやみにうばわることのないように守らなければなりません。もし、これがうばわれたときには、国はすぐにそれを元どおりにしなければなりません」

と書かれています（※外務省訳では「身元関係事項（八条）」・「同一性（二九条）」）が、沖縄県知事の翁長雄志さんが立候補スローガンに〝ナショナリズムよりも、アイデンティティを！〟と使ったように、「アイデンティティ」とのカタカナ語のままの方が条文の「identity」の内容を表していると思えます。

で、「子どもの権利条約」での第八条は「アイデンティティの保全」を謳っているわけですが、国内事情によって、差別・虐待・無視・放置・強制・強要等で個々人のアイデンティティが侵されたり蔑ろにされることがないように、国の責任でやっていこうというものです。当然、「国の責任」とは、政治や行政のみならず、国民全体で「アイデンティティ＝個の存立基盤」を認め、大事にしていこうということでもあります。

ただ、この「アイデンティティ」は、生来的に個々人に付随しているというよりも、生きていく中で、つまり成長・発達しながら知識や認識、文化の獲得が豊かに拡大・深化していく中で形成され、確立していくものでしょう。特に初等教育時の小学校や、幼児教育時の幼稚園や保育園時代は、「アイデンティティの保全」はもとより、「アイデンティティの形成」が大きな課題になります。

私は、沖縄のあおぞら保育園と「表現活動（身体表現活動　※以下「表現活動」と表記）」で関わって八年になりますが、関わり始めた発端は、仲原りつ子園長さんから、〝表現活動で、あおぞら保育園と関わってくれませんか？〟というものでした。仲原りつ子園長さんが、同時期に岐阜にある八幡保育園や美濃保育園の「表現活動」を参観して、〝私たちの保育園に不足しているものは、これだ！〟と直感したそうです。それで、「表現活動」に取り組んでいた私に声をかけたのでした。

その時私は、仲原りつ子園長さんに二つの条件を出しました。

① ボランティア活動として関わること。

② 取り組んだら、必ず「発表会」を設けること。

です。①の「ボランティア活動」とは、私が保育園に関わることで、私自身も一緒に勉強したかったからです。というのも、私は、学生時代から教師になって定年退職するまでの四〇数年間、教師の自主的な「サークル活動」に関わってきました。私はその中で学び、技量を磨き、信念・生き方を見直し且つ創り出してきました。しかも、この自主的な「サークル活動」は、何時でも【身銭をきった手弁当での勉強会】でした。つまり、自己責任を前提にした【自分の中身は、自分でつくる】集まりだったのです。先駆的先輩教師たちからそんな資質・体質を受け継いできた私には、「ボランティア活動」で関わることしか思いつきませんでした。

また、②の「発表会」の件は、「スタニスラフスキィ・システム勉強会」の中で学んだ【公開の原則】に寄ります。〈演劇人としての修業とは、トレーニングや訓練の積み重ねだけでなく、必ず舞台で、観客に発表すること〉というのです。それで、現職教師時代に、子どもたちと音楽劇に取り組んだ時は、必ず親の前で発表してきました。すると、その時々で表現力の巧拙はあったにしても、必ず子どもたちの内実に変化が起こるのでした。そうして私の中では、「表現活動」と「発表会」の不可分性が、確信のようになっていたのです。

あおぞら保育園での「表現活動」の取り組みは八年目を迎えますが、昨年一二月の発表会の様子を記録したＤＶＤの中から、三歳児の発表の様子を幼児保育の専門学校の学生に観てもらいました。

三歳児は、自我の目覚めが起こる時期です。また、私の取り組む「表現活動」では、自立した姿と自律する姿が必須不可欠になります。つまり、三歳児なりに【自我・自立・自律】の三拍子が統一的に意識され、コントロールされ、発揮されることが、まさに三歳児なりの「アイデンティティ」の形成となるからです。それが、具体的にはどんな姿を指すのか、あるいは具体的には何をすることなのかを、将来保育士や幼稚園教諭を目指す学生に映像の形でぶつけてみました。

教師の自主的な「サークル活動」など全く知らないだけでなく、戦後の民間教育運動や教授学の会での数々の「表現活動」など一切知らずに育った現在の学生がどんな反応をするのか、真に〈講師の私が、時代の私への挑戦〉でした。

学生に観てもらったＤＶＤでの演目は、次の通りです。

○　あおぞら保育園

・音楽劇　「てぶくろ」（ウクライナ民話　小松田克彦脚色　梶山正人曲）
・ことばあそび・詩　「あめ」（まどみちお）
「だいこんじゃぶじゃぶ」（まどみちお）
「そっとうた」（谷川俊太郎）

○あおぞら第二保育園
・音楽劇　「おおきなかぶ」（トルストイ作　小松田克彦脚色　梶山正人曲）
・ことばあそび・詩　「はなのみち」（あげはゆりこ—工藤直子）
「おちばのゆうびん」（まどみちお）

以下は、映像を観た学生の感想の幾つかです。

・一人一人が退場せずに、自分の出番をその場で待つ。出番じゃなくともお友達の演技やセリフ、タイミングをしっかりと見て待つという大切さを学べると思いました。主役かどうかではなく、その場に立ち、出番じゃなくても演じるという大切さが学べるのではないかなと思いました。子どもたちがセリフを言い易いようにしゃがんでから言ったり、手で言い易いようにうながしたり、ただ言わせるだけじゃないと思いました。

・自分が経験してきた学芸会や発表会は，自分の時にステージに出ていくシステムだったし、一人一人に役の大小があって、それを身につけて演じていたので、このあおぞら保育園で行っている発表会のやり方を見て、「なるほど、こういうやり方もあるんだな」と思いました。その子一人一人の個性を引き出すためには、とてもいいやり方だと感じました。歌う時も、上手く歌うということを気にせず、みんな自分なりに大きい声で楽しく歌っていて、良いことだなと思いました。自分の出番じゃなくてもステージ上にいるだけで表現の力が身に着くと知りました。また、何もかもを体で表現することも表現力がつくと思いました。

・ＤＶＤの子どもたちを見て感じたことは、子どもたち一人一人が生き生きとしていた。自分の番じゃなくても、一人一人が〝主役〟で、それぞれの力を精一杯に発揮していた。自分の役になりきり、自分らしくその役を演じていてとてもよかったと思う。

この表現活動は、子どもたちそれぞれが持っている魅力を引き出していることはもちろん、子どもたちの良いところをどんどん伸ばしていくことが出来ている。一つの物語をみんなと協力して作り上げることで、みんなと仲良くすることが出来、コミュニケーションを図ることや、自分だけでなく、みんな同じように大切だということを改めて感じることが出来ると思う。自分らしさを持つことは、人格形成をする上で、とても大切だと感じた。

・三歳児の表現活動では、一人一人元気な声で歌っていて、聞いている私は笑顔になりました。役に合わせて動きなど表現されていて、どの役を演じているのかしっかり理解出来ました。言葉の活動では、セリフにあわせて優しく言ったり元気に言ったりしていて、言葉の意味を理解しているのが伝わりました。みんなで合わせて言うところも、タイミングを見て合わせようとする姿が見られ、すごいと思いました。

・今回の授業では、保育の表現活動の場をＤＶＤで実際に観てみることで、表現活動をしている時の子どもの表情や様子などが、より分かり易かったです。活動中の保育者の動きを見てみると、子どもを援助しながら、子ども一人一人の様子見を忘れず、活動に参加していることがよく分かりました。また、子どもの活動を動きとして援助するだけでなく、ピアノを弾くことで表現活動の一部としていたり、歌を歌う時には、大きい声を積極的に出し、子どもが歌えるように導くなどしていたのが分かりました。

また、子どもの発達に合わせた表現活動の内容になっており、皆で一緒に楽しんで活動することが大切なことなのだと感じました。保育者の活動として、子どもの活動の援助は第一に必要だが、その他にも特にピアノでの活動への参加はとても必要な事であり、保育者がピアノや歌を通して活動に関わることで、子どもの活動の幅も広がるのだと感じた。

・ＤＶＤを観て思ったことは、三歳児で「おおきなかぶ」や、まどみちおなどの詩を演じていることがとてもすごいと思いました。一人一人がきちんと言うセリフを覚えていたり、保育士の合図で動いたり、セリフを言うことができているので、三歳児でも保育士の援助ありでだが、覚えることが出来るのだと感じました。

子どもをタイミングよく動かしたり、セリフを言わせるのが保育士の役目であったが、保育士のタイミングも大事であるし、それを子どもたちに伝えることも大事であり、難しいと感じました。しかし、それを三歳児の子どもたちが出来るということに感動しました。

保育士のタイミングに合わせて、動いたり、セリフを言ったり、歌ったりする姿はとても元気いっぱいで可愛いかったです。詩を取り入れるという方式が斬新で、とても良いと思いました。子どもに詩の内容や詩を理解してもらうことに繋がり、学びの面でもとても良い取り入れ方だと思いました。

・子どもたちは自分たちの役になりきって、一生懸命やっていた。セリフなどもとても多くて、たくさん練習したということがすごく伝わってきた。先生方の補助も的確であって、先生の動きで子どもたちは、言葉の言うタイミングなどを計っていたのではないかと思った。三歳児のクラスなのに、詩なども読んでいてすごいと思った。また、詩の意味もしっかりと理解していてすごいと思った。子どもにとって表現することが苦手だと思っていても、クラス全体でやることで恥ずかしさが減り、のびのび出来るのかなと思った。

・一人一人しっかりと役に成りきっていました。先生の合図や指示をしっかりと理解していました。先生は、子どもたちが分かるように大きく体を動かし、理解し易いようにしていた。おばあちゃん役の子たちは、杖を持っているように見せかけ腰を曲げて歩いている姿がとても印象的であった。見ている人の反応も、「おもしろい」といったような反応を示していた。歌う時も、声をそろえることや音程にはこだわらず、子どもたちが生き生きと楽しそうに歌っていた。声も出ていたし、一体感が見えた。

・ＤＶＤの子どもたちは、先生の呼びかけではなく、ピアノの音や先生の身ぶり手振りに反応し、セリフを話したり、場所を移動したりして凄いと感じました。身ぶり手振りで反応が出来るということは、その分しっかりと先生の動きに注目しているということなので、同時に感心しました。

・同じ三歳であっても、皆が同じような割合で演技ができるような工夫がされていた。全員を平等にしながらも一人一人を大切にしている部分もみられた。「おおきなかぶ」で、かぶ役を先生がすることによって子どもたち全員が同じ動きをすることが出来るため、良いと思いました。それぞれの役の部分はしっかりとその役を目立たせ、それ以外の歌の部分等は全員が目立つような工夫がされていて良いと思いました。アイデンティティを大切に守られている内容だと感じました。

・今回、授業で見たＤＶＤでは、三歳児の音楽劇やことばあそびの様子を見ることが出来ました。音楽劇では大きなかぶを演じていたが、その役に成りきる姿も見られました。また、子どもだけで演じているのではなく、保育者も一緒になって演じたり、歌う様子が見られました。ことばあそびでは、一人一人が単語をいう場面があったが、全員が大きな声ではっきり言えるのがすごいなと思いました。ことばあそびはどのような意味で行っているのかが少し気になりました。

子どもたちに均等な役割を与えることで、アイデンティティがつくられているのではないかと思いました。また、子どもたちが自由にのびのびと演じられる環境や指導をしていくことが、とても重要なのではないかと思いました。このように、子どもが演じるということは、子どもにとって大変貴重な活動であり、保育の場では取り入れていくべきなのだということがよくわかりました。

・ＤＶＤの中で、子どもがとてものびのびとやっているように感じました。細かい場の転換も無く、覚えやすいフレーズのセリフが用いられていると思いました。先生が一緒に動いているのも印象的でした。一緒に作品の中にいることで子どもたちに安心感が与えられるからかなと思いました。何より、子どもたちが元気で、意欲的であったと思います。

・三歳児のおおきなかぶ、ことばあそび、てぶくろの演技を見て、まず、おおきなかぶでは最初にみんなで合唱をして、その次におおきなかぶの絵本通りのシーンを、保育者が手振りで指導していてすごいと思いました。

ことばあそびでは、保育者が手で合図したり、子どもに分かるような動きをしていて、子どもがスムーズに言葉を言えるような工夫がされていて勉強になりました。

てぶくろでは、お話通りに子どもたちが演技しているのに加えて、保育者がシーンに合わせてピアノで効果音を弾いていてとても良いと思いました。

・DVDを観て感じたことは、子どもたちみんな、生き生きとしているように見えました。声もみんな大きな声ではっきりとしていたので気持ちよく見られました。そして、単純すごいと思いました。セリフもそんなに短くないのに、しっかりと言えていて、動きもちゃんと覚えて、その役その役になりきっていて、三歳でここまでできてすごいと思いました。

ことばあそびの中で、しっかり自分のアイデンティティになっているんだと感じました。その役の中で自分の存在をしっかりと主張できているなと感じました。

・ＤＶＤを観て、最初はアイデンティティの形成とどうつながるのか疑問であったが、少し分ったような気がした。まず自分が自分を知ること、受け入れることが大事なように感じた。そうした上で相手を知り、受け入れることができるのだと思った。子どもたちは、幼いながらに発表会を通してどのように感じたのかを知ってみたくなった。また、保育者はどのようなことに留意しながら子どもたちと練習したのかも気になった。自分が考えていたよりも劇として成立していて、子どもたちの持つ力を低く捉えず、むしろ引き上げていくことも大切だと感じた。アイデンティティという言葉をもっと広い意味で捉えられるように日常生活から意識したい。

・「おおきなかぶ」のビデオを見て、よく見る劇は、紙などで作ったカブを使っていることが多いイメージでした。ですがこの園は、お面や小道具は一切使わず、身体の動き、ピアノのリズム等ですべてを表現しており、とても新鮮な劇でした。一人の保育者が子どもと保護者の真ん中で子どもに手の動きや身体で指示を出していました。子どもと保育者が一体となって劇を完成させているように見ていて思いました。この劇の仕方によって、子どもの表現力が高まり、全員で動きを合わせていくところが多かったので、仲間と協力することや団結力がつきそうだなと思いました。

・子どもたちの映像を見て、どの子どもにもセリフがあり、全員が主役のような形になっていた。小さい年齢の子もしっかりセリフが言えてるように、先生が体でリズムを取ったりその子を指したりしていた。また、どの子も自分の立ち位置を分かっていてすごいと思いました。子どもも保護者も嫌な気持ちにならないように、少しやり方を変えるだけで変なストーリーにならずに、全員をステージに出したりすることができるのだなと勉強になりました。

・「おおきなかぶ」を見て、三歳児の子どもたちをまとめるのは大変だけど、その中にたくさんの工夫があったと思いました。ピアノの音を使ったり、指揮では歌の音程に合わせて手の高さを変えたり、子どもたちへ言葉ではない指示がたくさんあったと思いました。子どもたちと一緒に動き、セリフがある子、動きがある子には目線や体の向きでこどもたちに分かりやすいよう指示を出していました。
子どもたちのセリフが速くならないよう、一拍おいてから先生が合図を出していました。

「てぶくろ」を見て、大事なセリフの時はいつもより身ぶり手振りを大きくしていました。

四つを見て、三歳児でここまでセリフを覚え、歌も歌うことができるのは驚きました。先生方の指示の出し方や、身ぶり手振りなど子どもたちへどういう指示を出すのが良いのかを分かった上で前に立たなければいけないということを感じました。

・子どもたちの発表は、全体で同じ動きをしているのに、何だかそれぞれの個性が現れているように感じました。子どもたち一人一人が与えられた自分の役を力いっぱい元気よく演じているのを見て、この子どもたちは表現することを怖がったりせず、楽しんでいる様子が感じられました。成長するとなかなか人前であんなに楽しそうに表現するのは難しくなっていくと思います。それは成長した自我などからくる羞恥心などが要因だと思います。幼少期の自我や自律を上手く伸ばして、映像にあったような伸び伸びとした表現力などを殺してしまわないような養育をしていけたらもっと一人一人を尊重した人間関係を築ける社会になっていくのではないかと思いました。

・三歳の子どもたちが、ピアノの音、保育士の動きの合図によってセリフを言ったり動いたりしていた。大きく声を張っている子が多いように感じた。しっかり保育士の動きや合図を見て動いたり自信をもってセリフを言ったり歌うなどをしていて、誰も泣いたり親に気を取られ過ぎないなど、三歳は思っているよりも子どもっぽいわけではなく、自立出来るのだなと感じた。
保育士が最初から最後までピアノを弾いて子どもたちにタイミングを音で促したり、ずっと動いて合図を促したりして子どもたちをサポート・援助していて、子どもたちがそれに応えている様子がとても良かった。元気で明るい子どもたちが表現されている劇であったことも良かったなと感じた。一生懸命自分の役割を果たそうとしていたり大きな声で歌をうたっている姿が可愛いかった。

・子どもたちの劇を見て、衣装がなくても劇が出来ることに驚きを感じました。劇をすることは、一人一人に役を与えられ、子どもはそこで自己存在感を感じるのだと思いました。子どもが成長していく上では、アイデンティティが大切だと思います。なぜなら、子どもが他人から自分の存在を認められることで他人を思いやる気持ちが芽生えると感じたからです。

劇中には、音楽に合わせて歌う子どもたちの姿やそれぞれの役になりきりながら演じている子どもたちが印象的でした。今までは、衣装までが揃って劇が成り立つのだと思っていましたが、子どもたちが演じようという気持ちがあれば、衣装がなくても劇は成立することを知りました。劇は自分たちのセリフがくるまで待っていなくてはなりません。そういったことを自然に子どもたちが行っていましたが、日々の生活で静かに待つ場面でいかされる等、劇一つをするにしても子どもたちは沢山の社会性や人間性を学んでいるのだと思いました。

「子どもの権利条約」に謳われている「アイデンティティの保全」（八条）は、特に小学校や幼稚園・保育園では「アイデンティティの形成」と一体です。しかも、「差別の禁止」（二条）や「子どもの最善の利益」（三条）、「生きる権利」（六条）、「意見表明権」（一二条）「表現の自由」

（一三条）、「教育の権利」（二八条）、「教育の目的」（二九条）、「休み・遊びの権利」（三一条）等と関わり合って十全に保障されていかなければ、お題目だけの条文へと堕していくだけです。

次代を担う学生たちが、「表現活動」に関心を持ち、保育の仕事・教育の仕事を【生涯をかけるに足る仕事】と捉えて、息の長い仕事が出来るよう応援していきたいと思っています。

（教育月刊誌「事実と創造」二〇一七・一〇月号に掲載）

子どもに学ぶ・子どもを生かす演出

――音楽劇「おむすびころりん」の「歓迎の宴」の場面から――

はじめに

子どもたちと表現活動である音楽劇に取り組む時、教師や保育士は、「演出」を受け持たなければなりません。子どもたち一人一人の確実な成長・発達を促し、対応や響応、同機や同調を通して人と人との関係を体得していくには、必須不可欠のことだからです。

でも、「演出」というと、指導にあたる教師や保育士が【自分で解釈・構想し、演じる子どもたちを自在に駆使して作り上げていく】と思われがちですが、子どもたちが楽しんで音楽劇に取り組んでいくためには、子どもたちの演じる姿に学び、「仮想の世界」を楽しめるよう演じる姿を上手く生かしていくことが求められます。

スポーツの世界でも、伝統芸能の世界でも、あるいはバレーや舞踊の世界でも、その道の達人を目指すには、早い子では三歳ごろから特化した指導が行われています。このことを否定する気は全く有りませんが、私は〈自分の将来は、自分で決める〉ものだと思っています。ですから、その子が「〇〇になりたい」と思った時、〈〇〇を目指せるような基礎・基本の内実が身についている〉ことが、教師や保育士の役割・仕事だと思っています。

「子どもの権利条約」での「最善の利益」や「アイデンテティの保全」、「意見表明権」、「教育を受ける権利」等は、保育活動や教育活動の中で具体的に取り組まれる中でしか、子どもたちに昇華・結実していきません。音楽劇の「演出」で、「子どもに学ぶ」「子どもを生かす」ことが、指導にあたる教師や保育士にとって、必要不可欠である所以がここにあります。

○　子どもに学ぶ・子どもを生かす　―その一―

音楽劇「おむすびころりん」は、四〇年ほど前、宮城教育大学附属小学校での同僚教師だった大村道子さんが脚色し、梶山正人さんが作曲したものです。それを公開研究会で表現活動として取り組むことになった時、私が一学年の子どもたちの演出を担当することになりました。

音楽劇「おむすびころりん」の演出を担当して、悩み苦しんだ一つが「歓迎の宴」の個所でした。子どもたちは、一四〇人程。体育館のフロアーで、裸足・体操着での表現です。「誰が・何処で・何をするのか」を考えなければなりませんでしたし、一つ一つの動きに繋がりや必然が感じられなければなりません。そして何よりも、子どもたちが「やらされる」のではなく、演じることが楽しく、一人一人の子どもに高揚感が生まれなければ「表現活動」にはなりません。

そうして見つけ出したのが、スキップによる群舞でした。ピアノ曲が入り、子どもたちが「はあ　なんとめでたい……」と歌い出すと、三〇人程の子どもたちが、自分の場所から一斉にフロアー中央にスキップで出てきて、手や身体を自由に動かしながら踊りまわります。ピアノの曲と歌に合わせて、ぶつからないよう・かたまらないよう・同じ動きにならないようにして、自由に踊りまわるのでした。そして、最後の「すととんとん　すととん」で、出てきた元の場所にさっと戻るのです。それをおじいさんは、驚きながらワクワクして見ている。つまり、場面の配置を歌隊・踊り隊・おじいさんの三者構成にして、それぞれが目立つような配置にしたのでした。するど、歌隊の子どもたちは、歌うことで雰囲気を作り出しました。また、踊り隊は一気にエネルギーを爆発させて踊りまわるのでした。そして、歌隊と踊り隊から離れた位置にいたおじいさんは、引き込まれてワクワク・うきうきしてくるのでした。

ただ、歌声が乱暴で硬い気張った声にならないように指導したのは、梶山正人さんです。常に呼吸を意識させ、身体が柔らかく膨らむよう指導し、声に対象をもたせて歌わせていました。更には、梶山正人さんの弾くピアノからのメッセージが、毎回違っていました。子どもたちが散漫で落ち着かない時は、集中が生まれるように弾きました。子どもたちが淀んで元気がない時には、湧き立つような高揚感が生まれるように弾いていました。そして、子どもたちがやる気満々過ぎてフライングを犯しそうな時には、ゆっくりたっぷりと弾きました。何時も子どもたちの姿に応じて弾き分けていたのです。

身体表現を担当した私も、子どもたちの身体の動きに気を配りました。ぶつからないよう、かたまらないよう、そして粗雑で乱暴な動きにならないよう絶えず周囲を感得し、併せて身体を柔らかく動かした時の身体の心地よさに気づかせていきました。それに気づいた子どもたちは、スキップ一つでも、楽しみながら舞踊的になっていきました。

○ 子どもに学ぶ・子どもを生かす —その二—

定年退職後、沖縄のあおぞら保育園・あおぞら第二保育園に、「表現活動」のボランティアに入った一年目の時のことです。あおぞら第二保育園の五歳児クラスは、音楽劇「おむすびころりん」に取り組みました。

この時、担当の保育士さんは、「おむすびころりん」の「歓迎の宴」の場面に餅つきの表現を入れました。単一の踊り隊を「踊るグループ」と「餅つきグループ」の二つにしたのです。すると、宴の場面が一層賑やかに華やいできたのです。

そこで私は、おじいさん役（※保育園では、一役を複数人数で演じていた）に、ワクワクして見ているだけでなく、出された料理を食べる動作も付加してみました。というのも、宴からフィナーレに繋がる部分に、「もう　もう　そうは食べられません。お腹いっぱいになりました。」の科白があるのですが、今まで一度も料理を食べる演出・構成が無かったからです。おじいさん役の子どもが三人いましたので、私が〝踊りを見ているおじいさんが居てもいいね。出されたご馳走を食べてるおじいさんが居てもいいね。さあ、三人で別々のおじいさんになってみよう……〟と、三人の子どもたちに注文をかけてみました。三人の子どもたちは一瞬考えていましたが、見事に別々のおじいさんの動きを演じ始めたのでした。その動きを見て、私は更に注文をかけていきました。〝うん。色々なおじいさんになったね。でも、おじいさんは一人なんでしょう。おじいさん役の三人が別々の動きのままだったら、三人のおじいさんになってしまうね。三人いても、一人のおじいさんになるには、隣の人に頷いたり、分けてやったり、貰ったり、誘ったりしながら、見ていたり食べたりするといいね……〟とです。つまり、おじいさん役の三人の子どもたちに、お互いの対応や同調を促すことで、一人のおじいさんに結集させようとしたのです。

するると、おじいさん役の三人の子どもたちは、飲んだり・食べたり・眺めたりをお互いに響応しながら、演じていきました。しかも、踊りや餅つきの子どもたちとも、繋がりを作り始めました。いつの間にか、子どもたちは、自分の役割を果たすだけでなく、お互いに見合い、確かめ合いをしながら、交流・交感を起こし、舞台空間に一体感を起こしていったのです。

特筆すべきは、おじいさん役になったコウタ君です。いつもは、ちょろちょろして友だちにちょっかいばかり出していたのですが、この時は、俄然違っていました。出されたご馳走を、最初は手当たり次第に食べまくっていましたが、食べるだけでなくお酒やお茶を飲むようになり、ついには隣の子に注いでやる動きをし始めたのです。多分、コウタ君の家での宴会は、斯くの如くなのでしょう。道具を一切使わない無対象行動なのに、実に楽しい宴会風景を演じてくれました。

○ 子どもに学ぶ・子どもを生かす ―その三―

あおぞら保育園に入って二年目。あおぞら第二保育園の五歳児と、音楽劇「おむすびころりん」に取り組んだ時のことです。子どもたちは一二名ほどしかおらず、役割分担が大変でした。おじいさん役を二人にしたものの、歌や踊り、語りや科白を一〇人で受け持たなければなりませんでした。

私たちの取り組む音楽劇は、三歳児・四歳児・五歳児のどのクラスでも、四～五ヶ月かけて仕上げの発表会まで取り組んでいきます。それは、どの子も歌が歌えるようになり、どの子も語りや科白が言えるようになり、どの子も身体表現での踊りや動きが出来るようになるからです。どれもこれも、子どものやる気を大事にし、子どもの想像や工夫を尊重することが何よりも不可欠なことに拠ります。

こうして時間をかけ、どの子にも「納得と了解」を積み重ねながら、音楽劇を演じ楽しむように育てていくと、どの場面でも即座に歌ったり、踊ったり、語ったり出来るようになってきます。つまり、どの子も音楽劇の内容が頭の中にあり、身体化しているのです。別言すれば、音楽劇に取り組む私たち大人の指導の技量と、保育園の子どもたちの成長・発達や吸収力・受容力が発揮されるようになるのに、四～五ヶ月はかかるということでもあるのですが……。

ともあれ、この時のあおぞら第二保育園での音楽劇「おむすびころりん」は、おじいさんを歓迎する踊り手が、コハルちゃん一人だけになってしまいました。踊りの動きは、スキップをしながら自由に手を動かしてみる形だったのですが、練習の時は何時も四～五人で交替しながら踊っていました。それがコハルちゃん一人だけになったのですから、一人で踊ることのプレッシャーに潰されないか不安でした。でも、全くの杞憂に終わりました。ピアノの曲が響き、歌隊が「はあ　なんとめでたい……」と歌い出しました。餅つき隊は歌に合わせて歌隊の前に出て来て、輪になって餅つきの動作を始めました。そして、コハルちゃんはと見ると、何食わぬ顔で出て来て、カチャーシーの手踊りで踊り始めたのです。曲のリズムに合わせ、歌声の勢いに鼓舞されてか、沖縄の人たちが目の前に現れ出て祝宴を楽しむが如く踊るのでした。四歳の子どもでも、そしてたった一人ででも、既に沖縄の血を受け継ぎ、沖縄の風土・風習を漲らせていたのです。私は、感動のあまり笑うしかなく、コハルちゃんの踊りの表現に脱帽しました。

あとで、コハルちゃんに〝あの踊り、どうやって覚えたの？〟とそっと尋ねると、コハルちゃんははにかみながら〝おばあさんに、教えてもらったの……〟と応えてきました。

○　子どもに学ぶ・子どもを生かす　―その四―

昨年、沖縄の勢理客保育園で音楽劇「おむすびころりん」に取り組んだ時のことです。保育士のナカソネさんは子どもに寄り添い、それでて掌握力に優れた保育士さんでした。子どもたちを大きな声で怒鳴ったり・怒ったりは決してしないのですが、ナカソネさんが失敗しても、子どもたちはにこにこして受け入れてくれるのでした。

一二月に行われる保護者対象の「表現発表会」の一週間前、私たちは仕上げの手入れのために、勢理客保育園に入りました。そして、一日目に、今までの取り組みを確認するため、子どもたちの演じる「おむすびころりん」を見せてもらいました。まだ、表現の仕方を一カ所変えると、次々と将棋倒し様になって、表現の仕方を変更していかざるを得ない状態だったのですが、おじいさんを迎える「歓迎の宴」の場面の構成・表現には驚かされました。子どもたちは、ピアノの曲に乗って歌い、踊り、餅つきを始めるのですが、踊り手になった子どもの何人かは、おじいさんも踊りの輪に入れようと誘いに行き、おじいさんも一緒になって踊り出したのです。

残念ながら、私のミザンセーヌには、歌隊・踊り隊・おじいさん隊の三者構成は有っても、踊り隊とおじいさん隊が融合するという発想はありませんでした。三者を明確にすることのみに捉われて、ナカソネ演出に触れるまで、踊り手とおじいさんが融合するという構成には思い到りませんでした。

この「融合」は、「ごちゃ混ぜ」とは違います。「誰が・何処で・何をするのか」が明確で、しかも役割（※この場合は、おじいさんと踊り手）が違うのに、お互いに対応・交流し合って、一体化した一団になるということです。一方「ごちゃ混ぜ」は、一見一団のように見えても、それぞれがばらばら勝手に動き回り、連携の無い孤立した状態のことです。

しかしながら、勢理客保育園の四歳児の子どもたちは、ナカソネ演出を理解し、踊り手もおじいさんも一緒になって踊る姿を創り出したのでした。後日のミーティング時に、保育士のナカソネさんに〝おじいさんと踊り手が一緒になって踊るって、どうして思いついたの?〟と、質問してみました。するとナカソネさんは、あっけらかんとして〝あらーっ、踊るって、一緒に踊るもんだと思ってた……〟との返事でした。沖縄で育ち、沖縄で生活・仕事をしてきたナカソネさんには、楽しみや喜びをみんなで一体化・共有化することは、当然のことだったのです。

前述のコハルちゃんの踊りも含め、沖縄ならではの音楽劇「おむすびころりん」が生まれたと実感した一瞬でした。

「演出」へのつけたし

もう、ずっと昔のことになりましたが、「万乃会」という狂言発表会に出たことがありました。この「万乃会」とは、狂言師の野村万作さん・野村万之介さん・石田幸雄さん等が日頃教えている素人弟子たちが一堂に会して、稽古仕上げのための狂言発表会です。場所は、東京の国立能楽堂の能舞台です。私が演じる演目は「雷」でした。その時、私は雷役でしたが、薬師役の中野さんが急に出られなくなり、発表会当日、石田先生が薬師役になって代役で演じてくれました。普段の稽古では、私は石田先生に教えられる立場でしたのに、この日は、私の「相方」という関係です。もう、それだけで、地に足がつかぬ状態でした。

でも、揚幕が上がり、薬師の石田先生が先に出ていって、一人で演じている段階で既に、客席から笑いが起こっていました。そして、雷役の私が出ていくと、客席から拍手が起こりました。私は訳が分からないまま、ひたすら「びかーり　がらがらがら……」と舞台を走り回りましたが、薬師役の石田先生が雷の登場に期待が膨らむように、布石の演技をしてくれていたのでした。

『雷』の話の筋は、「雷が地上に落ちて腰をしたたかに打ち痛がっている所に、薬師やって来て薬を飲ませたり針を打ったりして治してやる。でも、雷は治療代を払うという地上のしきたりを知らず、代わりに雨を降らせて、雲の上に帰っていく。」というものですが、雷役の私は素人でも、薬師役の石田先生はプロの狂言師です。この時私は、「雷」を演じて、素人とプロの違いを身をもって知ることが出来ました。

狂言は会話劇です。簡単な衣装や道具をつけたり、動作での演技をしたりしますが、基本的には言葉の遣り取り、つまり会話で話が進行していきます。ですから、言葉の一語々々一文々々が明確なだけでなく、言葉に流れがあり、抑揚があり、間を取ることで内容・雰囲気を創り出していきます。

私が身を持って知ったのは、薬師役の石田先生の言葉が、雷役の私をその気にさせ、上手く受け留められるよう言葉を投げてよこすのでした。そして、時には私が倍化して言葉を出さざるを得ないように、急き立てる言い方をしてくることでした。プロである石田先生に、素人である私が、『雷』の舞台で、育てられ、励まされ、挑戦させられていくのでした。二〇分程の演技を終え、橋掛かりを通って鏡の間に戻った時には、私は汗びっしょりでへとへとに疲れていました。でも、爽やかな解放された気分で一杯でした。「プロが素人に教える、あるいはプロが素人を育てる」とはこういうことかと、教師業をしながら実感したのでした。

子どもたちが取り組む表現活動での「演出」は、子どもの成長・発達を保障し、内実を確かなものにしていくための、必須の営みです。そして、教師や保育士が「演出」する技量を身につけるには、「表現」に関わる理論を学び、字句の解釈を深め、自ら表現活動を体験・体感することが不可欠です。でも、それらに比して大事なのは、子どもたちの演じる姿から発達・成長の本質を見抜き、演じる姿を認めて、その姿を確かなものにしていくことです。更には、子どもたちの演じる姿から、「納得と了解」の下、教師や保育士の職責に基づく「願い」を投影・燈火していくことです。

それが、「子どもに学ぶ・子どもを生かす」ことだと思っています。

石田先生を応援する
――東日本大震災での一記録――
（狂言『遊兎の会』に回送）

一　はじめに

石田先生とは、和泉流狂言師・石田幸雄さんのことである。私は、四〇歳から六〇歳までの二〇年間、「教師修業」のつもりで、仙台の素人狂言会『遊兎の会（旧乙の会）』で石田先生から狂言を教えてもらった。

石田先生を師として、二〇年間も狂言の稽古の相手をしてもらったが、私の身体機能は、プロの方の稽古に比すと二日分にも満たない程度にしかならなかった。でも、狂言の稽古を通して、「日本人の身体行動」という勉強課題を持つことができたのは望外の喜びであった。

「日本人の身体行動」という私の勉強課題は、「右利き文化」と「ナンバ」の具体的追求ということでもあるが、嘗ての現職教師時代だけでなく、現在進行形で取り組んでいる沖縄・保育園での身体表現活動でも勉強課題としてあり続けている。

ともあれ、教職を定年退職して、私の「教師修業」も終了し、狂言の稽古会を退会した。今から一〇年程前のことである。稽古会を退会したことで、狂言の世界とも疎遠になったが、二〇一一年三月一一日。死者・行方不明者数が三万人近くに及ぶ、東日本大震災が起こった。私の住む石巻市だけでも四千人を越す人が犠牲になった。電気・ガス・水道等の生活基盤が悉く破壊され、生鮮野菜や食料等の物流もそちこちで分断され、少しずつ回復していったのは、一ヶ月以上経ってからだった。

狂言仲間だった東海林玲子さんから、〝石田先生が被災地に入って、「慰問公演」をしたがっているみたい。でも、仙台の皆さんはそれどころでないようで……〟との連絡が私の所に入ったのは、四月も半ばになってからだった。私は、狂言の会を辞めてから既に二年が経っていたが、石田先生の心意気に感激し、すぐに「私で役に立つなら……」との手紙を、石田先生宛に出したのだった。

折り返し、石田先生の奥様から、次のような葉書が返ってきた。

「過日は、お手紙を頂戴いたしまして、誠に有難うございました。お忙しく、厳しい毎日をお過ごしの事と存じ上げます。早速ですが、先週、万作の会として慰問をさせていただきたいとの案が持ち上がりました。先ずは、より多くの状況を把握してから、人数・人員・方法を、けしてご迷惑にならないかたちで、考えたいとの事です。河北新報等にも問い合わせるようですが、是非、田中さんの目線で簡潔で構いませんので、状況をお知らせ頂けますでしょうか。（実は三月の時点で、夫としては独りで、体育館等の車座の中で、パフォーマンスをしたい考えがありましたが……。）大変な状況の中、誠に恐縮ではございますが、御返事を夫宛にファックスか郵送にて頂けると有難く存じます。どうぞ御身体に充分お気を付け下さいます様、お祈り申し上げております。　　　四／二一　陽子」

私は、葉書きを受け取った翌日の朝だったろうか、すぐに石田先生に電話をした。被災地の状況は日に日に変わっていたし、悠長に段取りを云々するよりも、出来るだけ早く現地に入ってもらい、その場で最善の姿を示す以外にないと思ったからだった。運よく石田先生と電話が繋がり、石田先生から「訪問するのは、仙台・青葉能が終わった五月一五日（日）から一七日（火）の三日間位。場所や運営等は、一切田中さんに任せるから……」の返事をもらったのだった。

事は、急を要する。私は、早速プランを練り出した。尤も、現職教員をしていた時代、教頭や校長の経験から、公演会場を確保するには、担当者のみならず管理責任者の了解を取り付けることが不可欠だと痛感していた。それでまず、①避難者が居る所で　②最低限三間四方の広さが確保出来る所で　③鏡の間の如く準備場所が取れる所で……と、条件を設定した。そして、次に考えたのは、「管理責任者は誰なのか」だった。学校の体育館や公民館等のフロアであれば、舞台空間の確保はたやすいのだが、現職時代の人脈経験から察すると、狂言に理解のある管理責任者は、一〇人に一人もいなかった。今は震災後の非常時なので、慰問公演を積極的に受け入れてくれる善意の管理責任者は何人もいたが、今まで狂言に関心が無かっただけに、とんでもない対応が予想された。ましてや、理解も関心も無い管理責任者は、震災の非常時を錦の御旗として自らの骨身を決して削ることなく、易や楽に流れ、責任逃れに終始するのが目に見えていた。それで、嘗て私が務めた学校や地域の中で、私との話が通じる管理責任者のいる学校・公民館に絞り込むことにした。私が校長として務めた学校や地域だったならば、ＰＴＡ役員や教育長とも通じ合うことが出来たからである。

また、石田先生の慰問公演が三日間フルに活動したとしても、一日に二か所での慰問公演が限度だと思った。被災地慰問に来る芸能人をみていると、豊富な資金や物量を売りにする人や、多人数の弟子や付き人をふんだんに使ってパフォーマンスに走る人がいるが、こういった行為は、石田先生の志とは真逆に思えてならなかった。

こうして、慰問公演の候補に上げたのが、次の六ヶ所だった。

① 野蒜地区の避難所
② 矢本東小学校区の避難所
③ 渡波小学校の体育館
④ 女川第二小学校
⑤ 北上中学校
⑥ 登米町の避難所

①の野蒜地区は、津波により地区全体が壊滅していた。しかしながら、私が校長時に関わったＰＴＡの方々は、周辺の避難所に避難していた。

②の矢本東小学校の工藤校長さんは、私が若い時からの勉強仲間だった。そして、東松島市の教育長・木村民男さんは校長会の同期だったし、日本の伝統文化に造詣が深かった。

③の渡波小学校は体育館が避難所になっていたが、避難所の運営は学校の管理と無関係に自主運営されていた。何よりも、私がお世話になった地域の方々が数多く避難していた。

④の女川第二小学校は、女川町で唯一被災を免れた小学校である。それだけに、体育館のみならず校舎の中にも被災者が避難していた。でも、女川町は私が最後に務めた小学校であり、現職校長時には、町の教育長さんが最大の学校理解者だった。更には、女川第一小学校で一緒に仕事をした教員が、三月の二〇日には避難所の子どもたちを集めて、新任教員と共にラジオ体操やドッチボールで青空教室を始めていたのである。

⑤の北上中学校は、私より五つ年下の校長さんだったが、顔を見知っていたし、同地区内の相川小学校・橋浦小学校・吉浜小学校の三人の教頭さん方とは、湊第二小学校での公開研究会時に一緒に仕事をした仲間だった。しかも、北上地区の避難所が北上中学校と隣接してあった。

⑥の登米町は宮城県の内陸にあり、津波の被害は一切なかったが、海側の南三陸町の人々が大挙して避難していた。また、登米町には「森舞台」という能楽堂があり、伊達正宗の時代から喜多流の能楽が地元の中に脈脈と引き継がれていた。私が上沼小学校の教頭時には、仙台まで稽古に通いながら「この舞台を使って稽古会をやれたらなぁ……」と狙っていた所である。

このプランを基に、現地との交渉を開始したのは、四月二五日（月）だった。

二　会場との交渉

一番初めに訪ねたのは、矢本東小学校の工藤校長さんである。学校そのものは校庭に水が来た程度で津波の被害もほとんどなかったが、子どもたちは休校状態になっていた。また、この地区の避難所は、学校の近くにあったコミュニティセンターである。同所は、立派なステージや客席があり、三〇〇人程度の公演が常時行える施設だった。ただ、管理責任者のセンター長とは、一面識もなかった。それで、私のよき理解者である工藤校長さんに、施設での慰問公演交渉に同行してもらおうと考えたのである。

コミュニティセンターに行きホールを見て驚いたのは、階段状の客席には誰も居なかったが、ステージ上には、段ボールに入った支援物資が所狭しと山積みになっていたのである。しかし、一つ一つの段ボールは封印状態で、梱包が解かれた様子が無いままであった。

私は、客席が空いたままだったので、「段ボールの支援物資を上手く移動すれば、三間四方は確保できるな……」と思い、早速交渉を開始した。でも、不安が的中。私の話を聞くや否や、センター長は急に渋り出した。「私の一存で、支援物資を動かすことが出来ない」、「無料の慰問公演なんて、やったことがない」、挙句は「町外の人に使わせるわけにはいかない」等々の言葉を並べるだけだった。要は、余計な事はしたくない・関わりたくないの態度がありありだった。こういった人を説得するのは不可能である。上司からの指示系統を作って、「この印籠が……」の形にすれば可能なのだろうが、私は、職員の意識改革に来たのではない。そばで聞いていた工藤校長さんも、呆れて何も言わない。

慰問公演は、いわば無償のボランティア活動である。ボランティア活動故に、行う側の意欲と内容が、常に受け入れ側に同調・同意を起こすことが不可欠である。また受け入れ側は、行う側の意欲と内容が十全に発揮出来るよう、出来得る限りの応援・支援を示すことで無償の関係が成り立つのである。センター長の言動は、この無償の関係を暗に拒否していたのだった。

学校に戻る道々、私がボランティア活動の困難さを工藤校長さんに縷々こぼすともなく話していたら、突然工藤校長さんが〝うちの学校の体育館を使いませんか？〟と言ってきた。工藤校長さんは、私らのボランティア活動を応援したいと思っただけでなく、〈本物の狂言を、子どもたちや地域の人に見せたい〉と強く思ったようである。私が、〝学校は休みだし、子どもたちや地域の人もなかなか集まらないのでは……〟と言うと、工藤校長さんは〝私が、呼びかけます。少ない人数になるかもしれないけど、本物の狂言を演ってもらえませんか？〟と応えてきた。工藤校長さんは、私の話す慰問公演を、子どもたちが日本の伝統芸術に触れる千載一遇のチャンスと捉えたのだった。こうして、まずは一件目の慰問公演が実現する運びになった。

二番目に回ったのは、小野市民センター（旧小野公民館）である。平成の大合併で、旧鳴瀬町が東松島市として合併しても、施設や職員は以前と変わりがなかった。それで、小野市民センターに行って見ると、センター長は大友さんだった。彼氏は、野蒜小学校での校長時代に同じ町内校長会のメンバーで顔見知りだった。それで、慰問公演のことを話すと、二つ返事で〝是非やってけらい。言われれば、何でも用意すっから……〟と、調子のいい返事が返ってきた。早速、センター内のホールを見せてもらうと、フロア一面に布団の山が数十個所もあり、避難者の方々がそちこちに寝転んだり、座って寛いでいた。聞けば、ここで一〇〇人を超える被災者が毎日寝起きしていると言う。また、ステージ上には、段ボールに入った支援物資が、所狭しとむき出しのまま積み上げられていた。そばに行ってよく見ると、段ボール等を上手く片付ければ、三間四方は確保出来そうである。そこで、大友センター長に、〝これらの物資を上手く寄せて、三間四方位の広さを作れますかね？〟と尋ねてみた。すかさず、〝いいから。やっておくから〟の返事が返ってきた。この調子の良さに内心不安になったが、前日に確かめておけばいいと思い直し、彼氏の言葉を信じることにした。これで、二件目も何とかクリアしたのだった。

三件目は、女川町に出かけた。女川町では、女川第二小学校に、町の教育委員会が職員室に同居していた。それで、まず教育委員会を訪ね、遠藤教育長さんに挨拶を兼ねて狂言の慰問公演の話をした。遠藤教育長さんは、私が現職校長時代に、和泉流狂言の稽古を仙台でしていることを知っていた。それで、私から慰問公演の話を聞いた時、「本物を子どもたちに見せられる」ことと、「本物を見せて、子どもたちを元気づけられる」ことを直感したのだろう。すぐに、〝私から、校長さんに話すので、是非進めて下さい〟と返してきてくれた。女川町は、昔から教育長さんの権限が絶大である。教育長さんの一言で、三件目も決定した。

ただ、女川第二小学校は、避難者や教育委員会の同居だけでなく、役場の幾つかの課も入っていた。しかも、女川第一小学校や女川第四小学校の子どもたちも、一緒に勉強していた。それで、体育館はおろか教室も満杯状態で、舞台の広さが取れる場所が無い。校長さんと校舎内を見て回ると、四階の理科室前が校舎の曲がり角になっていて、そこが教室一つ分位の広場になっていた。廊下の通路部分も含めると、三間四方の広さを取っても、詰めれば六〇〜八〇人程の席が作れそう。私は、「ここでやるしかない」と勝手に決めたのだった。

四件目は、渡波小学校である。尤も、渡波小学校では、体育館や校舎内の避難所が自主運営されていた。学校が対策本部に無視されているのか、対策本部に学校が関わろうとしないのかが不明だったが、私は管理責任者の校長の所ではなく、校舎内に設置されていた被災者対策本部に出かけて行った。

渡波小学校へは、米軍の「ともだち作戦」に代表されるように、全国からのみならず、世界の各地から慰問や支援の物資が送られてきていた。しかも、石巻市・教育委員会の対応が「各学校に一切任せる」式になっていたので、石巻市内の学校の対応も、学校任せのバラバラ対応になっていた。

ともあれ、校舎内の被災者対策本部に行くと、ボランティアの方々が忙しそうに動き回っていた。しかし、医療関係・衛生関係・食料関係・衣料関係等とそれぞれが分業体制で動いているが、統括した責任者・指揮者がいない状態だった。被災者対策本部の彼・彼女等からすれば、慰問団との連絡調整など、些事だったのである。それで、チーフらしき人を見つけて、〝以前に、私が校長として務めた学校なので、「何処に何がある」や「何処に誰がいる」は百も承知だから、体育館のステージで慰問公演をやらせてくれ！〟と強引に頼み込んだ。チーフらしき人は、一瞬私をいぶかったが、たまたまそばを通った被災者の親子が、〝あっ、校長先生だ〟、〝校長先生、無事だったんですか……〟と親しげに話しかけてきたので、その一事で慰問公演が即ＯＫになった。ＯＫが出たので、チーフらしき人と私と、そして体育館で避難所暮らしをしていた親子とで、体育館の様子を見に行った。

体育館に行くと、フロアは段ボールでの仕切りを作って、それぞれの家庭やグループが独立したように一〇〇近くに区分されていた。しかし、ステージは逆に、連絡や指示が避難者全体に通るようにと、何も置かない広場になっていた。四本柱さえ立てれば、何時でも狂言舞台になるのだった。それで、チーフらしき人に慰問公演日時だけを確認し、後日詳細の連絡を持ってきますと言って体育館を出た。

私は、その足で、渡波町内に住んでいる元ＰＴＡ会長の菊池康宏さんのお宅を訪ねた。体育館の避難所で、保護者から〝菊地さんは、自宅に住んでいますよ〟と聞いたからだ。菊地康宏さんは、私が渡波小学校の校長をしていた時、ＰＴＡ会長として学校に様々の応援をしてくれた人である。しかも、『ＡＥＲＡ』（朝日新聞出版）の四月一〇日付臨時増刊号に、「一〇〇人の証言」として次のような記事を載せていた。

〈　「ごめんなさい！」と叫び　　　菊地康宏さん（四五）　塾経営者

自宅から約二キロ離れた妻の実家にいました。揺れた瞬間に建物から出ましたが、年寄りは気分を悪くしてうずくまってしまいました。車で自宅まで戻り駐車場に降りた時、三〇〇m位先に高さ二～三mの水の壁が襲ってくるのを妻が見ました。あわてて自宅二階に上がった直後、一階を一気に波が襲ってきました。もし少しでも早く自宅に着いていたら、避難のために車に戻り、そのまま波に流されたと思います。

雪が降っていました。自宅から三〇〇m位先の家に、子どもが三人よじ登って助けを求めているのが見えました。「我慢しろ！　助けが来るから！」と叫び続けました。いずれ救助隊がどこかから来ると思っていたんです。でも、夕方になっても誰も助けに来ない。寒さも厳しくなってくるし、これはまずいと思って、ジーンズを父のステテコにはき替え、三人を助けに向かいました。スニーカーで足元を探りながら、深い所で胸まで水に浸かり、幼稚園の子を肩車、二人を背中に背負って再び自宅を目指しました。その時、奥の家から声が聞こえたのです。「助けて下さい、動けないんです」　両手がふさがっていて、何も出来ませんでした。「ごめんなさい！」と叫んで、自宅を目指しました。あの人は助かったんでしょうか……。

三人は兄弟でした。母が三人を車に残して祖母を迎えに車を離れた瞬間、津波が来たそうです。翌日、避難所で母、祖母と再会させることが出来ました。それが救いでした。町を歩いても死体がゴロゴロ転がり、誰も毛布などかけてくれない。誰も死体に気づかないのだろうかと映画の中を歩いている感覚が今も続いています。

自衛隊が入ったのは地震発生から五日目位でしょうか。来ていただけるのはすごく有難いのですが、行政の姿が見えない災害だなというのを強く感じます。〉

私は、この記事を見た時、〝あ、菊地さんは生きていたんだ。〟と思い、改めて渡波地区に何か恩返しは出来ないものだろうかと思ったのだった。

菊地康宏さんは、元気だった。自宅もそれなりにしっかりしていて、津波の被害があったとは思えないほどだった。でも、聞くと全壊だった。津波の力で、家ごと持ち上げられて、家が土台から一mほどずれているというのだった。お互いの無事を確認し合った後、慰問公演の話をし、PTAや育成会の力を貸してほしい旨をお願いした。

五件目は、隣接校の鹿妻小学校である。当初の予定には無かったのだが、私の相棒からの強い要望があったからである。と言うのも、鹿妻小学校は、私の相棒が校長として最後に務めた学校だった。相棒からすれば、「鹿妻小学校の子どもたちにも、何とか本物の狂言を見せてほしい」と思ったのだった。でも、鹿妻小学校も慰問公演に入れると、二日目は三か所での駆け足公演になってしまう。石田先生の疲労・心労を考えると、ためらわざるを得なかったが、これも私の独断で相棒の要望を入れることにした。石田先生の志を体現するには、鹿妻小学校でも演ってもらうのが最善。石田先生もそれほどやわではないだろうと、勝手に決めたのだった。

鹿妻小学校の清元校長さんは、私が中田町の上沼小学校で教頭をしていた時に、隣の上沼中央小学校で教務主任をしていた。それで、顔は見知った関係だった。また、鹿妻小学校の三浦教頭さんも、私が女川第一小学校の校長時に、一緒に教頭でいたのだった。私は、何事にも先輩風を吹かせるのは体質に合わなかったが、ここは、校長・教頭の両人に堪忍してもらうことにした。

あいにく、清元校長さん不在だったが、三浦教頭さんと一緒に避難所になっている体育館に行って見た。すると、鹿妻小学校では、学校と対策本部のボランティアの関係が上手くいっていた。ステージもフロアも、段ボールで仕切られた避難者の居住で一杯になっていたが、床屋コーナーや治療コーナー、食事の配食コーナーなど、その時々で即応出来るよう、自由広場を確保してあった。学校の方でも、避難所に必要な用具や資材を積極的に提供していた。

この自由広場を活用すれば、十分に三間四方は確保出来たので、早速代表者の方に慰問公演の了解を取り付けた。そばで、教頭さんが受け入れた方がいいですよと援護射撃をしてくれたのは、嬉しかった。

こうして、一日の交渉廻りで、五カ所の慰問公演を取り付けることが出来たのだった。

二日目は、北上中学校に向かった。北上中学校の校長は、畠山校長さんである。彼氏は、私が渡波小学校に務めていた時に、兄弟校の渡波中学校で活躍していた。私には余り記憶になかったが、彼氏の方で私をよく覚えていた。それで、好意的に私を校長室に迎え入れてくれた。

畠山校長さんの話によると、北上中学校は三月一一日の震災当日は、中学校の卒業式で午前中慌ただしかったという。親も生徒も学校から帰宅し、先生方が一段落してほっとしていた時に、震度七の地震に襲われたのだった。幸い、北上中学校での地震被害は大したことがなかったし、中学校は高台に在ったので津波の心配もなかった。でも、眼下の北上川を挟んだ対岸は、大川小学校の悲劇を生んだ釜谷地区である。津波に襲われ、集落が壊滅していく一部始終を為す術もなく見ていたと言う。震災の生の様子をもっと聞きたかったが、今回の要件は慰問公演の可否である。話が一区切りついたところで、慰問公演の話に入った。

私の話を聞いていた畠山校長さんは、〝避難所の被災者だけでなく、中学校の生徒にも観せてもらっていいですか？〟と訊いてきたので、私は，二つ返事で〝勿論、お願いします！〟と応じた。多感な中学生には、最高の体験になるはずである。これで、六件目が成立。

北上中学校を出ると、すぐ橋浦小学校に同居（吉浜小・相川小）している三人の教頭さん（三人とも私が教頭時に、湊二小で一緒に仕事をした同僚教師だった）を訪問した。北上中学校での狂言慰問公演を、三小学校の子どもたちにも是非見てもらいたかったからである。三校の校長さんは、校長会で不在だったので、三人の教頭さんに、〝共同戦線を張って、何とか観れるように努力して！〟と言って、橋浦小学校を出た。（※後日の北上中学校での慰問公演には、三小学校の校長・教師・子どもたちが、誰も観に来なかった。やはり、三校長の否定的判断・権限は絶大だったのである。）

七件目は、登米町である。町の公民館が登米町の避難所になっていたが、避難所の運営を町職員が担っていた。それで、登米総合支所の地域生活課を訪れてみた。河内安雄さんという課長さんが応対に出てくれ、慰問公演を快く引き受けてくれた。ただ、〝避難所の運営は、南三陸町の人たちでやっていますので、責任者にも了解をつくらないと……〟と言ってきたので、仲介の労を取ってくれるようお願いした。

公民館内の避難場所に行くと、ホールのフロアが布製パネルで縦横に仕切られ、区画ごとに各家族が休めるようになっていた。でも、パネルの高さが一ｍにもならないので、椅子に座るか伸び上がれば、十分にステージ上の動きが見えるのだった。また、ステージには、使用中の小物が並んでいただけだったので、公演の時だけ片付けてもらえれば、広さも十分に確保出来るのだった。責任者の阿部一郎さんがその場にいたので、慰問公演の話をすると、〝避難者の皆さんの気分転換になるので、大いに歓迎です〟と、阿部さんの返事である。こうして、七件目の慰問公演が成立したのだった。

三　石田先生への連絡・有志への連絡

七件の慰問公演場所が定まったので、早速石田先生に電話で確認の連絡をした。四月二七日の朝九時過ぎだったろうか。上手く石田先生と繋がり、公演可能な所が七件あることを話すことが出来た。

その話の中で、私は〝もし無理なら仕方ないんですけど、可能ならば衣装をつけて演じることは出来ないでしょうか。被災地の皆さんは、本物の狂言をとても楽しみにしているのです……〟

と、無理を承知で石田先生に話してみた。訪問先の被災した方々は、多分、一〇〇人に一〇〇人が狂言を直に観るなんてことはなかったはず。地元の郷土芸能である御神楽や獅子舞は身近であっても、日本の伝統芸術である能楽の世界はほとんど無縁だった。それだけに、私は、狂言を直に観て、狂言を皮膚で感じてほしいと思ったのだった。尤も、三間四方の広さを確保しても、会場の雰囲気は、能楽堂とは全くの異質になるはず。第一、床や控えの間ですら粗雑・乱雑で、貴重な衣装に無用の負荷をかけるはず。それでも、〝なんとか……〟と言ってみたのだった。すると、私の舌足らずの話を黙って聞いていた石田先生は、〝何とか要望に適えるよう、考えてみます〟の言葉を返してきた。この言葉を聞いて、私は、「たとえ衣装が無理でも、石田先生は、出来得る最善の方法・姿を出してくれるはず……」と思い、「何としても、この慰問公演を実のあるものにしなければ……」と意を強くしたのだった。

慰問公演の大枠を石田先生から了解してもらったので、今度は協力者集めに取りかかった。一番初めに連絡をしたのは、文屋國昭さんである。文屋さんと私は、四〇年近く付き合ってきた同志とも言うべき仲間だった。教員時代の自主勉強会では、何時も一緒に活動してきたし、仙台・遊兎の会では、乙の会時代から石田先生の下で共に稽古に励んできたのである。電話を受けた文屋さんは、二つ返事で〝俺も、まざっから……〟と言ってきた。文屋さんも、既に仙台・遊兎の会を退会していたが、震災・津波での宮城県沿岸の崩壊状態にどんな手助けができるかと悩んでいたようで、石田先生の慰問公演の話にすぐに反応してくれたのだった。

二番目に連絡を取ったのが、中野三樹さんである。中野さんは、石田先生とは歳が同じだけでなく、早稲田大学の狂言会にいた時から石田先生と付き合いがあった。しかも、私らが仙台・遊兎の会に入る一年も前に、石田先生を師とした『狂言・乙の会』を旗揚げしていたのだった。そんな中野さんが応援に馳せ参じてくれれば、一〇〇人力になる。奥様・陽子さんの話だと、石田先生は〃一人になってでもやりたい……と言っているらしいので、中野さんが同行していれば陰に陽に貴重な戦力になるはずである。そんな思いで、中野さんに連絡を取ったのだった。

電話で様子を聞いた中野さんは、〃いいですよ。私も入れて下さい。でも、予定が決まったら、早くに教えて下さいね〃と付け加えてきた。考えてみれば、大変なことである。中野さんは、まだ現役の会社役員である。勤務体制を気軽に変更できる立場になかったのだった。でも、中野さんは、本当に善意の人である。「いいですよ」と言った以上は、善意を具体的に表してくれる人だった。

三番目に連絡をしたのは、中尊寺の住職・破石澄元さんである。破石さんも石田先生と同じ歳で、中尊寺で狂言方の重職を担っていた。当然、仙台・遊兎の会でも私の兄弟子だった。その破石さんには、私が威張れる貸しがあった。私が遊兎の会で「名取川」の狂言を発表した時に、一人で「きたいぼう」「ふしょうぼう」、「ふしょうぼう」「きたいぼう」と繰り返すうち、ふっと「此の次は名前を忘れるんだなぁ……」と思った途端、本当に次の科白を忘れてしまったことがあった。石田先生なら、楽屋裏からでも科白の声をかけてくれるのだが、「名取川」の後見人でいた破石さんは、何も言わず、ずっと知らんぷりをしていたのだった。後で裏事情を聞いて笑い話になったが、それ以来、破石さんへの殺し文句になったのである。

私からの電話に、破石さんは初め口籠っていた。事情を聞くと、〝今、青森県から岩手県・宮城県の沿岸で、回向の読経を上げて回っている〟と言う。そして、〝石田先生の慰問公演には是非関わりたいが、沿岸の皆さんから、「来てくれ！」「来てくれ！」と言われると、予定が立てられない……〟と言うのだった。それで私は、〝この時期、住職さんでなければ出来ないことがいっぱいあるのでしょうから、無理をせずに。でも、来れる時は、やれる範囲で応援して下さい。予定だけは、その都度お知らせしておきますので。〟と言うのが、精一杯だった。

ともあれ、私と文屋さんと中野さんの三人が慰問公演の支援隊になった。三人いて、車が三台確保出来れば、あとは何とかなりそうだった。

こうして、慰問公演の実現に向けて、第二段階がクリアしたのだった。

慰問公演の第三段階は、公演場所である施設との連絡・調整・確認である。その後の石田先生との電話連絡では〝今回の慰問公演は、「万作の会」主催にして下さい〟とのことだったので、早速、万作の会・事務局に「お礼を兼ねての挨拶」の一報を入れてくれるよう四月二八日付ＦＡＸで連絡をした。以下は、その一報先である。

・　東松島市教育委員会　教育長　木村民男様

・　東松島市立矢本東小学校長　工藤昌明様

・小野市民センター長　大友晋也様
・女川町教育委員会　教育長　遠藤定治様
・女川町立女川第二小学校長　梶谷美智子様
・石巻市立渡波小学校長　高橋義樹様
・渡波小学校　被災者対策本部様
・石巻市立鹿妻小学校長　清元吉行様
・鹿妻小学校内　避難者運営代表者　浅野様
・石巻市立北上中学校長　畠山卓也様
・石巻市北上総合支所　被災者担当　新藤喜悦様
・登米市登米綜合支所　地域生活課長　河内安雄様
・登米公民館　避難者代表　阿部一郎様
※郵便番号、所在地住所、電話番号等も記載したが、ここでは省略。

また、施設の管理責任者である各校の校長さんや、課長さん、施設長さんには、私の方から、文書を作って送付した。以下は、その送付文書の一例である。

平成二三年　四月二八日
東松島市立矢本東小学校
校長　工藤昌明様

万作の会・狂言慰問公演
世話人　田中憲夫

「万作の会・狂言慰問公演」の巡回予定について

この事について、下記の予定で訪問致します。被災された皆様の心の癒しと元気回復の一助になれば幸いです。

記

一　訪問者
「万作の会」有志
※石田幸雄さんを中心にして数名で参りますが、日により入れ替わります。

二　公演日時
平成二三年　五月一五日（日）　一〇時～一一時三〇分

三　公演会場
東松島市立矢本東小学校　体育館
※三間四方（五・四m×五・四m）の舞台空間を作って下さい。

四　公演内容
・狂言の解説
・狂言のワークショップ
・狂言の鑑賞
※内容や進め方は、その場で決めるようになります。

五　その他
・進行用のマイクを一本用意して下さい。
・着替えのための衝立を会場に用意して下さい。

・九時三〇分頃到着をめどに、仙台から矢本東小学校に向かいます。
・会場確認のため、連休後に田中が伺います。
ＴＥＬ　９５―３９７３　田中憲夫（自宅）

また、会場交渉時に会えなかった管理責任者の方々にも、以下のような手紙を送付した。

石巻市立鹿妻小学校
校長　清元吉行様

例年ですと、希望に燃える新学期が始まった時期ですが、「東日本大震災」の爪痕が、東北の地、宮城の地、そして石巻一帯を引き裂き続けています。学校の再開がなによりの第一歩なのに、ままならずに耐え続けざるを得ないところがまだあることに、心痛の極みでいます。

過日、別紙チラシの内容で「万作の会・狂言慰問公演」の依頼に参りましたが、校長会出席のため、不在でした。その時、三浦教頭さんの案内で体育館の避難所に行きましたところ、避難所運営責任者の浅野さんの判断で、御校体育館を会場にしての公演承諾の返事をもらいました。学校の管理責任者は校長であり、清元校長先生の承諾なしには開催が出来ないのではないかとも思いましたが、非常・緊急時のことでもあり、運営責任者の判断に依拠した次第です。その後、清元校長先生から電話があり、校長先生からの側面援助がもらえたと安堵したところです。

鹿妻小学校体育館が地域の指定避難所になっているとはいえ、日々避難状況が変化しております。当日までには、避難所の様相が一変しているとも限りませんが、渡波・鹿妻地区の被災の状況や被災者の生活事情には、急変がみられそうにもありません。それで、鹿妻小学校の避難所運営に変化があったとしても、その時は、清元吉行校長先生の判断・決済で慰問公演が開催出来ますようご尽力をお願い致します。

たとえ避難所の状況に変化が起きたとしても、被災者や地域住民には、今回の狂言慰問公演が大いに気分転換になるものと思っておりますし、子どもたちにとっては、〈めったにない人生勉強の機会〉になると思っています。何卒、清元吉行校長先生からの熱いエールがいただけますよう宜しくお願い致します。

当日の日程を含め、今回の「万作の会・狂言慰問公演」の動きをお知らせ致します。

平成二三年　四月二八日

万作の会・狂言慰問公演　　世話人　田中憲夫

記

「万作の会・慰問公演」巡回予定について

（○　五月一四日（土）青葉能公演　仙台市）
○　五月一五日（日）
・午前一〇時　～　一一時半　矢本東小学校体育館
・午後　一時半　～　三時　小野市民センター
○　五月一六日（月）
・午前一〇時　～　一一時半　女川第二小学校
・午後　一時二〇分　～　二時五〇分　渡波小学校体育館
・午後　三時二〇分　～　四時五〇分　鹿妻小学校体育館
○　五月一七日（火）
・午前一〇時　～　一一時半　北上中学校体育館
・午後　一時半　～　三時　登米公民館大集会室

※どの会場も、被災者の避難場所になっています。三間四方の舞台空間さえ作ってもらえれば……として、了解いただきました。また、関係の校長さんには、〝この機会に、子どもたちにも是非観させて下さい〟と頼みました。
※和泉流狂言師の石田幸雄さんには、〝避難場所なので、横になっている人や，別事で動き回っている人、子どもがウロチョロしているかもしれませんよ〟と、了解してもらいました。

また、依頼文書や依頼文の手紙の他に、次のようなチラシを公演日に合わせて作り、同封したのだった。

《万作の会・狂言慰問公演》
笑いとたくましさの舞台芸術、それが「狂言」です！

和泉流狂言師　石田幸雄さん他が
・狂言の解説
・狂言のワークショップ
・狂言の鑑賞
　　　　　　を行います。

○日　時
五月一五日（日）　午前一〇時～一一時半
○場　所
矢本東小学校　体育館

万作の会・狂言慰問公演　世話人　田中憲夫　TEL　95―3973

ここまで進めてようやく一段落したが、石田先生や有志の方々の、宿泊場所がまだ定まらない。それで、急いで、我が蛇田地区にあるホテル『ルートイン』に行ってみた。日中ほとんど人の出入りが無かったので、容易に部屋を確保出来るだろうと思っていたが、ホテルのフロントに行って見て驚いた。こんな震災時にホテルに泊まる人もいないだろう……という私の考えは、甘かった。震災復旧関係の人たちで、ごった返し連日満杯状態だったのである。この調子だと、震災の被害を免れたホテルや旅館、宿泊所は、もう既に塞がっているにちがいない。仕方ないので、フロントの受付で粘ってみた。何度も予約状況を確かめてもらい、三〇分ほどしてようやくシングル一室を確保出来たのだった。

一室しか確保出来なかったので、その一室を石田先生に使ってもらうとしても、他の有志連中は、我が家に雑魚寝してもらうしかない。ずっと昔の、中尊寺での稽古合宿を思い出したが、中野さんや破石さん、文屋さん等との雑魚寝も一興だと思うしかなかった。

こうして、公演会場、応援体制、宿泊場所が定まったので、五月一五日（日）～一七日（火）の行動日程を時系列に整理し、石田先生に了解してもらってから、万作の会事務局に次のようなＦＡＸを送った。五月九日のことである。

「万作の会・狂言慰問公演」参加者行動予定

二〇一一・五・九　　世話人　田中憲夫

演者・送迎者・随行員等が定まりましたので、お知らせします。

○　五月一五日（日）

・AM七：三〇　ホテル・メトロポリタン（仙台駅前）出発

※車三台（中野・文屋・田中）に分乗する。

石田、石田内、深田、高野、月崎

※仙台から会場の矢本東小学校まで、一時間半〜二時間位。

・　九：三〇　東松島市立東矢本小学校　到着

・一〇：〇〇　——公演開始——

※公演は、体育館のステージ上で行う。

※進行は、田中が行う。

※観客は、小学生から大人まで一〇〇人〜一五〇人位

・　一一：三〇　——公演終了——

※公演終了後、荷物を持って近くの食堂に移動し、昼食を取る。

・PM一：〇〇　小野市民センター　到着

※矢本東小学校から小野市民センターまで一五分位

・一：三〇　――公演開始――
※公演は、避難所のステージ上で行う。ただし、三間四方がやっとの広さである。
※進行は、田中が行う。
※観客は、被災者の他、地区民・子どもをいれて一〇〇人位
・三：〇〇　――公演終了――
※公演終了後、深田・高野の二名は、文屋号で仙台に向かう。
※石田・石田内・月崎は、中野号・田中号で石巻に向かう。
※文屋号は、仙台駅で二人を降ろした後、自宅へ帰る。
・三：三〇　ホテル・ルートイン（石巻）到着
※石田内チェックイン。石田・月崎・中野は田中号で田中宅へ行く。
・六：〇〇　夕食
※ホテル近くの居酒屋で、夕食を取る（割り勘）。
・八：〇〇　解散
※石田内はホテルへ。石田・月崎・中野の三人は、田中宅へ行く。
〇五月一六日（月）
・AM八：一五　ホテル・ルートイン（石巻）出発

・九：三〇　女川町立女川第二小学校　到着
※石田・月崎・中野は、八時に田中号で家を出る。
※仙台からの文屋号は、ホテルで合流する。
※ホテルから女川第二小学校まで、一時間～一時間一五分位
※平泉から来る破石号は、女川第二小学校で合流する。
※途中のコンビニで昼食用のおにぎりを購入する。
・一〇：〇〇　――公演開始――
※公演は、校舎四階のピロティで行う。
※進行は、田中が行う。
※観客は、避難者の他、女川一小・二小・四小の六年生、地区民、教職員等で一五〇人～一八〇人位
・一一：三〇　――公演終了――
※公演終了後、校長室を借りて、おにぎりで昼食を取る。
※昼食後、渡波小学校へ移動する。
※女川第二小学校から渡波小学校まで三〇分位。
・PM一：〇〇　石巻市立渡波小学校　到着
・一：二〇　――公演開始――

・二：五〇　※公演は、体育館のステージで行う。
　　　　　　※進行は、田中が行う。
　　　　　　※観客は、避難民と地区民で一〇〇名～一三〇人位
　　　　　　——公演終了——
　　　　　　※公演終了後、荷物をまとめて鹿妻小学校に移動する。
　　　　　　※渡波小学校から鹿妻小学校まで一五分位
・三：一〇　石巻市立鹿妻小学校　到着
・三：二〇　—公演開始—
　　　　　　※公演は体育館で行うが、避難所になっており、フロアの隅にしか舞台スペースがとれなかった。しかも、段ボールの仕切りが林立している。
　　　　　　※進行は、田中が行う。
　　　　　　※観客は、避難者の他、地区民、子どもたち等で一〇〇人位
・四：五〇　——公演終了——
　　　　　　※公演終了後、月崎は文屋号で仙台に向かう。
　　　　　　※石田、石田内、中野、破石の四人は、ホテルに向かう。
　　　　　　※文屋号は、仙台駅で月崎を降ろした後、自宅へ帰る。
・五：三〇　ホテル・ルートイン（石巻）到着

・　六：三〇　夕食
※ホテル近くの居酒屋で、夕食を取る（割り勘）。
・　八：三〇　解散
※石田内はホテルへ。石田・中野・破石の三人は、田中宅へ行く。
○　五月一七日（火）
・AM八：〇〇　ホテル・ルートイン（石巻）出発
※石田・中野・破石の三人は、七時四五分に田中宅を出る。
※仙台からの文屋号は、ホテルで合流する。
・　九：二〇　石巻市立北上中学校　到着
・一〇：〇〇　――公演開始――
※公演は、体育館ステージ上で行う。
※進行は、田中が行う。
※観客は、避難者、地区民、小・中学生、教職員等で一五〇名位
・一一：三〇　――公演終了――
※公演終了後、荷物をまとめて登米公民館に向かう。
※昼食は、登米「道の駅レストラン」で取る。
※北上中学校から登米公民館まで四五分位

・一一：一〇　登米公民館　到着

・一一：三〇　―公演開始―

※公演は、集会室ステージ上で行う。

※進行は、田中が行う。

※観客は、避難者、地区民で一〇〇名位

・一三：〇〇　―公演終了―

※公演終了後、東北新幹線・栗駒高原駅へ向かう。

※登米公民館から栗駒高原駅まで一時間半位

※石田夫妻は、一七：一九発の「やまびこ」で東京に帰る。

※中野・破石・文屋・田中は、見送り後その場で解散する。

以　上

これで、慰問公演の日程や動きの確認・了解が一段落したものの、残りの四日間で、各会場の下見に動き回らねばならなかった。また、五月一五日（日）の行動開始が、「仙台・メトロポリタンホテルに午前七時三〇分集合」だった。仙台――石巻間は、通常では車で一時間半の距離である。しかし、仙石線の電車は依然として不通だし、バスの運行も道路状況によって、一時間近くの遅延が出ていた。それで、前日は仙台の白萩ホテルで待機し、メトロポリタンホテルに直行することにしたのだった。

更には、我が家の客用在庫布団は、四人分しかなかった。宿泊者が四人を超えたらどうしようかと思ったが、修学旅行並みに布団や毛布の遣り繰りで凌いでもらうことにした。賄い担当の我が家の相棒にも、ご飯にみそ汁と納豆だけあれば十分……と了解してもらった。

四　万作の会・狂言慰問公演の様子から

五月一五日（日）～一七日（火）と、石巻地方の沿岸を回って七件の「万作の会・狂言慰問公演」を行った。しかしながら、私も身近にいて観ていたはずなのだが、石田先生を初めとする万作の会の皆さんのパフォーマンスの記憶が、私にはほとんどない。

石田先生のみならず万作の会の皆さんは、避難所の被災者を前にして、通常とは違う会場の雰囲気を感じたに違いない。そして、観客の皆さんの関心を自分たちに向けるにはどうしたらいいのか、あるいはまた、観客の皆さんを狂言の世界に引き込み楽しんでもらうにはどうしたらいいのかと、身体のみならず全神経を研ぎ澄まして緊張・集中していたのだろうと思う。

進行役を買って出た私も同様だった。会場内を動き回る人、会場のそちこちで腕組みをして立ったままでいる人、パイプ椅子に反り返って座っている人、床にぺたんと座って身動きしない人等々に、何を話せば舞台に集中してくれるのかを考え続けていた。会場によっては、布団の山に寄りかかって半分寝たままの状態の人もいた。必要なことを最小限の言葉で、しかも楽しくワクワクしてくるように話さないと……で、私の頭の中では煩悶し続けていた。だから、皆さんのパフォーマンスを楽しんで観ている余裕は、全く無かったのだった。

それでも、進行役をした私なりに、会場・観客の雰囲気は理解出来たし、感得するものが幾つもあった。

○　五月一五日（日）

仙台のホテル・メトロポリタンを出発したのが、午前八時の少し前であった。私が先導車になって、下道の国道ではなく、自動車専用道の三陸道を行くことにした。物流の主要幹線道として震災後いち早く復旧したが、有料のために、通勤に使う人は少なかったからである。予想通り、通行する車は少なく、八時四〇分頃には、鳴瀬のインターを降りることが出来た。このまま進むと、三〇分以上も早く会場に到着しそうだったので、石田先生に〝私の勤めた野蒜小学校も津波にやられましたが、寄って見てみますか？〟と尋ねると、石田先生から〝寄ってみて下さい〟の返事が返ってきた。

野蒜小学校は、悲惨な状態がそのままになっていた。校舎の入り口や校庭はそれなりに片付けられていたが、一歩校舎に入ると、窓のガラスは割れ、天井はそちこちに穴があき、廊下には津波による残滓が折り重なってあり、とても歩けない状態だった。また、体育館に回ると、フロアの床は泥だらけで、マットやベニヤ板が散乱していた。ステージの緞帳類も、汚れたままかろうじてレールに引っかかっていたのだった。

私は校舎の惨状を目の当たりにし、勤めた当時の様子と重なって落ち込むしかなかったが、震災の状況に初めて対面した皆さんは、如何ほどの心境になったことだったろうか。皆さんはこの重苦しさを引きずって、無言のまま会場へ向かったのだった。

矢本東小学校では、日曜日にも関わらず、工藤校長さんが奥さんと一緒に校舎を開け、お湯を沸かして待っていてくれた。私らはすぐ会場を見に行くと、体育館のステージが舞台になるよう、準備されていた。着替えも、ステージ脇の小部屋を使ってほしいと言う。ただ、石田先生は会場の様子を見るなり、〝舞台を下に降ろしてくれませんか？〟と言ってきた。ステージの舞台と客席が離れ過ぎているから、舞台を客席のそばにしようと言うのだった。私が事前に下見をした時は、パイプ椅子は並んでいなかったが、ステージが綺麗に片付いていたので、〝これでいいですので、宜しくお願いします〟と言って帰ってきたのだった。

急遽、学校にあったビニールシートを出してもらって、客席前に俄舞台を作ったが、土ぼこりが付いていたので、皆で雑巾がけの掃除をすることになってしまった。私らだけでなく、工藤校長さんご夫妻も一緒になって拭き掃除をし、時間通りにビニールシートを舞台にして、狂言公演を始めることが出来たのだった。

矢本東小学校での万作の会・狂言慰問公演の様子は、二日後に河北新報の記事になっていた。以下は、その記事の文面である。

「伝統の笑いで元気を　　　狂言師石田さんら慰問

和泉流狂言師の石田幸雄さん（六一）らが一五日、東松島市で狂言の慰問公演を行い、伝統の笑いの力で被災地を元気づけた。

矢本東小の体育館で地元住民ら約六〇人が鑑賞。石田さんの指導を受けながら狂言のせりふやしぐさも体験した。

披露された狂言は、見たこともないカタツムリを捕まえてくるよう命じられた太郎冠者と、山伏との掛け合いが笑いを誘う「蝸牛」途中から観客も一緒に謡い、会場は一気に盛り上がった。

避難所となっていた矢本東小に一時、身を寄せていた六年の加藤日菜さん（一二）は「狂言を初めて見たが、思っていたより楽しかった」と喜んだ。

訪れたのは、人間国宝野村万作さんを中心に活動している「万作の会」の狂言師たち。一七日まで女川町や石巻市の避難所などで講演する。石田さんは「狂言に登場するのは、どんなことがあってもめげず、たくましく生きる人物ばかり。被災地の皆さんの気分転換になればうれしい」と話した。

※写真も掲載されていたが省略」

矢本東小学校での一件目の公演が終わると、町内のちゃんこ料理屋で昼食をとった。これからの公演を思ってか、皆一様に口数が少なかった。

昼食を終えて、小野市民センターに行くと、私たちを見つけて、一人の女性職員が駆け寄ってきた。そして、早口に〝私、万之介先生の追っかけをやっていたんです。だから、今回の公演をとっても楽しみにしていました！〟と言うのだった。万作先生でもなく、萬斎さんでもなく、万之介先生と聞いてびっくりしたが、「万之介＝万作の会」と受け留めてくれたようで嬉しかった。遅れてそばに来た大友センター長さんも、〝ホールのステージ、この人一人で片付けて、準備してくれたの……〟と私たちに言ってきた。鳴瀬の片田舎にも、熱烈な狂言ファンがいたのだった。早速、彼女は、石田先生にサインを書いてもらったようである。

市民センターのホールは、地区の避難所になり、雑然としていた。布団あり、荷物あり、段ボールあり等で所狭しとなっており、荷物の隙間だけが人の休むスペースや通路になっていた。でも、働き手の人は男も女も自宅の片付けに行ったらしく、ホールのそちこちにいるのは、ほとんどが年寄りや力仕事に向かない人たちだった。忙しく動き回っていた職員やボランティアの人も含めると、観客数は四〇～五〇人位だったろうか。広いホールに散らばって観ていたので、石田先生たちもやり難かったに違いない。中には、布団に寄りかかって半分寝そべった形で観ていた人もいた。

何とか公演も終わりホールを出ようとした時、ホールの後ろで寝そべったようにしていた年寄り男性に、私は呼び止められた。私は進行役をしながら観客の反応を見ていた時、半分寝たようにして身動き一つしなかったので、関心が無いのだなと思っていたが、その彼氏に呼び止められて、〝こんなの、毎日あっといいなや……〟と言われたのである。体は身体を和らげるように寝そべっていても、心は狂言を楽しんでいたのだった。

こうして、慰問公演の二件目も無事に終わったが、深田さんと高野さんは東京に戻らなければと、文屋さんの車で仙台に帰って行った。私らは、中野さんと私の車で、石巻のホテル・ルートインに向かった。

○　五月一六日（月）

朝八時にホテル・ルートインを出て、女川に向かった。国道三九八号線は震災での地盤沈下により冠水の恐れがあったので、稲井を通って山道を超えて行った。私が務めていた女川第一小学校の所までは、点在する家並みは通常の姿と変わらなかった。しかし、女川第一小学校の前を過ぎ、ちょっと上った所から港までの下り坂に入ると、目の前の風景は、急に一変した。家らしきものは一つもなく、津波によって瓦礫と化した柱や壁の残骸が打ち寄せられた様になって、そちこちに積み固まっていたのだった。石田先生達は、一瞬の風景の変化に息をのむばかりであった。

女川第二小学校の公演は、四階の理科室前広場で行われた。観客は、一小・二小・四小の六年生と避難者、それに地域の住民で、七〇～八〇人程だったろうか。尤も、子どもたちは椅子をくっつけ合ってのぎゅうぎゅう詰である。舞台を区切ったテープの際まで並んでいた。

開演を待ち受ける子どもたちを見ると、先生から厳しく指導されたのだろう。姿勢を正しての直立不動状態だった。でも、顔つき・目つきを見ると、半分は心ここに在らずだった。それで、進行の私は、女川第一小学校での昔話から話し出した。七～八分も話していただろうか。私と子どもたちで授業をしている表情・関係になってきたので、公演に引き継いだ。

子どもたちも、避難者も、そして地区の人も、狂言を楽しんでくれたようである。終わった時は、皆一様に表情が和らいでいた。校長室にもどり、昼食のおにぎりを食べようとしたら、朝から同行してくれた仙台・遊兎の会の東海林玲子さんが、〝カレーを作ってきたので、食べて下さい〟と、鍋をつつんだ風呂敷を広げ始めた。私は、今日のお昼はコンビニおにぎりでおしまいと思っていたので、東海林さんの差し入れは大変ありがたかった。朝が早かったので、昨晩夜なべをして作ってくれたにちがいない。

万作の会・狂言慰問公演の四件目は、渡波小学校体育館である。予定通りに渡波小学校に着いた。国道三九八号線が通れると分ったので、国道を通って石巻に入り、渡波小学校の校庭に入った。天気は良かったが、風が強く、人影はまばらだった。体育館に入ったが、やはり閑散としていた。体育館内にいた世話人の方に話をすると、〝準備をしてましたので、やって下さい〟の返事。体育館の中にいた避難者の方は、三〇名位だったろうか。しかも、広い体育館の中は、家族やグループ毎に段ボールの山で方形状に仕切られていて、そっちに一人、こっちに一人と散らばったままで鑑賞する形になっていた。世話人の方に、急遽校内放送で呼び掛けてもらったが、五分待っていても数人が集まるのがやっとだった。時間なので、狂言慰問公演を始めたが、石田先生の心中は如何ばかりだったろうか。

　進行役の私の話が終わると、中野さんがそばに寄ってきて、〝変な中学生が入ってきたので、着替え室を見ていてほしい〟と言ってきた。それで、体育館のステージ脇の小部屋が着替え室になっていたので フロア側の戸から小部屋に入ると、制服を着たダウン症の男子中学生が、不機嫌そうにしてマットに座った形で壁に寄りかかっていた。多分、中学校かどこかに行って、帰ってきたのだろう。彼の様子を見ると、「ここは俺の部屋だから、勝手に入ってくるな！」と意志表示していた。彼にとっては、日々の避難所暮らしで、ようやく見つけた安心・安全の部屋だったのだろう。でも、着替える時にはいなかったから、私らは彼に、小部屋利用の挨拶をしなかったのだった。

　しばらく私と彼は、無言で対峙していた。私からすれば、暴れたり、着替えの荷物に手をかけるのだったら、静かにさせなければならない。彼が身動きしないようにと、静かに間合いを計っていた。すると、この緊張感に嫌気をさしたのか、彼はポケットからかっぱえびせんの小袋を取り出し、食べ始めた。それを見て、私は、桃太郎の「おこしにつけた　きびだんご　ひとつ　わたしにくださいな」を直感した。キジやサルたちが桃太郎にきびだんごをもらう代わりに、家来になる話である。でも、彼と私とは、初対面である。通り一片の言葉で通じるかどうか分からない。止むを得ず私は、ボディランゲージで意思疎通を図ってみた。彼の持っていたえびせんを指さし、その指でえびせんを摘まむようにし、その指を私の口に持ってきたのだった。そして、口をもぐもぐ動かしては、両手を合わせて、彼を拝んだのだった。この動作を何度か繰り返すと、以心伝心で彼に通じたのだろう。小袋からえびせんを一本取り出し、私に差し出してきたのである。こうなれば、しめたもの。彼からのえびせんを受け取り、私の口に入れるとおいしそうに食べた。そして、もう一本くれと彼にせがんだのだった。私が現職教師時代に付き合ったダウン症の子どもたちは、どの子も優しい、いい子達ばかりだった。この時の彼も、今までの子と同じだった。その後は、マットに寝転びながら一緒にえびせんを食べ、くすぐり合って、笑い合う関係になったのだった。

渡波小学校体育館での公演が終わると、五件目の鹿妻小学校に向かった。鹿妻小学校は、隣学区である。一〇分ほどで鹿妻小学校に着き、校長室で簡単な挨拶をすると、着替えてすぐに体育館に移動した。

体育館では、避難所の子どもたちだろうか。低学年から高学年の子どもたちが、三〇人ほどが遊びながら待っていた。ステージやフロアは、避難者の居住区画で一杯になっていたので、体育館の隅にある五m四方の自由広場が、貴重な舞台空間だった。私達を見ると、子どもたちがすぐ駆け寄ってきた。特に月崎さんは大人気だったようで、低学年の子どもたちが、群がって触ってきた。それを見て、私の教師の性がうずき出した。とっさに〝あーっ、駄目っ！　行儀の悪い人には見せません！〟と一喝し、〝そこに座って下さい〟と言って、舞台脇に行って私が座ってみせた。素直な子どもたちである。私の声を担任教師からの指示と受け取ったのか、皆が舞台脇に集まって座ったのだった。それで、私は駄目押しをした。〝こんな風に、おかあさん座りが出来る？〟と言って、私が正座をしてみせたのだった。どの子どもも〝出来る、出来る〟と言って、正座の形になったので、〝沖縄の保育園では、正座のことをお母さん座りといって、お話を聞くときや待っている時は、お母さん座りをしているんだよ……〟と沖縄の子どもたちの話をして、公演開始のバトンタッチをしたのだった。

鹿妻小学校の体育館では、子どもたちのほか、避難者の方や避難所でのボランティアの方々で、五〇人～六〇人位いただろうか。しかし、大人の人は役割や分担の仕事があるのだろうか。二階ギャラリーの通路や、ステージ上、体育館内の通路部分からと、仕事をしながら見ていたのだった。

慰問公演が終わると、文屋さんは月崎さんを乗せて、仙台に帰って行った。私らはホテル・ルートインに戻った。ホテルで夕食を取ると、石田先生と中野さん破石さんの三人が我が家に来たので、沖縄の泡盛と石巻産笹かまぼこで簡単な「ごくろうさん会」をした。でも、皆さん疲労でへとへとである。一時間もしないうちに酔ってしまい、おひらきになったのだった。

○　五月一七日（火）

慰問公演の六件目は、北上中学校である。石巻のホテルを八時に出発すると、一区間だけ三陸道に入り、河北インターで降りて、飯野川から北上川の土手を下って行った。北上川は、津波が川をさかのぼったため、ところどころに土嚢が積まれて応急処置がなされていた。でも、土手の内側は水が引いたものの、津波で運ばれた残骸・残滓がそちこちに残されたままだった。

小一時間ほど北上川を下って、北上中学校に到着。校長室でお茶を頂いた後、体育館に向かった。体育館では、中学生と教職員、地区住民等で一二〇人〜一三〇人ほどがパイプ椅子に座って待っていた。また、国語の女性教師から〝ＶＴＲに録画していいでしょうか？〟と尋ねられたので、石田先生から〝いいですよ〟との返事があった。その返事で、彼女はもう興奮気味。大喜びして戻っていった。

北上中学校では、応援に来た万作の会の方々は昨日までに皆帰ってしまい、石田先生の独演状態になってしまっていた。中野さんや破石さんが、後見役や相方役になって奮闘してくれたが、中野さんや破石さんにも気を配りながらの狂言演技なので、本当に大変だったに違いない。

北上中学校での慰問公演終了時に、生徒から花束を贈られた時には、石田先生はようやくほっとした表情になったのだった。

最後の七件目は、登米市の登米公民館である。北上川を上っていく国道四五号線は震災でのがけ崩れで不通になっていた。それで、三陸道を通って登米に入ることにしたが、震災の影響で道路状態が悪く、食事を予約した道の駅へは一時頃着いたのだった。登米公民館では、一時半開演予定である。慌ただしく食事をし、急いで登米公民館に向かった。

何とか開演時間に間に合い、時間通り慰問公演を開始出来たが、ここでも観客は少なく、三〇人位だった。それでも、ステージ前に陣取っていたのは、登米謡曲会の女性陣一三名だった。登米に狂言が来ると聞いて、楽しみにしていたと言う。登米謡曲会は、江戸時代からずっと地元だけで喜多流の謡曲を引き継いできたが、舞台が無かったために、発表が出来ずにいたのだった。それが、野外に特設舞台を作って発表するようになり、本格的な「森舞台」が出来たので、毎年夏に自分たちの手で公開発表が出来るようになったのだということだった。だから、日本の伝統芸術である能や狂言に関心が深い。ステージ前に陣取ったどの女性にも、並々ならぬ関心が漲っていた。

万作の会・慰問公演の最後になった七件目の登米公民館で、とんでもないことが起こった。大崎タイムスの女性新聞記者が、舞台の写真を撮ろうと、ステージの裏側に回り、客席をバックにして、石田先生を写しだしたのだった。公演が始まる前、私に〝写真を撮っていいですか?〟と訊いてきたので、〝演技の邪魔にならないように、注意して撮って下さい〟と言ったのだが、いつの間にかステージの裏にいって、写し出したのだった。その行為が、石田先生には許せなかったのだろう。公演が終わった後、石田先生が私の所にきて、〝あの女性記者を、呼んで来てくれ!〟という。その剣幕に、私は「これは、ただでは済まない……」と直感した。女性記者を探しに行く振りをして、外にいた女性記者に〝石田先生に見つからないようにして、すぐ帰りなさい!〟と言った。彼女は、始め何のことだか分からなかったらしい。でも、私から事情を聞くと、逃げ出すように帰って行った。私は、彼女の帰ったのを見届けてから、しばらくぶらぶらして石田先生の所に戻り、〝探したけど、見つかりませんでした〟と報告した。でも、石田先生の激昂は収まらない。再度〝連れてきて！〟と言うのだった。私が帰したことは誰も知らなかったので、決して言えない。それで、うろうろしながら、〝見つかりませんでした〟と時間稼ぎをする以外になかった。

この事を上手く収めてくれたのは、奥様の陽子さんである。頃合いを見て、石田先生の激昂を収めてくれたのだった。私と石田先生の間以上に、格段に違う夫婦の繋がりがあったのだった。

それでも、登米公民館から東北新幹線の栗駒高原駅までの車内は、重苦しかった。誰も、一言も口を開かなかった。しかしながら、七件の狂言慰問公演は、本当に心身ともにきつかった。だから、幸いにも一時間ほどの車内は、疲れを癒し、心を休め、身体を解す時間にもなったのだった。

栗駒高原駅で無事解散すると、四日後に、奥様の陽子さんから葉書が届いた。

「この度は、何から何迄、並々ならぬお世話になり、まことに有難うございました。

事前の交渉から、時間割に始まり、私共の送迎、全ての運転、各地での進行役、加えて、宿泊に関わる至れり尽くせりのご配慮等……。田中さんのご夫妻には、頭の下がる思いで、御礼の申し上げようもございません。改めまして、夫共々、心より感謝申し上げます。

夫は自他共認める、ボランティアの柄ではないのですが、「ヤッテヨカッタ……」と帰りの車中で申しておりました。私まで同行させていただきましたが、一員として、同じ時を共有させていただきました事に、心より御礼申し上げます。

宮城現地にあっては、変わらぬ厳しい状況の中、いろいろな事に奔走されてゆかれる事と御拝察申し上げます。(沖縄も……)

相棒の奥様共々、どうぞくれぐれも御身体に気を付けて、お過ごし下さいますよう、お祈り申し上げます。」

こうして、東日本大震災に対する現地での狂言・慰問公演は終了したのだった。

五　終わりに

昨年一〇月に「第三〇回　狂言・遊兎の会」が東京の喜多六平太記念能楽堂であった。何故か知らぬが、是非行ってみたくなり、客席から観せてもらった。また、今年の一月には、仙台・遊兎の会の新年会があり、これも突然参加した。遊兎の会を離れて一〇年になり、一昔の歳月から懐かしくなったのかもしれない。沖縄の保育園での、表現活動ボランティアへの示唆を求めたのかもしれない。でも、二つの会に参加してはっきりしたことは、東日本大震災での石田先生の狂言・慰問公演のことを記録に残し、遊兎の会の皆さんに知ってもらわなければならないと思ったのだった。

しかしながら、私は、裏方で奔走したものの、石田先生の演技・パフォーマンスを云々する技量も感性も持ち合わせていなかった。それでも、記録として残さなければと思った結果が、この文である。石田先生のことは、長年の付き合いがある中野三樹さんがいずれ何かの形で書くだろう。私は、そのための一コマになれば……と思っている。

ずっと昔になるが、まだ仙台で石田先生から狂言を習っていた頃、稽古が終わった後、石田先生と一緒に、稽古仲間の連中とで仙台の居酒屋で飲んだことがあった。

居酒屋での話が盛り上がった時に、石田先生が〝アメリカまでの片道切符を、自費で買って、アメリカで狂言の路上ライブをやりませんか。見ている観客が面白がったら、その場で料金をもらうんですよ。受けなかったら、当然、実入りはありませんがね……〟と言い出したのだった。

「片道切符」で、「路上ライブで」、「受けたら料金をもらう」とは、いわば大道芸である。しかも、捨て身の大道芸である。自分の演技・パフォーマンスを、観客相手に直に試してみよう。もし観客に認められないなら、帰って来れないし、明日の食べ物にも事欠いてしまうけどね……と。

その場でこの話に乗る人は、誰もいなかった。でも、私も乗る気は全く無かったが、石田先生の中にうごめく、「職人魂」「芸人魂」を見た気がした。

今回の慰問公演も、石田先生の中では、被災者の方に寄り添い、被災者と共に楽しみ、被災者を元気づけたいと思ったのではないだろうか。能楽堂で狂言を楽しんでくれる観客は、貴重である。と同時に、被災者となったが、それまで狂言に縁の無かった人たちが、狂言の公演を通して、狂言を楽しみ、狂言の笑いから元気のエネルギーを湧き起こすことが出来たなら、それこそ本物の狂言の証左になるのではないだろうか。石田先生は、そう考えて慰問公演を思い立ったに違いない。私は、そう思うのだった。私の勝手な思い込みかもしれないが……。
※次ページの写真は、文屋さんが撮ったものである。

（写真は省略）

二〇一八・二・一記

あとがき

門松は　冥土の旅の　一里塚　目出度くもあり　目出度くもなし

一休宗純

哲学者で宮城教育大学の学長だった林竹二さんは、田中正造をして、「天国への道普請」と表した。

私は、先輩教師である梶山正人さんの後を追って、道普請を続けている。

そうして、ようやく二つ目の一里塚を現すまでになった。

このあと、いつまで私の道普請は続くのか。否、いつまで道普請を続けられるのか。

我が父は、六八歳で瀬戸の窯業訓練所に入り、一年間、若者と汗まみれになりながら窯業の訓練を受けてきた。

七九歳で亡くなるまで、陶器づくりと向き合い、至福の時だったに違いない。

私も、そんな「生き方」をしてみたい。だから、これからも「生き方考」は続く。

〈著者紹介〉

田中憲夫（たなか のりお）

一九四七年、宮城県生まれ。

一九七一年、宮城教育大学卒業。

宮城県内で小学校教師を務め、教育雑誌に算数教育・表現活動・学校経営の論文を多数投稿する。現在、人権擁護委員・民生委員・「学校づくりボランティアの会」として活動している。

続・生き方考（私の思考・私の行動・私の生き方）
—— 教育、福祉、そして人権のことども ——

2018年7月30日　初版第一刷発行

著　者　田　中　憲　夫
発行者　斎　藤　草　子
発行所　一　莖　書　房
〒173-0001　東京都板橋区本町 37-1
電話 03-3962-1354
FAX 03-3962-4310

組版／四月社　印刷・製本／日本ハイコム
ISBN978-4-87074-216-1　C3337